STUDY on
the QUALITY ASSURANCE of
**HIGHER ENGINEERING
EDUCATION**

赵予新 等 ◎ 著

高等工程教育
质量保障研究

以 河 南 省 为 例

社会科学文献出版社
SOCIAL SCIENCES ACADEMIC PRESS (CHINA)

目 录

第一章 绪论 ………………………………………………………… 1
  一 研究背景与意义 ……………………………………………… 1
  二 国内外研究现状综述 ………………………………………… 7
  三 我国工程教育发展的历史沿革 ……………………………… 21
  四 研究目标、内容和方法 ……………………………………… 28

第二章 地方高等工程教育的沿革与发展 …………………………… 34
  一 河南省高等工程教育的历史演进 …………………………… 34
  二 河南省高等工程教育的现状考察 …………………………… 38
  三 地方高等工程教育面临的挑战与机遇 ……………………… 46

第三章 高等工程教育研究的理论依据和实践基础 ………………… 51
  一 高等工程教育的内涵与特征 ………………………………… 51
  二 高等工程教育质量研究的理论基础 ………………………… 60
  三 高等工程教育的目标与质量标准 …………………………… 69
  四 近年来中国高等工程教育质量保障的探索与实践 ………… 76
  五 中国的高等工程教育专业认证 ……………………………… 81

第四章 高等工程教育质量保障的国际比较 …………………… 89
- 一 美国：专业认证和工程化 …………………………………… 89
- 二 俄罗斯：变革和多规格 ……………………………………… 95
- 三 德国：个性差异化与合作 …………………………………… 99
- 四 法国：多元协调化与国际化 ………………………………… 103
- 五 主要特点及启示 ……………………………………………… 108

第五章 地方高校高等工程教育质量保障的前提和基础 ……… 113
- 一 地方高校办学的基本定位 …………………………………… 113
- 二 影响高等工程教育质量的因素分析 ………………………… 117
- 三 地方高校高等工程教育实施质量保障的
  必要性与可行性 ……………………………………………… 125
- 四 高等教育质量保障的内涵及构成 …………………………… 129
- 五 高等工程教育质量保障的内涵及构成 ……………………… 133

第六章 地方高校工科类专业质量保障绩效评估方案的设计 …… 139
- 一 工科类专业质量保障绩效评估指标体系的含义 …………… 139
- 二 工科类专业质量保障绩效评估的功能 ……………………… 143
- 三 工科类专业质量保障绩效评估方案的构成要素 …………… 146
- 四 质量保障绩效评估指标体系的设计原则 …………………… 149
- 五 本项研究强调的几个重点 …………………………………… 151
- 六 质量保障绩效评估指标体系的设置及标准的确定 ………… 156
- 七 地方高校工科专业质量保障绩效评估的程序与方法 ……… 157

第七章 高等工程教育质量的抽样评估与分析 ………………… 176
- 一 调查学校的选择与调查方法 ………………………………… 176
- 二 关于高等工程教育理念的评估 ……………………………… 178
- 三 人才培养方案及课程体系和课程建设 ……………………… 183
- 四 师资队伍 ……………………………………………………… 190
- 五 教学条件 ……………………………………………………… 196

目 录

　　六　工程应用能力培养与产学研合作……………………………… 204
　　七　质量管理……………………………………………………… 210
　　八　人才培养质量………………………………………………… 220
　　九　就业与社会声誉……………………………………………… 226
　　十　专业优势与特色……………………………………………… 229

第八章　地方高校高等工程教育的改革与创新………………………… 232
　　一　地方高校高等工程教育改革的指导思想…………………… 232
　　二　地方高校高等工程教育的人才培养目标与质量标准……… 234
　　三　地方高校高等工程人才培养的基本模式…………………… 239
　　四　人才培养方案的优化………………………………………… 242
　　五　教学内容和教学方法改革…………………………………… 247
　　六　地方高校的教学基本建设…………………………………… 248

第九章　地方高校高等工程教育质量保障体系的设计………………… 253
　　一　地方高校高等工程教育质量保障体系的设计思路………… 253
　　二　高等工程教育质量"四维七元保障模型"的构建………… 255
　　三　地方高校高等工程教育质量保障系统的运行机制………… 270
　　四　政策建议……………………………………………………… 276

附件1　地方本科院校高等工程教育质量调查问卷（学生卷）…… 280

附件2　地方本科院校高等工程教育质量调查问卷（教师卷）…… 283

附件3　地方本科院校高等工程教育质量调查问卷（管理人员卷）
………………………………………………………………………… 287

附件4　毕业生质量企业调查表………………………………………… 291

参考文献………………………………………………………………… 292

后　记…………………………………………………………………… 298

第一章

绪论

中国高等工程教育已有百余年历史。近年来，随着高校招生规模的不断扩大，高等工程教育实现了跨越式发展，已经建立起多层次、多形式、学科门类齐全的庞大工程教育体系，尤其是地方本科院校已经成为高等工程教育的主力军。新时期我国走新型工业化发展道路、全面建成小康社会和建设创新型国家的时代要求，又一次为高等工程教育带来难得的发展机遇，也提出了更高要求，其中最重要的是如何进一步提高工程教育质量。质量是高等教育生存和发展的生命线，如何解决地方高校高等工程教育数量和质量的矛盾，是地方高等学校面临的重大问题。因此，考察当前地方高等学校高等工程教育质量的现状，在总结经验的基础上研究其存在的问题，提出相应的对策和政策建议，可以有效地指导地方高校的高等工程教育教学改革，强化质量保障体系建设，为更加充分地实现高等工程教育的目标、办好人民满意的教育，奠定坚实的基础。

一 研究背景与意义

（一）研究背景

提高高等工程教育质量已成为高等工程教育发展的核心任务，要推进我国新型工业化的发展，必须以高等工程教育质量的提升为基础。本项研究基于以下三个背景。

1. 我国高等工程教育质量亟待提高

我国高等工程教育的发展始于20世纪50年代。为适应国家工业发展需要，在50年代初期，高等学校先后进行了两次大规模院系调整，工科院校形成以单科性工学院为主的模式，本科工程教育取得了快速发展。在此阶段，工程教育采用的是苏联模式，其突出特点是：许多工科院校专攻一种工程专业，隶属于相应的部门，仅一部分多科性技术院校直接隶属于教育部；工程教育专业划分过细，专业设置偏重重工业。这种模式曾较为有效地配合了当时的工业化进程，但专业领域过于狭窄，使得学生很难适应迅猛发展的科学技术。这方面的弊端随着时间的推移日益显现。

2001～2006年的五年间，中国各类高等教育发展迅速，总规模超过2500万人，翻了近一倍，毛入学率达到22%；2006～2011年的又一个五年期间，高等教育继续稳步发展，全国各类高等教育总规模达到3167万人，高等教育毛入学率达到26.9%，初步实现高等教育大众化。高等教育大众化的一个重要特征是规模扩张。扩大高等教育的供给，满足了人们长期被压抑的高等教育需求，为社会提供了强有力的智力支持和人才保障。截至2010年，中国的高等工程教育培养规模已位居世界第一，开设工科专业的本科院校达到1003所，占本科高校总数的90%；本科在校生人数达到371万，研究生达47万。全国工程科技人员总保有量也超过1400万人，我国已经成为名副其实的工程教育大国。

高等工程教育在规模发展的同时，也带来了需要解决的新问题。大而不强、多而不精、工程教育普遍缺乏创新性和实践性，一直是困扰我国高等工程教育改革与发展的难题。[①] 高校尤其是地方高校存在办学经

---

① 杨晨光：《造就一批高层次工程技术人才——教育部"卓越工程师教育培养计划"实施进展综述》，《中国教育报》2011年1月2日。

费不足、师生比例不合理、企业对工科毕业生的综合能力评价低等问题。工程教育所需要的资金基本来自国家，与企业间联系相当微弱，工程教育对企业的技术需要并不敏感，不能适应经济社会对高等工程教育的需求，从而使高等工程教育质量日益成为社会关注的焦点，其中最为著名的是"钱学森之问"：为什么我们的学校总是培养不出杰出人才？我国在2006年初召开的科学技术大会上提出了建立创新型国家的目标。建立创新型国家需要大量创新型人才，尤其是在大量工程实践中需要创新型人才，需要新一代合格的、卓越的工程师。因此，高等工程教育被提到了更为重要的位置上，加强工程教育，提高工程教育质量的呼声越来越强烈。

2. 我国高等工程教育改革方兴未艾

近年来，针对高等教育发展现状和社会发展对高质量人才的需要，国家相继出台了有效的政策和措施。

2007年，教育部、财政部发布实施《高等学校本科教学质量与教学改革工程》，按照"分类指导、鼓励特色、重在改革"的原则，加强内涵建设，提升我国高等教育的质量和整体实力。2012年3月16日，教育部下发了《关于全面提高高等教育质量的若干意见》，从内涵发展、办学特色、人才培养质量标准等方面提出了一系列具体要求和措施，有很强的针对性、指导性和可操作性。2012年3月23日，教育部召开了全面提高高等教育质量工作会议，时任中共中央政治局委员、国务委员刘延东在会上强调，要深入贯彻胡锦涛总书记在清华大学百年校庆上的重要讲话精神，全面落实教育规划纲要，树立科学的高等教育发展观，深化教育体制机制改革创新，坚定不移走以质量提升为核心的内涵式发展道路，推动我国高等教育事业迈上新台阶，实现从高等教育大国向高等教育强国的转变。刘延东指出，提高高等教育质量是立足我国现代化建设阶段性特征和国际发展潮流提出的深刻命题，是当前我国高等教育改革发展最核心、最紧迫的任务。

近年来，国内许多高等院校在工程教育改革方面进行了积极的探索。2010年6月，教育部启动"卓越工程师教育培养计划"，计划实施时间为2010~2020年，主要目标是面向工业界、面向世界、面向未来，培养造就一大批创新能力强、适应经济社会发展需要的高质量各类型工程技术人才。如何以高校为主，联合产业界和政府共同把中国的工程教育做强做大，成为政府、高校和企业共同关注的问题。

3. 高等工程教育质量保障体系建设日益受到重视

（1）国际高等教育质量保障发展趋势。近年来，许多发达国家积极开展高等工程教育专业认证工作。1998年，《欧洲工程教育杂志》最早发表了关于工程教育专业认证的文章。美国为了评估各类高等工程、技术等专业设置的质量，成立了工程技术认证委员会（ABET），制订了一套严格的评估标准。德国从20世纪90年代开始在高等工程教育领域引入专业认证机制，建立质量保障体系。日本也在20世纪90年代成立了技术人员教育评估体系，采用外部评估方法，强化工程教育的质量管理。目前这方面的工作在世界各国发展很快。

高等教育质量保障结构国际网络组织（INQAAHE）是高等教育质量保障领域内最具影响力的国际组织。截至目前，已经有来自美、英、日、澳、中等国的250余个活跃在高等教育质量保障理论研究和实践领域的质量保障、评估机构加入该组织。INQAAHE通过两年一次的双年会以及会员论坛等方式积极促进和推广高等教育质量保障及提高方面的良好做法，教育部学位与研究生教育发展中心的林梦泉、唐振福对INQAAHE近五年的会议主题进行了梳理，归纳出了国际高等教育质量保障领域比较集中的热点问题，包括：质量保障文化与质量保障新方式；如何看待高等教育的多样性；如何处理外部与内部质量保障的关系；政府因素与质量保障机构的独立性；跨境教育质量保障等。在这些热点问题的基础上，又归纳出高等教育质量保障的四个主要发展趋势：普遍关注高校办学多样性面临的巨大挑战；营造外部评估和院校自我评估协调发展的质量文化成为共识；政府、质量保障机构和高校等管理主体的协同趋势明显；开展跨境质量保障成为各国维护教育主权的重要共识。① 高等教育质量保障的发展趋势对我国高等教育的评估工作敲响了警钟。如何进一步完善高等教育质量保障体系，提高质量保障水平，需要在借鉴国际经验的基础上，结合我国实际，探索新的道路。

（2）我国实施的高等教育质量保障体系。我国实施高等教育质量保障活动已二十多年，1985年国家教委颁布《关于开展高等工程教育评估研究和试点工作的通知》，标志着中国高等教育评估工作的开始。2003年教育部提出实施"五年一轮"的普通高等学校教学工作水平评估制度。2004年8月教育部高等教育教学评估中心正式成立。建立我国高等教育教学评估工作开始走向规范化、科学化、制度化和专业化的发展阶段。② 教育部在2004年3月发布的《2003~2007年教育振兴行动计划》中（第22条）强调，要"健全高等学校教学质量保障体系，建立高等学校教学质量评估和咨询机构，实行以五年为一周期的全国高等学校教学质量评估制度。规范和改进学科专业教学质量评估，逐步建立与人才资格认证和职业准入制度挂钩的专业评估制度。加强高等学校教学质量评估信息系统建设，形成评估指标体系，建立教学状态数据统计、分析和定期发布制度"③。至此，我国从组织、制度、形式、内容等方面对高等教育质量保障体系的宏观和微观构建提出了具有指导意义的规划和意见。同时也表明，只有在外部质量保障体系和内部保障体系的共同作用下，高等教育质量才能真正有所保障和提升。

为进一步建立高等学校教学质量保证体系，根据"高等学校本科教学质量与教学改革工程"整体部署，教育部开展了对"完善高等学校教学质量定期评估制度"和"研制全国高校教学基本状态数据库系统"的立项研究工作。教育部与财政部共同批准由北京师范大学、复

---

① 林梦泉、唐振福、杜志峰：《国际高等教育质量保障热点问题和发展趋势》，《中国高等教育》2013年第1期。
② 赵炬明：《超越评估（下）——中国高等教育质量保障体系建设之设想》，《高等工程教育研究》2009年第1期。
③ http://news.xinhuanet.com/newscenter/2004-03/30/content_1392588.htm.

旦大学（与武汉大学共同）分别牵头成立课题组，承担高等学校本科教学工作分类评估方案项目建设任务；中山大学（与北京师范大学共同）、华中科技大学分别牵头成立课题组，承担全国高校教学基本状态数据库系统项目建设任务。①

（二）研究意义

1. 提高地方高等工程教育质量的需要

地方高等工程教育担负着为国家和地方经济社会发展培养工程技术专门人才的任务。工程教育的人才培养必须面向工程实际，这是地方经济发展的迫切需要，也是工业发达国家高等工程教育和工业发展的经验总结。而这正是我国地方工程教育长期以来的主要欠缺项。近年来一些地方高校工程教育中的实践环节受到削弱，实验基地设备老化，工厂实习难以落实，设计环节不被重视，学生的实践能力、创新能力不强。发达国家的学生除有大量的在校教学实验外，与企业结合的工程训练时间一般在半年以上；而我国许多地方高校学生一般只有4~8周时间在校内进行工程训练。因此，我们需要对工程教育质量现状进行研究，及时发现问题和不足，以采取相应的对策。

2. 建设创新型国家的需要

科学技术是第一生产力，工程科技是第一生产力中的最重要因素之一。高等工程教育是培养工程科技人员的主渠道，为工程科学技术的发展源源不断地创造新的活力。当今世界，科学技术的发展与更新越来越快，工程技术对经济和社会的推动作用越来越大，而对工程技术人才的培养直接决定工程技术的水平和发展速度，决定国家的工业竞争力和创新能力。大量事实证明，不论在发达国家还是在我国，起步时期的工程教育都是在工业发展需求的带动下发展壮大的。随着工业化的进一步推进，

---

① 教育部网站，http：//www.moe.gov.cn。

发达国家的工程教育愈发表现出主动性，成为工业增长、技术创新的动力源泉；而我国的高等工程教育则不能适应新型工业化发展的要求。有资料显示，我国有1400多万工程技术人才、210多万工程师，数量居世界首位，但我国的国民经济人均产值只有发达国家平均值的四分之一。近年来在工程教育中存在重"学"轻"术"的倾向，高等工程院校为工业企业培养的人才不能适应企业的实际需要，直接为工业企业服务的工程性论文和设计的数目也偏少，这与我国工程教育在国民经济中应有的地位和应起的作用差距很大。据麦肯锡咨询公司的研究报告统计，我国的工科毕业生只有不到10%的人适合到跨国公司工作。我国培养的可获得资格的工程师数量连年居于末位。因此，研究工程教育质量存在的问题并找出原因，构建工程教育质量保障体系就显得十分重要。

3. 地方经济和地方高校自身发展的需要

近年来，地方本科院校在高等教育体系中所处的地位和作用日益重要。然而，近年来地方本科高校出现了"办学趋同化"的倾向，追求"大而全"的办学模式，质量标准单一。许多学校学科专业划分过细，既没有明确的培养目标和质量标准，知识面太窄，又没有足够的工程实践训练，导致学生缺乏现代工程设计思想、方法和综合运用多方面的知识解决工程问题的能力，缺乏对现代工程所必须具备的有关经济、社会、文化方面知识的了解，缺乏参与管理现代工程的领导、决策、协调、控制的初步能力和管理素质。问题可能有很多方面，包括教育经费、基础素质、就业走向等，但地方高校如何根据当地经济社会发展进行科学定位，将高等工程教育办出特色、办出水平，是一个亟待研究的问题。

二　国内外研究现状综述

本项研究可资借鉴的研究成果主要有以下几个方面。

（一）关于"高等教育质量"内涵的研究

从现有文献来看，国内外学者和实际工作者对高等教育质量的内涵、外延问题从不同层次、不同角度进行了研究，对高等教育内涵的认识有较大的不同。根据我国《教育大辞典》的释文，教育质量反映教育水平高低和效果优劣的程度，它最终体现在培养对象的质量上，衡量的标准是教育目的和各级各类学校的培养目标。美国高质量教育委员会主张从社会对学习者的要求、学习者对学校的要求以及世界发展对美国社会的要求三方面认识教育质量，并认为学校应为全体学生规定高标准和目标，然后想方设法协助学生达到这些目标。

解晓东将国际上对高等教育质量的认识归纳为如下观点：高等教育质量就是创造例外（exception）、达成标准（consistency）、满足期望（fitness for purpose）、"物有所值"（value for money）与一种学生改造过程（trans-formative process）。[①] 余晓波认为，高等教育质量从其内涵来看，就是高等学校提供的产品和服务满足高等教育系统内外明确或隐含需要的能力的特性总和；从外延来看，既可从纵向上分为教育投入质量、教育过程质量和产出质量，也可从横向上分为人才培养质量、科学研究质量和社会服务质量，还可从教育活动上分为教学质量、管理质量和为教学提供服务的质量。[②]

赵蒙成、周川指出，高等教育质量的概念具有四个特征：主观性、历史性、地域性、实践性。无论如何界定高等教育质量，必须弄清楚三个问题：什么是质量、谁来确定质量、如何评估质量。在此基础上他们提出，教育目标质量、教育过程质量、教育制度质量、教育设施质量以

[①] 解晓东：《试论我国高等教育大众化的质量观、质量标准与质量保证》，《高等农业教育》2003年第6期。

[②] 余小波：《高等教育质量概念：内涵与外延》，《高教发展与评估》2005年第6期。

及教育产品质量是衡量高教质量的五个维度。① 侯怀银、闫震普主张从高等教育内部揭示高等教育质量概念的本质，提出高等教育质量是高等教育实践活动在实现自身基本功能的过程中对高等教育基本规律的体现程度。这一高等教育质量内容包括人才培养、体系构建、机构创办及宏观管理四个方面。② 林永柏在界定高等教育概念时与上述文献侧重点不同。上述文献侧重高等教育内部活动，而林永柏认为，高等教育质量是指高等教育在坚持社会效益和经济效益相统一原则的基础上，其各种活动及其产品的内适性与外适性的统一程度。③

笔者认为，以上文献中对高等教育的界定都不同程度地缺少对利益相关者的关注。高等教育大众化的一个明显特征就是高等教育拥有越来越多的利益主体，满足利益相关者的需求是高等教育的价值所在。虽然林永柏提出了内适性与外适性的统一，但其概念中"原则"与"产品"的提出，使人觉得多了一点工具价值，而少了一些人本理念。

潘懋元提出，高等教育大众化、高等教育职业化都是21世纪世界高等教育发展的大趋势。这两大趋势具有内在的必然联系，如何使二者很好地在实践中结合，首要的问题是转变教育质量观。潘懋元还提出高等教育大众化的发展前提是多样化，多样化的高等教育应有各自的培养目标和规格，从而也应当有多样化的教育质量标准。④ 房剑森进一步提出，在高等教育初级大众化阶段中，我国高等教育质量的标准应该是适应性、多样化、发展性等方面的统一。⑤

厦门大学的史秋衡、王爱萍用哲学理论来分析高等教育质量观，认为高等教育质量观的哲学基础正逐渐由认识论向价值论转变，在这一转

---

① 赵蒙成、周川：《高等教育质量：概念与现实》，《江苏高教》2000年第2期。
② 侯怀银、闫震普：《高等教育质量概念探究》，《江苏高教》2007年第5期。
③ 林永柏：《关于高等教育质量概念的界定》，《教育科学》2007年第6期。
④ 潘懋元：《高等教育大众化的教育质量观》，《江苏高教》2000年第1期。
⑤ 房剑森：《高等教育质量观的发展与中国的选择》，《现代大学教育》2002年第2期。

变过程中，需要在工具理性与价值理性之间寻求合理的高等教育质量价值取向。① 南开大学的闫广芬、秦安安按不同时间和不同层次对十年来中国高等教育质量观进行了综述，并提出研究高等教育质量观有四个需要深入探讨的问题：一是多样性与统一性的结合；二是工具性与价值性的博弈；三是结果与过程的统一；四是现实与未来的融合。②

（二）关于"高等教育质量保障"内涵的研究

从现有文献来看，对高等教育质量保障内涵的界定尚未形成统一的认识。

1. 国外的研究与实践

20世纪70年代，马丁·特罗教授发表了高等教育大众化的理论，奠定了对高等教育规模扩张中诸多问题的研究基础。随后，日本的天野郁夫根据日本高等教育规模扩张的实际情况，对马丁·特罗的理论进行了修正。80年代以来，由于全面质量管理思想的兴起，对高等教育质量方面的研究逐渐集中到高等教育质量保障体系的建立和机制的比较研究方面，主要有对发达国家高等教育质量保障体系的研究，对各地区（如西欧、北美、东亚、非洲）质量保障体系的比较研究，以及高等教育质量保障体系的发展趋势研究等。20世纪90年代初，西方工业化国家改革传统高等教育质量管理体制的尝试，发展成为一场以建立系统化、制度化的质量保障机制为目标的国际高等教育管理革新运动——高等教育质量保障运动。一些学者认为，高等教育质量保障是指在全面质量管理理论的基础上，充分运用各种监督、评价、反馈等手段，通过规范化的制度和程序来保证质量的持续提高。也有学者从不同的角度下定义，比如英国高等教育质量保证署专家 Diana Green 认为，高等教育质

---

① 史秋衡、王爱萍：《高等教育质量观：从认识论向价值论转变》，《厦门大学学报（哲学社会科学版）》2010年第2期。

② 闫广芬、秦安安：《近十年来中国高等教育质量观研究述评》，《高校教育管理》2009年第1期。

量保障是指特定的组织为向学生和社会保证高等教育的质量,"根据一定的质量标准体系,按照一定的程序,对高校的教育质量进行的控制、审核和评估"。

20世纪90年代以来,西方发达国家对高等教育质量保障的内涵界定更为丰富,这一点尤其体现在质量保障主体、质量保障模式、质量保障措施以及质量保障标准等几方面。如美国在面对高等教育规模发展减慢、质量与效益问题突出的情况下,发展出新的质量保障措施,包括学术项目定期评审制度、大学排名制度、学生学习效果调查、毕业生跟踪调查等(尤其是后两者显得越发重要,这类调查还出现了一批专门的研究中心,不仅可以用得来的数据进行研究,还可以为高校提供咨询)。这些都是质量保障的新途径和新方法,成了当代美国高等教育质量保障体系的一部分。[①] 但是对美国来说,在高等教育质量保障方面也存在一个困境,那就是质量保障标准的统一性与多样性的平衡问题。相对来说,美国更为强调的是多样性,而欧洲则更注重统一性。2002年组建的欧洲高等教育质量保障协会(ENQA)制订了统一的欧洲高等教育质量保障标准,提出了体现质量文化、消费者保护和公共问责精神的质量保障标准原则。ENQA关于质量保障的另一特色之处是形成了较为完整的质量保障方法体系,其中包括提出新评估方法、更加注意吸收实践界和学生的意见等。[②] 这些新变化都说明当代欧洲高等教育质量保障内涵更加丰富——不仅依据高等教育发展特点提出了更为客观的保障方法,还借鉴和融合了其他行业质量保障的精华。

李亚东在对法国、德国和英国的外部质量保障机构和三所知名高校进行实地访问后,对其高等教育质量保障体系特点、评价机构以及内外部质量保障活动进行了总结分析,他指出,政府、教育机构、评估机构

---

① 赵炬明:《超越评估(上)——中国高等教育质量保障体系建设之设想》,《高等工程教育研究》2008年第6期。
② 赵炬明:《超越评估(上)——中国高等教育质量保障体系建设之设想》,《高等工程教育研究》2008年第6期。

等方面"齐抓共管、以外促内"已成为构建质量保障体系的共同选择和核心原则。① 田恩舜从高等教育质量保障的权力结构、主体、机构、目的、内容、程序与方法等方面，对20世纪90年代以来世界高等教育质量保障的发展趋势进行了分析与探讨，提出世界高等教育质量保障正从一元控制向多元治理转变。② 但是从目前研究国外高等教育质量保障的文献来看，各个国家更多关注的仍是高等教育质量的控制，并未对质量的改进赋予应有的关注。

2. 国内的研究

国内对高校教学质量内部保障体系的研究，大致有如下观点：安心、陈玉琨等依据"系统科学工程"理论，把高校内部教学质量保证作为一个开放系统，将质量保证的内容归纳为输入保证、过程保证、输出保证三个部分，陈玉琨等认为，高等教育质量保障就是在高等教育评价与质量控制的基础上，促进高校达成质量目标，满足相关利益群体需要的过程；③ 邱国锋则提出，高等教育质量保障是指特定的实体依据一套质量评估指标体系，按照一定的过程和程序，对高等教育（主要是高校的教育质量）进行控制、审核和评估，并向学生和社会相关人士保证高等教育的质量，提供有关高等教育质量的信息。④ 相比较而言，邱国锋对高等教育质量保障概念的界定因"提供有关高等教育质量的信息"而更与国际接轨。

总的来说，很多学者认为高等教育质量保障就是对质量的控制、审核和评估，更多的是关于程序和政策方面的含义，而忽视了为相关利益群体提供质量信息和保证这一最能体现利益主体性的方面（对利益群

---

① 李亚东：《法、德、英高等教育质量保障体系考察分析》，《教育发展研究》2010年第7期。
② 田恩舜：《从一元控制到多元治理：世界高等教育质量保证发展趋势探析》，《学位与研究生教育》2006年第12期。
③ 陈玉琨等：《高等教育质量保障体系概论》，北京师范大学出版社，2004。
④ 邱国锋：《高等教育质量保障：系统及其运作》，《辽宁教育研究》2005年9期。

体来说，这一点恰恰是至关重要的）；在对高等教育质量保障概念的界定中往往提到的是保障的过程和内容，但对保障目的尤其是高等教育质量保障的改进和提高质量的目的鲜有涉及。

高等教育质量保障根据实施主体的不同，可以分为外部保障和高校内部保障。外部保障的主体包括政府机构和社会中介机构两种主体。内部保障是高校内部的自我评估。政府和高校是质量保障的重要承担者。保障对象包括教育的整个过程，即学生输入、教学过程和输出结果。贺祖斌等针对影响教学质量的因素，认为高校内部教学质量保障的主要内容有教学计划管理、教学过程管理、教学工作评价管理等，并阐述了教学质量保障的运行机制、体系结构，以及教学质量内部保障体系的组织层次及职责。施晓光、熊志翔、张利庆等将全面质量管理思想引入到高校教学质量内部保障体系的研究中，阐述了全面质量管理的内涵、特征及对现代高等教育管理的影响，对企业与高校教育质量管理进行了比较，分析了在高校实行全面质量管理的必要性和可行性。中南民族大学的田恩舜提出在我国高等教育质量保障模式变革中政府、高校与社会的行动策略。政府要从严格控制到有效管理；高校要从他律到自律，用质量换自治；社会要从缺席到参与。即尽快建立起高校自主保证、政府宏观调控、社会参与监督、市场自发调节的高等教育质量保障模式[①]（注：文中使用的是"质量保证模式"）。

综观各类高校内部教学质量保障体系的研究，它们主要围绕"为何保"、"谁来保"、"保什么"、"怎么保"四个环节展开，其中有学者构建的理论架构，更多的则是对各类高校实际经验的总结与研究。

（三）关于高等工程教育的研究与实践

1. 国际高等工程教育改革的研究与实践

近二十多年来，一些发达国家从观念、目标、教学内容到教育方法

[①] 田恩舜：《我国高等教育质量保证模式变革中政府、高校与社会的行动策略》，《黑龙江高教研究》2007年第1期。

对工程教育进行了整体改革。

法国高等工程教育的发展呈现以下特点：（1）法国高等教育改革委员会于2001年提出了"构建高等教育的欧洲模式"的报告，将高等工程教育推向改革的前沿，工程师学位等同于国家硕士学位，毕业后可获得法国工程师证书和法国工学硕士学位。（2）更加注重学生综合素质的培养。法国高等工程教育的课程设置一般包括以下几个方面，一是高水平的科学技术知识；二是外语；三是公共关系，即交流沟通能力；四是企业知识，即所有可能与企业相关的知识。近些年，法国又注重加强未来工程师的人文素质修养。（3）注重教学和实践的紧密结合。工程师学院的部分课程是学校与企业共同制定的，教学内容根据企业的需求不断调整。这类课程一般没有教材，授课教师中经验丰富的企业工程师占很大比例，在第三年的教学中来自企业的老师甚至会占到50%。学校里设有与专业相关的工作车间以及实验室，学生可以自己动手设计制作产品。学生的课题研究题目来源于企业或生活中的实际问题。（4）注重培养学生自主创新的能力。工程师学院设有"自训课"以及"项目答辩"，以强化训练学生独立学习和解决问题的能力。[1]

从1986年起，美国国家科学基金（NSF）逐年加大对工程教育和研究的资助。美国国家研究委员会（NRC）、国家工程院（NAE）和美国工程教育学会（ASEE）也为之展开调查和制定战略规划，积极推进工程教育改革，麻省理工学院（MIT）、斯坦福大学等名校的工程教育都进行了整体改革。麻省理工学院作为世界工程教育的先锋，其"教学、研究和关注真实世界问题"的工程人才培养模式和注重实践性、注重系统性的工程教育模式，为各国的工程教育改革提供了借鉴的范例。美国工程与技术认证委员会对21世纪新的工程人才提出了11条评估标准，强调工程实践能力和多学科知识能力的培养。美国理工科大学

---

[1] 李秀民、刘利：《国际高等工程教育的比较分析及启示》，《天津大学学报（社会科学版）》2010年第4期。

课程改革中有两大趋势：一是优化科学核心课程，发展人文课程和跨学科相关课程，以促进通识教育的发展；二是关注实践性教育，以促进学生科研能力、团队协作能力的发展。如今，美国已形成了多层次、多样化的工程教育体系。

近年来欧洲高等工程教育的主要特点有二。一是在培养目标上，为了促进欧洲国家之间，以及欧洲与欧洲以外国家之间的工程人才流动，近年来欧洲建立了一致的、与国际接轨的工程教育学位体系。与美国工科学位设置相似，欧洲工程教育也分为理论型与应用型。本科阶段的学位项目主要分为三个导向：理论导向、应用导向与中间导向。在硕士阶段，中间导向慢慢向两端靠拢，最后在硕士水平线上形成两种导向：理论导向与应用导向。同时，工程教育随着基础研究、研究与发展、产品发展、项目计划与销售、生产、装配与服务等方向的变化而变化，越往后发展越偏向应用。二是在培养方式上，首先，欧洲普遍建立了模块化的课程教学方式（废除了传统的学科课程设置），通过具有主题的模块式课程，培养不同规格、不同方向的工程师。其次，推进理论课程与实践课程一体化。德国是理论课程与实践课程一体化最典型的国家，工程教育课程开发一般源于对企业现状、技术与产品未来发展趋势的分析，并邀请企业界人士参与。最后，产学研合作日益密切。德国工程教育的产学研合作比较成功，合作的方式主要有两种：一种是高校、企业双方人员的交流；二是共同建立研究所、实验室。[①]

2. 国内高等工程教育改革的研究

近年来，国内学者对工程教育的关注度逐渐增强，尤其是 2011 年以来随着"卓越工程师培养计划"的实施，研究热度有所升高，以"工程教育"为关键词的文献每年达到 200 篇。由此可以看出，一是社会对工程教育不断提出新的要求；二是我国工程教育存在很多的问题值

---

① 李正、林凤：《欧洲高等工程教育发展现状及改革趋势》，《高等工程教育研究》2009 年第 4 期。

得去研究;三是工程教育这一领域的发展有很大的研究空间;四是工程教育的研究受国家政策的影响。

从内容上看,文献既有对工程教育理念、宏观政策以及工程教育整体体系的研究,又有对各高校工程教育的微观研究。

(1) 关于工程观的研究。20世纪90年代,时任麻省理工学院工学院院长的Joe Moses 提出大工程观。中国工程院院士李培根在借鉴大工程观的原始理念的基础上,丰富了其内涵,并站在整个人类的角度分析了为什么需要大工程以及工程教育中如何体现大工程观,最后指出,大工程观的培养,除了需要加强学生的科学基础,提高自主学习和实践的能力之外,还需要某种大工程体验、需要人文情怀以及宏观思维能力的培养。[1] 王丽霞认为,传统的工程观片面强调工程是人类对自然的征服与改造,忽视工程活动可能产生的生态环境及社会影响。为此,国际工程观由单向度的关注人与自然,发展成为全面考察人与自然、人与人、人与社会的协调关系,逐渐由"征服"走向"和谐"。[2] 其实,无论是"大工程观"还是"和谐",其内涵是统一的。

(2) 关于我国工程教育存在问题的研究。从近几年的文献来看,大部分有关工程教育的研究都对我国工程教育的现状作了总结和陈述,且更多的是提出现状中存在的问题。问题的引出主要来自两个方面:一是结合国外工程教育的做法提出我国工程教育的不足;二是根据当代工程技术的特点及对工程教育的要求,指出我国工程教育中存在的问题。文献中提出的问题主要集中于以下五个方面:一是人才培养目标不明确;二是学生实践能力低;三是教师缺乏工程实践经验;四是课程内容和教学方法陈旧;五是产学研合作薄弱。原教育部副部长吴启迪对我国百年来工程教育发展中的问题进行了归纳,认为我国高等教育特别是工程技术教育经费的投入严重不足,工程教育水平参差不齐,高校注重的

---

[1] 李培根:《工程教育需要大工程观》,《高等工程教育研究》2011年第3期。
[2] 王丽霞、于建军:《困境与走向:对我国工程教育现存问题的反思》,《现代教育科学》2011年第11期。

是"科学家"的培养方式而不是"工程师"的培养方式,工程教育认证制度和工程师资格认证制度没有真正建起来等,都是我国工程教育存在的问题,需要好好研究和解决。[1] 王力军把上述五个方面的问题归结为"整体环境弱化",并认为高校在工程教育方面还存在两种不尽如人意的做法:一是思想错位,不屑于培养工程师;二是对学生的从业教育不到位。[2]

针对存在的问题,一些文献探析了问题产生的原因。李录平认为,工程教育观念落后、培养目标模糊、工程教育理论研究滞后、本科工程教育边缘化、工程企业参与人才培养的角色缺位等是主要原因。湖南大学阳荣威通过一系列的数据提出了我国工程教育现存的问题,并从缺乏合适的高等工程教育评价体系、产学研合作缺乏合适的外部配套环境、企业与高校缺乏利益共鸣导致产学合作虚化、缺乏必要的人事制度来保障大学教师与企业高层次人才的互动、缺乏与国际接轨的工程师认证制度等几方面进行了深层次的原因分析。

(3) 关于工程教育改革的研究与实践。关于工程教育改革方面的研究和实践我们可以分为三个层次。一是国家层面的改革。卓越工程师教育培养计划的实施就是我国工程教育改革的一个重大举措。针对这一措施,学界掀起了一股研究工程教育的热潮,计划实施以来,已有 708 篇有关卓越工程师计划的论文,尤其是 2012 年一年就有 344 篇,其中既有对宏观政策的研究,又有高校对自身改革的介绍和总结。二是工程教育的整体发展。刘少雪提出,未来我国工程教育改革需要在一些深层次问题上找出突破路径,比如我国工程教育的层次和定位问题、工程教育的产学合作模式如何深化与保证问题。[3] 清华大

---

[1] 吴启迪:《中国工程教育的问题 挑战与工程教育研究——在清华大学工程教育研究中心成立大会上的讲话》,《清华大学教育研究》2009 年第 2 期。

[2] 王力军、李继怀、卢艳青:《现代工程教育模式的偏离与理性回归》,《现代教育管理》2011 年第 3 期。

[3] 刘少雪:《工程教育改革的趋向探析》,《清华大学教育研究》2012 年 4 期。

学原副校长余寿文在中国高等教育学会工程教育专业委员会第三届理事会第一次全体会议上高瞻远瞩地提出了四个问题，即如何健全中国的工程教育体系、大学后的继续教育谁管、工程师和工程教育的认证问题以及对工程师培养和价值的重视。① 这些问题内含了工程教育改革的关键点和改革方向。三是高校工程教育的改革。因为高校工程教育存在很多共性问题，所以改革内容有很多的共同之处，比如培养模式的改革、产学研合作、学科的交叉和融合、学生实践能力的增强、教师工程实践背景、课程体系的构建等。许多高校在这些方面进行了有益的探索。

（4）关于高等教育专业认证制度的研究。我国这方面的研究自20世纪80年代中期开始，最初是以专业评估和专业鉴定为开端的。1988年，国家教委高教二司编著了《高等学校工科类专业的评估》，对国外的工程教育专业认证进行了比较详细的介绍。但我国国内工程教育专业认证方面的研究者很少。同济大学毕家驹教授自1990年介绍国际工程教育的发展动向开始，发表了一系列文章，呼吁我国工程教育专业认证应与国际接轨，提出了在我国开展工程教育专业认证制度的设想。但这个问题真正引起学者关注和研究热情的时间是2008～2012年，四年来已发表论文71篇。其中研究成果比较多的是清华大学和北京航空航天大学的专家和学者。

清华大学对高等工程教育专业认证标准，大学、政府和企业三者关系的构建，工程教育专业认证对我国工程教育发展的影响以及日本高等工程教育认证介绍等几方面进行了研究。如王孙禺等人通过对《华盛顿协议》的章程、程序以及申请条件的介绍，提出我国应建立具有国际实质等效性的工程教育专业认证制度。② 张文雪通过对美国、德国、日本高等工程教育专业认证标准的介绍，提出建立我国工程教育专业认

---

① 余寿文：《工程教育与现代工程师培养》，《高等工程教育研究》2004年第4期。
② 王孙禺、孔钢城、雷环：《〈华盛顿协议〉及其对我国工程教育的借鉴意义》，《高等工程教育研究》2007年第1期。

证标准的建设性建议。①

　　一些学者对专业认证制度和标准进行了较为深入的研究。赵婷婷在《工程教育专业认证标准的特征》一文中，通过研究分属不同体系的北美和欧洲的工程教育专业认证，总结出工程教育专业认证的普遍特点，并提出工程教育认证标准制订中应考虑的三点因素。② 韩晓燕、张彦通和赵晓闻都对工程教育专业认证制度进行了研究，但前者主要是对工程教育专业认证制度和工程教育之间的积极关系以及矛盾进行了分析，③后者则对国外工程教育专业认证制度进行了机构和组织、过程和程序的比较研究。④ 雷庆通过分析我国工程教育专业认证的现状，提出通过成立全国性的工程教育专业认证机构，准确把握认证标准，重视收集申请认证和已通过认证专业的日常信息，加强对外交流等几方面来改进我国的工程教育专业认证。⑤ 其他率先进行工程教育认证专业试点和工科具有较强优势的大学，如北京化工大学、武汉大学、山东大学、大连理工大学等结合国际趋势，也对我国工程教育专业认证提出了建设性的意见，部分高校还结合自身专业认证的工作，提出我国高等教育专业认证现存的问题并提出相应的意见和建议。

　　2001 年以来，我国召开了一系列相关会议，并组建了相应的组织，如全国工程教育专业认证专家委员会、工程教育专业认证监督与仲裁委员会、中国高教学会工程教育专业委员会等，进一步推动了此项工作的研究和实践。

　　（5）关于工程教育质量保障体系的研究。整体来看，这方面的研

---

① 张文雪、王孙禹、李蔚：《高等工程教育专业认证标准的研究与建议》，《高等工程教育研究》2006 年第 5 期。
② 赵婷婷：《工程教育专业认证标准的特点》，《大学（研究与评价）》2008 年第 1 期。
③ 韩晓燕、张彦通：《工程教育专业认证制度及其对工程教育的影响》，《大学（研究与评价）》2008 年第 1 期。
④ 赵晓闻：《国外工程教育专业认证制度的比较分析》，《大学（研究与评价）》2008 年第 1 期。
⑤ 雷庆：《我国工程教育专业认证的现状及若干建议》，《大学（研究与评价）》2008 年第 1 期。

究比较薄弱，笔者尚未见到系统的研究成果。

我们认为，工程教育质量保障体系对工程教育的改革与发展极其重要。如果工程教育目标不明确，如果工程教育整个过程的质量无法保障，那么，培养出来的人才同样也无法保障能够满足企业对人才的需求。联合国教科文组织产学合作教席主持人查建中连续两年发表论文谈到了工程教育的评估问题以及国际竞争力指标体系的构建问题。他在运用系统论和控制论科学方法的基础上，构建了工程教育控制论宏观模型，主回路包括三个主要部分：控制力、教育系统和职场。他认为教育系统要想达到目标，必须研究系统外的两个重要环节，一是研究目标的制订是否合理，二是需要对教育系统的状态和表现进行评估。评估既包括高校的内部评估，又包括外部评估。在谈到外部评估时，查建中提倡实施第三方评估，要求其他利益相关者的参与，并指出对教育质量的综合评估必须从职场需求调查得出。总的来说，高校工程教育必须满足产业对工程人才的需求，这个过程需要高校与企业之间不断地沟通、反馈与调整。[①] 在此基础上，查建中又于2010年从国际视野进一步探索构建工程教育国际竞争力指标体系。他从国内、国际经济发展对工程人才的需求出发，通过对指标定量、定性的分析，揭示我国高等工程教育现状及其供给力，指出其差距和潜力。这一指标体系包括产业人才市场需求、工程教育领域现状、教育机制过程方法和人才产出四个一级指标。[②] 从这里可以看出，指标体系的构建还是建立在系统论和控制论方法的基础上。查教授的研究对我国工程教育的研究工作起到了重大的引导和推动作用，并对高校工程教育的改革指明了方向。

综上所述，各方面的研究成果虽然都在强调工程教育质量的重要性，但对工科高校尤其是资源相对缺少的地方工科高校来说，影响工程

---

① 查建中：《工程教育宏观控制模型与培养目标和教育评估》，《高等工程教育》2009年第3期。
② 查建中、陆一平：《中国高等工程教育国际竞争力指标体系初探》，《中国高教研究》2010年第2期。

教育质量的因素是什么，工程教育质量保障的主要内容和拟解决的问题是什么、难点在哪里，地方高校如何结合自身实际构建高等工程教育质量保障体系才能充分利用资源、发挥特色等一系列的问题，现有文献没有进行深入的诠释，有些问题甚至还是研究的空白领域（比如具有实践意义的地方高校工程教育质量保障体系的设计与运行机制等问题，我们亟待在这方面做出开拓性的研究与探索）。

三 我国工程教育发展的历史沿革

新中国成立以来，我国的工程教育可以分为三个阶段：第一阶段，新中国成立至1965年；第二阶段，"文化大革命"阶段；第三阶段，1977年至今。

（一）急需与重建——工程教育体系的初步构建

新中国成立后，政府的工作重心发生了根本改变，在1949年通过的《中国人民政治协商会议共同纲领》中规定，要大力发展新民主主义经济，我国的战略目标是由农业国发展为工业国。发展经济需要人才，但是当时的高等教育现状无法提供充足的人力资源。周恩来总理在第一次高等教育工作会议上指出："现在我们国家的经济正处在恢复阶段，需要人'急'，需要才'专'，这是事实。"针对现状和实际需要，我国对整个教育领域进行了整顿，改造旧教育，改革教育内容和教学模式，构建了适应国家经济发展的新的教育体系。

在改造的过程中，我国对苏联的教育模式进行了全面系统的学习。1952年进行院校调整，方针是"以培养工业建设干部和师资为重点，发展专门学院和专门学校，整顿和加强综合性大学"。"专门学院和专门学校又分多科性和单科性两种，它们的任务是根据国家的需要，培养各种专门的高级技术人才"。"综合性大学的任务，主要是培养科学研究人才和中等学校、高等学校的师资"。在调整过程中，上海交大和清华大学都成为纯工科大学，并支援东北建立起了专门学习苏联的著名的哈工大和哈军工。经过一年多的调整，全国工科院校比1949年多了16所，将全国工科高校数的比例提高了5.5个百分点（见表1-1）。到1956年，全国工科的学生数量从1949年的30320人上升至149360人，全国高校工科学生数的比例由26.2%增长到42.0%，增加了15.8个百分点（见表1-2）。从调整方针可以看出，我国工程教育的发展最初就是以培养专门的工程技术人才为目标的，这既是学习苏联教育模式的结果，同时也是适应我国当时经济发展的需要。

表1-1 1949~1957年不同类型学校数量分布

单位：所

年份	合计	综合大学	工业院校	农业院校	林业院校	医药院校	师范院校	语文院校	财经院校	政法院校	体育院校	艺术院校	其他院校
1949	205	49	28	18	—	22	12	11	11	7	2	18	27
1950	193	50	27	17	—	26	12	6	12	3	2	18	20
1951	206	47	36	15	—	27	30	8	19	1	1	18	4
1952	201	22	43	25	3	31	33	8	12	3	2	15	4
1953	181	14	38	26	3	29	33	6	4	4	4	15	1
1954	188	14	40	26	3	28	39	5	4	4	6	14	1
1955	194	14	42	26	3	28	42	5	5	5	6	14	1
1956	227	15	48	28	3	37	55	5	5	5	6	16	1
1957	229	17	44	28	3	37	58	8	5	5	6	17	1

资料来源：《中国教育年鉴（1949~1981年）》，中国大百科全书出版社，1984，第965页。

表1-2 院校调整前后高校结构及其学生数的变化（1949~1956年）

单位：所，%，人

类别	1949年				1953年				1956年			
	高校数	比重	学生数	比重	高校数	比重	学生数	比重	高校数	比重	学生数	比重
综合	49	23.9	—	—	14	7.7	—	—	15	6.6	—	—
工科	28	13.7	30320	26.2	38	21.0	79975	43.1	48	21.1	149360	42.0
农林	18	8.8	10361	8.9	29	16.0	15419	8.3	31	13.7	36473	10.2
医药	22	10.7	15234	13.1	29	16.0	29025	15.6	37	16.2	45902	12.9
师范	12	5.9	12039	10.3	33	18.2	39958	21.5	55	24.2	98821	27.8
财经	11	5.4	19362	16.6	6	3.3	13472	7.3	5	2.2	12803	3.6
政府	7	3.4	7338	6.3	4	2.2	3908	2.1	5	2.2	7108	2.0

续表

类别	1949年 高校数	比重	学生数	比重	1953年 高校数	比重	学生数	比重	1956年 高校数	比重	学生数	比重
语文	11	5.4	—	—	8	4.4	—	—	8	3.5	—	—
艺术	18	8.8	2755	2.4	15	8.3	2700	1.5	16	7.0	2612	0.7
体育	2	1.0	282	0.6	4	2.2	1096	0.6	6	2.6	2699	0.8
其他	27	13.2			1	0.6			1	0.4		
总计	205	100.2	97691	—	181	99.9	185553	100	227	99.7	355778	100

资料来源：《中国教育年鉴（1949~1981年）》，中国大百科全书出版社，1984，第965、966页。

1958年，随着当时的"大跃进"、人民公社运动的开展，教育也开始了"大跃进"。1960年高校数量比1957年增长了4.9倍，高校学生数量比1957年增长了1.2倍。其中工业院校的增速和规模最为显著，由1957年的44所，增至1960年的472所，增加近10倍。而且这一段时期的高校过多强调生产劳动和社会活动，忽视课堂教学，干扰了正常的教学秩序，使教学质量有所下降。1960年中央决定对国民经济实行"调整、巩固、充实、提高"的方针，高等教育于1961~1963年也开始了全面调整，中央还出台了《教育部直属高等学校暂行工作条例（草案）》（简称《高校六十条》）。经过三年的调整，高校稳步发展，教学质量明显提高，工程教育也逐渐步入正轨。

（二）动乱中的摧残——"文化大革命"时期的工程教育

"文化大革命"时期，高等教育成为受冲击的重灾区，高等工程教育受到了极大的摧残和破坏。但因为国家经济建设并未完全中止，尤其注重重工业的发展，因此为工业发展提供人力资本的工程教育在这一特殊时期获得了特殊形式的变革和发展。

这一时期高等教育变革的形式主要有三种。一是各行各业都参与。1966年毛泽东提出了在全国各行业都要办成亦工、亦农、亦文、亦武的革命化"共产主义大学校",此后全国各地的此类学校如雨后春笋般发展起来,都一致性地培养工、农、兵"全才"学生。部分大学也实施了教学改革措施,强调教学与实践的相结合。二是培养途径采取实践—学校—实践的形式。1968年7月22日毛泽东在《人民日报》发表的《从上海机床厂看培养工程技术人员的道路(调查报告)》上批注:"大学还是要办的,我这里主要说的是理工科大学还要办,但学制要缩短,教育要革命,要无产阶级政治挂帅,走上海机床厂从工人中培养技术员的道路。要从有经验的工人农民中间选拔学生,到学校几年以后,又回到生产实践中去。"[①] 三是办学模式发生变化。为了培养能工能文能武的人才,满足当时工业尤其是重工业的发展,部分工科学校改变了办学形式,或采取校厂合办,或采取将国防科委所属工科院校归属工业部领导。通过上述一系列的变革措施,工科院校的数量在"文革"期间相对来说保持了稳定,"客观地讲,'文革'时期,国家基础工业和国防工业得到了一定的发展,以'三线建设'为中心,建立起一大批钢铁、机器制造、煤炭、汽车工业基地和成昆、湘黔、川黔等重要铁路干线。在科学和工程技术方面,取得了核技术、人造卫星、运载火箭等尖端科学技术和大型工程方面的丰硕成果"[②]。

(三) 发展与创新——改革开放后的工程教育

这一时期经过了以下几个阶段。

1. 恢复阶段

1978年3月18日,中共中央在北京隆重召开了全国科学大会,邓

---

① 王孙禺、刘继青:《从历史走向未来:新中国工程教育60年》,《高等工程教育研究》2010年第4期。

② 王孙禺、刘继青:《从历史走向未来:新中国工程教育60年》,《高等工程教育研究》2010年第4期。

第一章　绪论

小平同志在会上作了重要讲话，明确指出"科学技术是生产力"，把"尽快培养出一批具有世界第一流水平的科学技术专家，作为我们科学、教育战线的重要任务"。全社会迎来了"科学的春天"。高等教育领域也进行了全面的恢复和重建。从 1977 年到 1980 年，工科院校的数量和在校生数都有了较大幅度的增加，工科在所有学科中占有绝对优势。

2. 调整阶段

新中国成立以来政府一直重视重工业的发展，所以高等院校中工科的比例较高，而文、商、法相对来说受到了忽视。所以高等教育结构的调整成为当时高教发展的中心任务。这种调整即加大文科、政法、工商的比例，同时针对经济发展所需，对工程教育结构和人才培养目标进行了调整。1984 年《关于全国普通高等学校修订工科本科教学计划的原则和规定（建议稿草案）》中指出："高等学校工科本科的培养目标是德、智、体全面发展的高级工程科学技术人才。一般可分为高级工程技术人才、高级技术科学人才和高级管理人才三种类型。"对三种类型人才的具体要求主要包括：一定的专业理论知识和技能、技术经济和管理知识、解决工程实际问题的能力、创新、严谨的科学作风和外语。同时工程教育内部结构也进行了调整，加强了轻工业专业的发展，减缓重工业专业的发展步伐。这一系列的改革，奠定了改革开放以来工程教育发展的基本格局。

3. 改革阶段

1985 年我国开展教育体制的改革，高等教育进入了一个全面改革和发展的阶段。改革的关键点其实就是办学模式和办学理念的转变，即一是扩大高校的办学自主权，二是加强高校与生产、科研和社会其他各方面的联系。原属各部委的院校下放到各地方政府，一部分工业单科院校合并为综合性大学。这样，到 2000 年时，工科院校在全国高校的比例有较大的下降，而综合性大学的比例上升。

"世行贷款 21 世纪初高等理工科教育教学改革项目"是教育部"新世纪教改工程"的重要组成部分，2000 年 8 月正式批准立项，其 266 个项目广泛分布于全国 31 个省、自治区、直辖市（港澳台地区除外）的 170 余所高等学校。立项目的是在"高等教育面向 21 世纪教学内容和课程体系改革计划"的实施基础上，用三年左右时间实现一批能体现整体优化的专业教学体系综合改革方案。此项目的实施，推动了理工科人才培养模式的多样化，促进了对理工科学生创新意识与能力的培养，使实践训练环节大大加强，产学研结合有了新的突破。校内外实践基地建设呈现新局面，改革项目中，出现了学校企业共建实验室、企业实验室建到学校、学校实验室建到工厂等新型的实验基地运作模式。富有成效的校内外实践基地改革与建设项目达 145 个。[①]

4. 创新阶段

2003 年，教育部启动"高等学校教学质量和教学改革工程"（以下简称"质量工程"）。首先开展的是精品课程建设。2007 年，"质量工程"全面启动实施，项目包括精品课程、人才培养创新试验区、特色专业、教学团队、实验教学示范中心、双语示范课程、教学名师等。"质量工程"的实施为高校尤其是以工科为主的高校提供了良好的发展契机。2007 年以来，从各项工程公布的立项结果来看，工科总是占绝对优势。以精品课程为例，截至 2008 年，共评审出国家精品课程 1798 门，按照分类体系，其中工学 397 门，占 22.1%，远远高于其他学科门类。在 2007 年的人才培养模式创新试验区立项结果中，共设立 220 个实验区，其中，工学学科门类 40 个，数量占据第一位；另外，有 80 个工学学科门类指标直接均分给清华大学等 10 所工程教育改革集成项目参与学校。这足以说明国家对工科发展的重视度以及工业发展对人才的急需。

---

① 教育部网站：http://www.moe.gov.cn。

如果说"质量工程"的实施并非只是工科院校受益,那么"卓越工程师教育培养计划"的推出对工科院校的发展则具有较强的针对性。这一计划是教育部贯彻全国教育发展规划纲要精神率先启动的一项重大改革计划,计划实施期限从2010年到2020年,主要目标是面向工业界、面向世界、面向未来,培养造就一大批创新能力强、适应经济社会发展需要的高质量各类型工程技术人才。在"卓越计划"启动会上,教育部副部长陈希指出我国工程教育改革发展的战略重点是:一是要更加重视工程教育服务国家发展战略;二是要更加重视与工业界的密切合作;三是要更加重视学生综合素质和社会责任感的培养;四是要更加重视工程人才培养国际化。中国工程院教育委员会副主任左铁镛院士说:"随着我国城市化、工业化进程的不断加快,我国创新型工程科技人才培养迎来重大战略机遇期。""此时启动'卓越计划',着力解决高等工程教育中的实践性和创新性问题,加紧培养一批创新性强、能够适应经济和社会发展需求的各类工程科技人才,对于加快经济发展方式的转变、实现未来我国经济社会的持续发展,将产生深远的影响。"[①] 截至目前,全国共有194所高校加入"卓越计划",相继从组织管理体系、完善人才培养方案、加强师资队伍建设、启动工程实践教育中心建设、加大资金投入等方面采取了相应有效的改革措施,推动了我国工程教育的快速发展。

2012年,教育部对1998年印发的普通高等学校本科专业目录进行了修订,形成了《普通高等学校本科专业目录(2012年)》。改革开放以来通过对专业目录的不断调整(见表1-3),我国工科专业口径越加拓宽,符合社会对工程人才的需求,为推动行业的发展和社会经济的大幅增长奠定了坚实的基础,同时也符合国际工程教育发展趋势。

---

① http://www.gov.cn/gzdt/2010-06-23/content_1635114.htm.

表1-3 改革开放以来本科专业四次调整情况

时间		设置专业种数
第一次	1987年	专业种数为671种,较1963年减少了一半,其中工科255种
第二次	1993年	10个学科门类71个专业类,其中,工学门类包含22个专业类181种专业
第三次	1998年	11个学科门类73个专业类,其中,工学门类包含有21个专业类70种专业
第四次	2012年	12个学科门类专业类由修订前的73个增加到92个,专业由修订前的635种调减到506种。其中,工学门类下设31个专业类169种专业

四 研究目标、内容和方法

（一）相关概念的界定

本书以地方本科院校高等工程教育质量保障体系建设为主要研究对象，需要对工程教育相关概念的内涵和外延做出明确的界定。

1. 地方本科院校

本书研究的是分布在省会城市、计划单列市及其以下的地级市、地区（州、县），并由当地政府拨款兴建，以当地政府管理为主的本科高校。

2. 工程教育

工程教育作为教育的一个类别（科类），广义而言，是指培养工程技术人才的社会活动；狭义而言，是指培养工程技术人才的学校教育。

3. 高等工程教育质量保障

高等工程教育质量保障指根据预先制定的一系列质量标准与工作流程，政府、社会和高校通过认真实施并不断改进工作，达到或超过预定的高等工程教育质量目标，并为相关利益群体提供质量证明的所有政策和过程。

4. 高等教育质量保障机制

高等教育质量保障机制是指高等教育体系的基本要素之间相互联系、相互制约，协同发挥高等教育质量保障功能的运行规则。

5. 高等工程教育质量保障系统

高等工程教育质量保障系统是整个高等教育质量保障体系的有机组成部分，是指在高等教育质量保障机构活动的基础之上的有关要素相互联系、相互制约而构成的有机整体，是政府、社会和高等教育机构为高等工程教育质量实施持续有效的质量维护、改进和提高，并为利益群体提供质量保证而建立的管理体系。

（二）研究目标

本项研究以分析地方本科院校高等工程教育存在的问题和面临的挑战为切入点，以河南省高校为主要的考察对象，综合运用经济学、管理学、教育学和数量分析方法，研究地方本科院校高等工程教育质量评估和质量保障体系建设问题，拟实现以下三个目标。

（1）建立地方本科院校高等工程教育质量保障内容的指标和质量评价体系，并实施抽样质量评估；

（2）系统考察地方本科院校高等工程教育质量的现状，分析存在的问题和原因；

（3）对地方本科院校高等工程教育质量保障系统进行框架设计，并提出相应的政策建议。

（三）研究内容

主要研究七个方面的内容。

1. 地方高校高等工程教育发展

以河南省典型的高等工科院校为主要的考察对象，着重从以下三个方面来考察：河南省高等工程教育发展的历史演进；河南省高等工程教育发展的现状考察；地方高校高等工程教育取得的成就与面临的挑战。

2. 高等工程教育质量及其保障系统的基本理论问题

着重研究以下几个方面：界定高等工程教育的内涵与特征；工程教育目标和质量标准；高等工程教育以培养"后备工程师"为目标，重点是提高学生创新能力和实践能力；高等工程教育质量保障的内涵与相关理论；我国高等工程教育质量保障建设的探索与实践，该部分的研究是本课题的其他部分的理论基础和分析依据。

3. 高等工程教育质量保障的国际比较

对世界上有关国家本科院校高等工程教育质量保障的做法进行比较，研究各国做法的主要特点，分析其借鉴意义。

4. 地方高校高等工程教育质量保障的原则与内容

对地方高校高等工程教育人才培养的目标进行定位，分析影响高等工程教育质量的因素；探讨地方高校高等工程教育实施质量保障的必要性与可行性；考察地方高等工程教育质量保障应解决的主要问题；梳理高等工程教育质量保障的内容。

5. 高等工程教育质量保障绩效评估指标体系的设计

建立一个科学有效的指标体系，是进行高等工程教育质量评估的基础，也是实施运行调节的重要方法。主要研究以下几个方面：教育教学质量保障绩效的内涵；教育教学质量保障绩效评估指标体系的功能；质量保障绩效评估指标体系的设计原则；质量保障绩效评估指标体系的设置；评估方法与标准的确定。

6. 地方高校高等工程教育质量的抽样评估

采用实际调查方法，对河南省以工科类专业为主的高校工程教育质量进行抽样评估。评估内容主要包括以下几个方面：关于高等工程教育理念的考察与评估；关于人才培养方案与课程体系建设的考察与评估；关于师资队伍建设的考察与评估；关于办学条件的考察与评估；关于学生工程应用能力培养与产学研合作的考察与评估；关于教育教学管理的考察与评估；关于高等工程人才培养质量的考察与评估；关于学生就业与学校社会声誉的考察与评估；关于学校专业优势与特色的考察与评估。

7. 地方高校高等工程教育质量保障体系的设计与运行

研究地方高校高等工程教育质量保障体系建设的目标与思路，对地方高校高等工程教育质量保障体系进行框架设计；探索地方高校高等工程教育质量保障体系的运行机制；深入分析地方高校高等工程教育质量保障的重点与难点；提出若干政策建议。

（四）研究方法与技术路线

1. 研究方法

（1）文献研究分析法。现有的文献成为本书研究的理论支撑和研究基础。现有的文献从不同方面、不同层次以及不同角度展开了对工程教育的研究。为了全面掌握研究情况及进展，以便于开展本书主题的研究，课题组查阅并研读了大量关于高等教育质量、高等教育质量保障体系、工程教育、工程教育发展历程以及工程教育质量保障等方面的文献内容。正是基于对这些文献资料的研读、思考以及比较分析的基础上，才使本项研究得以实施。

（2）实地调查研究方法。为了了解地方本科院校工程教育质量状况以及政府、高校、企业、毕业生四方对工程教育的观点和看法，课题组采用了问卷法、访问法和专家座谈会等方法，获得大量的原始材料，在对这些材料进行分析的基础上，概括出地方本科院校工程教育质量状况、存在的问题等，进而针对这些问题提出相应的解决措施。

（3）定量与定性相结合分析法。在分析调查问卷结果时大量运用了数量分析方法，以较为客观地掌握地方本科院校工程教育质量的现状以及现存问题；并将定量分析与定性分析有机结合，相互补充，透析数字背后所反映的教育质量问题本质。

（4）比较分析法。比较分析法是对某类现象在不同时期、不同地点、不同情况下的不同表现进行比较分析，以揭示此类现象的普遍规律及其特殊表现，从而得出符合客观实际的结论。[①] 研究工程教育就必然要进行国际比较，因为只有进行国际比较，才能发现我国工程教育发展中存在的优势和劣势各是什么，我国工程教育需要在哪些方面进行改进，有哪些因素影响我国工程教育的国际竞争力，并通过研究各国工程教育的发展现状总结出国际工程教育发展的趋势，从而为提升我国工程教育发展水平以及国际竞争力提出相应的对策建议。

2. 研究的技术路线

（1）通过理论研究和案头调研，科学界定高等工程教育及其保障系统的本质和内涵，对地方本科院校高等工程教育质量保障指标体系进行理论研究。

（2）在河南省地方本科院校实地调查研究。设计调查方案，收集一手资料。以地方本科院校工程教育为对象，利用问卷调查法全面掌握地方高校工程教育质量现状，了解政府、高校、企业、毕业生利益四方对工程教育评价和建议。

（3）汇总整理统计调查资料。

（4）建立高等工程教育质量保障内容的指标体系，对地方本科院校高等工程教育质量进行定量和定性方法相结合的评估。本项研究提出高等工程教育质量保障指标体系和具体的评估标准，对河南省以工科类专业为主的高校工程教育质量进行了抽样评估，深入分析了高等工程教育质量保障的成绩和存在的问题。

（5）进行国际比较研究。

（6）撰写学术论文和初步的研究报告。本项研究对未来完善地方本科院校高等工程教育质量保障体系进行了框架设计，提出完善地方本

---

① 裴娣娜：《教育研究方法导论》，安徽教育出版社，1995，第223页。

科院校工程教育质量保障体系的政策建议。

（7）召开研讨会，充分收集各方面意见。

（8）修改完善研究报告。

（9）成果鉴定。

（10）将成果提交政府部门。

（五）可能的创新点

可能的创新点主要包括以下几个方面。

（1）理论创新。本书是国内第一部系统研究地方高等院校工程教育质量保障的专著。本书科学地界定了高等工程教育质量、高等工程教育质量保障、高等工程教育质量保障机制、高等工程教育质量标准等范畴，从理论上构建了地方本科院校高等工程教育质量保障体系的基本框架。

（2）方法创新。综合运用经济学、管理学、教育学、数量分析方法等多学科的理论和方法，将多种方法和手段应用在这一领域。

（3）实践创新。建立地方本科院校高等工程教育质量保障内容和绩效评估的指标体系，并实施质量抽样评估；设计地方高校高等工程教育质量保障体系和质量评估方案，具有较强的可操作性；为地方高等院校工程类专业加强质量建设的实践提供指导，为政府进一步完善对地方高校的支持政策提供决策的参考。

第二章

地方高等工程教育的沿革与发展

——以河南省为例

改革开放 30 多年来，地方高等工程教育无论是院校规模还是在校生规模都得到了迅速发展。作为地处中原的河南省，其高等工程教育也得到了长足发展。河南作为一个人口大省、农业大省和产粮大省，要实现全面建成小康社会的奋斗目标，必须大力发展科技，加强高等工程教育，培养更多、更好的高等工程技术人才，真正实现科教兴豫和人才强省。本章简要综述河南省高等工程教育的历史发展和现状，为后续的研究提供背景资料。根据本项研究的主要目标，这里仅追溯与高等工程本科教育教学有关的内容，不涉及高等工程的学科建设、科学研究、社会服务等方面。

一　河南省高等工程教育的历史演进

河南省高等工程教育的历史，最早可以追溯到 1912 年。当时，在辛亥革命胜利的鼓舞下，新的思想十分活跃。在当时的省会开封市，一所"河南留学欧美预备学校"应运而生。该校经过发展，形成了河南省第一所高等工程教育学校的雏形。经过几十年的漫长过渡，这所学校在旧中国几经易名——中州大学、河南中山大学，最后定名为国立河南大学。

新中国成立前夕，河南大学下设文学院、理工学院、农学院、医学院、经济学院、水利学院等，是一所文、理、工、农、医、财经等系科齐全的综合性大学。但是，当时的规模却不大，在校学生只有804人，专任教师250余人。[①]

河南高等工程教育的另一先驱是河南理工大学的前身——焦作路矿学堂，[②] 它是英帝国主义为掠夺中国资源而附设的。这是中国第一所矿业高等学府，也是河南现代高等工程教育的发源地。首批招生20名，聘请了5位教授（英国4位、中国1位），主要为采矿、铁路和冶金领域培养专门人才。1931年设采矿冶金科、土木工程科。1935年将该两科改为两系，共8个班，在校学生158人。该校先后使用了河南福中矿务学校、福中矿务专门学校、福中矿务大学、私立焦作工学院、西北工学院、国立焦作工学院、焦作矿业学院等校名，1995年恢复焦作工学院校名，2004年更名为河南理工大学。

改革开放以来，河南省高等工程教育不仅在数量上得到了迅速发展，办学实力也不断增强，教育教学质量不断改善和提高。我们选择河南省22所以工科为主的普通本科院校（其中包含两所综合性院校）作为考察重点（如表2-1所示）。

表2-1 河南省22所以工科为主体的本科院校

郑州大学	河南大学	河南科技大学	河南理工大学	河南工业大学
郑州科技学院	郑州华信学院	华北水利水电学院	郑州轻工业学院	中原工学院
河南工程学院	安阳工学院	河南城建学院	南阳理工学院	黄河科技学院
洛阳理工学院	许昌学院	黄淮学院	河南科技学院	商丘工学院
河南科技学院新科学院	河南理工大学万方科技学院			

---

① 孙顺霖、刘长耿：《三十五年来河南高等教育回顾》，《许昌师专学报（社会科学版）》1985年第1期。
② 戴国明：《我省高等教育的历史与现状》，《河南大学学报（哲学社会科学版）》1985年第3期。

纵观其发展历程，我们可以把新中国成立以后河南省本科院校工程教育的历史分为四个阶段。

（一）中华人民共和国成立到"文化大革命"前的17年（1949~1965年）

这一时期可以称为河南省高等工程教育的恢复和发展期。1949年，河南省只有一所综合性本科院校——河南大学。1952年，省、部共建洛阳工学院，这是河南科技大学的前身，是一所以省管为主，以机电为特色，培养应用型高级工程技术、管理等人才的多学科性理工科大学。1956年，国务院批准建立郑州大学，这是新中国成立后河南省创办的第一所综合性大学。1959年，郑州粮食学院从北京迁至郑州（郑州工程学院的前身），后来与郑州机械高等专科学校合并为河南工业大学，这也是河南省较早创建的工科院校之一。到1965年，河南省实施本科教育的工科院校已经达到5所，全为部属，其中郑州市2所、开封市1所、洛阳市1所、焦作市1所，覆盖地矿、材料、机械、食品、电气信息及化工与制药等学科门类，设工科专业点89个。

（二）"文化大革命"时期的河南高等工程教育（1966~1979年）

"文化大革命"的十年，使党、国家和人民遭到新中国成立以来最严重的挫折和损失，河南省高等工程教育也遭受了严重的冲击。期间有部分高校被"撤、并、迁、散"，停止招生达6年之久，在很长一段时间各个行业人才奇缺，青黄不接，后继乏人。

（三）河南省高等工程教育的拨乱反正、改革和全面恢复发展（1980~1999年）

这段时期，河南省高等工程教育经历了三个重要阶段：首先是恢复招生，纠正极"左"路线对高等教育事业造成的危害；其次是恢复整顿教学秩序，提高教学质量；最后是大力推进教育体制改革，深化教学改革，制定一系列切实有效的改革措施，如积极促进多种形式的联合办学，优化高等教育布局，逐年扩大招生规模等，有效地促进了高等工程教育的稳步发展。到1999年，河南高等工程教育布局及专业结构逐渐趋于合理，教学质量、管理水平和办学效益都有较大程度的提高。在此期间，中原工学院和河南科技学院在1987年开始实施本科教育，华北水利水电学院于1990年迁入河南省郑州市，这使得河南省工科本科院校达到了9所，全为部属院校，其中郑州5所，开封、洛阳、焦作和新乡各1所。覆盖地矿、材料、食品科学、土木工程、机械、电气信息、电子信息工程、通信工程、计算机科学与技术、水利等13个科类，共有工科专业点301个，占专业总数的89%。

（四）河南省高等工程教育的快速健康发展（2000~2011年）

2000年，全国第一所民办普通高校——黄河科技学院晋升为本科高校。该校以工科为主体，设置了电子信息工程、计算机科学与技术等本科专业，凭借着办学的自主性、灵活性和个性化，为河南省高等工程教育注入了新鲜的血液。2002年，河南省第一所本科层次的独立学院——河南理工大学万方科技学院开始招生。这也是一所以工科为主的普通本科院校，它更好更快地扩大了高等教育资源，对河南高等工程教育的持续、健康发展具有重要意义。从2004年到2011年，先后有南阳理工学院、安阳工学院、商丘工学院等11所高校升为以工科为主的本科院校，使得河南省工科本科院校达到了22所，其中民办学校3所、独立学院2所。其地理位置分布情况为：郑州9所，洛阳、新乡和焦作各2所；开封、平顶山、安阳、南阳、许昌、驻马店和商丘各1所。其专业设置覆盖地矿、材料、机械制造、食品科学、交通运输等15个学科门类，共有工科专业点423个。这是河南省的高等工程教育进入到发展最快、最健康的又一个重要历史时期。

河南省各个时期工科本科院校、科类及工科专业点数量如图2-1所示。

图 2-1　河南各时期工科本科院校、科类及工科专业点数量对比

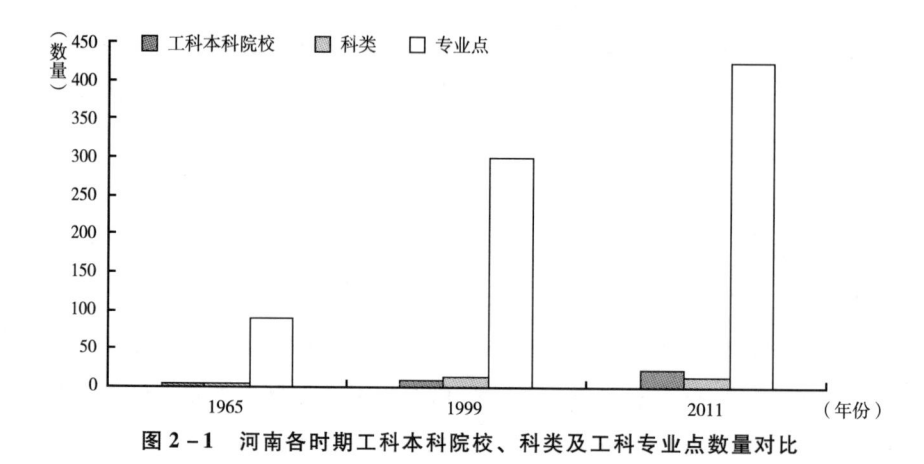

二　河南省高等工程教育的现状考察

近年来，河南省的高等工程教育实现了跨越式发展，办学规模稳步扩大，办学效益不断提高。我们选择河南省 22 所高等工科本科院校为对象，针对高等工程教育的本科高校生规模及专业分布、本科毕业生数量、学位授予点建设、重点学科、师资队伍、教学仪器设备及产学研合作等方面的现状进行了调查，① 为研究高等工程教育质量保障体系建设提供分析的前提和基础。

（一）本科高校生规模及专业分布

全省工科本科院校所开设的工科专业涵盖了地矿、材料、机械、仪器仪表、电气信息、电子信息工程、通信工程、计算机科学与技术、土建、水利、测绘、化工与制药、交通运输、农业工程以及林业工程等 15 个科类，工科专业点数达到 423 个，本科在校生规模 163000 人左右。表 2-2 给出了各学校工科本科生规模及专业分布情况（排名按学校名称的拼音顺序）。

---

① 所有统计数据均截至 2011 年 9 月份，部分数据通过各学校网站搜集得到。

表2-2 河南省高等工科本科高校工科本科生规模及专业分布情况（2011年9月）

学校名称	工科本科专业名称	工科本科在校生规模
安阳工学院	材料成型及控制工程、机械设计制造及其自动化、汽车服务工程、机械电子工程、工业设计、自动化、电子信息工程、通信工程、电气工程及其自动化、计算机科学与技术（分为嵌入式和信息技术两个专业方向）、网络工程、软件工程、土木工程、工程管理、城市规划、化学工程与工艺、应用化学、环境工程、高分子材料与工程、食品科学与工程、食品质量源泉、生物工程，共计22个	9000余人
华北水利水电学院	地质工程、土木工程（岩土与地下建筑方向）、测绘工程、农业水利工程、水利水电工程、港口航道与海岸工程、水文与水资源工程、土木工程、交通工程、工程力学、无机非金属材料工程、机械设计制造及其自动化、材料成型及控制工程、交通运输、测控技术与仪器、热能与动力工程、电气工程及其自动化、自动化、电子科学与技术、给水排水工程、建筑环境与设备工程、环境工程、消防工程、计算机科学与技术、电子信息工程、通信工程、建筑学（5年）、城市规划，共计28个	10000余人
黄河科技学院	计算机科学与技术、软件工程、网络工程、电子信息工程、通信工程、光电信息工程、测控技术与仪器、信息与计算科学、土木工程、城市规划、机械设计制造及其自动化、工程管理、材料成型及控制工程，共计13个	5500余人
黄淮学院	通信工程、软件工程、计算机科学与技术、电子信息工程、电子科学与技术、汽车服务工程、土木工程、建筑学、艺术设计（建筑艺术设计）、城市规划，共计10个	2300余人
河南城建学院	土木工程、勘查技术与工程、无机非金属材料工程、城市规划、建筑学、工程管理、工程造价、房地产经营管理、计算机科学与技术、数字媒体技术、交通工程、道路桥梁与渡河工程、城市地下空间工程、生物工程、生物技术、环境工程、环境科学、安全工程、给水排水工程、水文与水资源工程、建筑环境与设备工程、热能与动力工程、测绘工程、地理信息系统、土地资源管理、电气工程及其自动化、自动化、电子信息、化学工程与工艺、高分子材料与工程，共计30个	12000余人
河南大学	土木工程、建筑学、道桥、应用化学、材料化学、环境科学（环境化学方向）、化学工程与工艺、计算机科学与技术、信息管理与信息系统、自动化、软件工程、计算机应用与技术、网络系统管理、计算机多媒体技术、测控技术与仪器、通信工程、电子信息科学与技术、网络工程，共计18个	12000余人
河南工程学院	纺织工程、安全工程、采矿工程、高分子材料与工程、轻化工程、化学工程与工艺、环境工程、资源勘查工程、服装设计与工程、机械设计制造及其自动化、电气工程及其自动化、电子科学与技术、测绘工程、计算机科学与技术，共计14个	4500余人

39

续表

学校名称	工科本科专业名称	工科本科在校生规模
河南工业大学	食品科学与工程(油脂工程、粮油储藏、食品工程方向)、粮食工程和食品质量与安全、土木工程专业、工程管理专业、建筑学专业、建筑环境与设备工程、化学工程与工艺、环境工程、应用化学、材料科学与工程专业、高分子材料与工程专业、无机非金属材料与工程、机械设计制造及其自动化、材料成型及控制工程、过程装备与控制工程、车辆工程、包装工程、计算机科学与技术专业、电子信息工程专业和电子信息科学与技术、自动化、电气工程及其自动化、测控技术,共计22个	10000余人
河南科技大学	机械设计制造及其自动化(含机械制造、机械设计、轴承、液压4个专业方向)、机械电子工程、测控技术与仪器、工业工程、土木工程、建筑环境与设备工程、建筑学、城市规划、工程力学、工程管理、计算机科学与技术、自动化、电子信息工程、信息工程、电子信息科学与技术、电气工程及其自动化、金属材料工程、材料成型及控制工程、无机非金属材料工程、冶金工程、化学工程与工艺、环境工程、制药工程、车辆工程、交通运输、热能与动力工程、农业机械化及其自动化、农业电气化与自动化、食品科学与工程、食品质量与安全、生物工程和乳品工程,共计31个	12000余人
河南科技学院	生物工程、食品科学与工程、化工工程与工艺、制药工程、信息工程、计算机科学与技术、通信工程、电气工程及其自动化、机械设计制造及其自动化、城市规划,共计10个	4600余人
河南科技学院新科学院	电子信息工程、计算机科学与技术、信息工程、城市规划、化学工程与工艺、食品科学与工程、生物工程、电气工程及其自动化、机械设计制造及其自动化,共计9个	3200余人
河南理工大学	采矿工程、工业工程、交通工程、煤与煤层气工程、安全工程、消防工程、材料科学与工程、材料成型及控制工程、矿物加工工程、化学工程与工艺、机械设计制造及其自动化(含机械设计、机械制造、矿山机电3个专业方向)、热能与动力工程、测控技术与仪器、车辆工程、电气工程及其自动化、自动化、电子信息工程、电子信息科学与技术、电子信息技术及仪器、土木工程、工程管理、理论与应用力学、建筑环境与设备、测绘工程、土地资源管理、资源环境与城乡规划管理、地理信息系统、遥感科学与技术、计算机科学与技术、通信工程、信息系统、网络工程、软件工程、建筑学、城市规划,共计35个	18000余人
河南理工大学万方科技学院	计算机科学与技术、网络工程、电子信息工程、土木工程、测控技术、材料科学与工程、机械设计制造及其自动化、工业设计、热能与动力工程、电气工程及其自动化、通信工程,共计11个	5000余人
洛阳理工学院	无机非金属材料工程、高分子材料工程、机械设计制造及自动化、材料成型及控制工程、过程装备与控制工程、车辆工程、自动化、电气工程及其自动化、计算机科学与技术、通信工程、土木工程、环境工程、应用化学,共计13个	5000余人

续表

学校名称	工科本科专业名称	工科本科在校生规模
南阳理工学院	计算机科学与技术、通信工程、机械设计制造及其自动化、测控技术与仪器、电子信息工程、自动化、电气工程及其自动化、电子科学与技术、土木工程、建筑工程、建筑学、生物工程、化学工程与工艺、食品科学与工程、软件工程，共计15个	6000余人
商丘工学院	土木工程、机械设计制造及其自动化、电子信息工程、计算机科学与技术，共计4个	680余人
许昌学院	电气工程及其自动化、电子信息工程、通信工程、机械设计制造及其自动化、化学工程与工艺、食品科学与工程、土木工程（房建和道桥两个方向）、测绘工程、计算机科学与技术、数字媒体技术、网络工程，共计11个	3000余人
中原工学院	纺织工程、轻化工程、建筑环境与设备工程、热能与动力工程、安全工程、环境工程、给水排水工程、机械设计制造及其自动化、工业设计、工业工程、车辆工程、机械电子工程、电子信息工程、通信工程、自动化、电气工程及其自动化、测控技术及仪器、材料加工工程、材料科学与工程、应用化学、高分子材料与工程、计算机科学与技术、计算机网络工程、软件工程、土木工程、建筑学，共计26个	7000余人
郑州大学	水利水电工程、水文与水资源工程、环境工程、给水排水工程、地理信息系统、道路桥梁与渡河工程、电子信息科学与技术、电子科学与技术、测控技术与仪器、机械工程及自动化、工业设计、电气工程及其自动化、生物医学工程、自动化、通信工程、计算机科学与技术、电子信息工程、软件工程、材料科学与工程、包装工程和材料化学、安全工程、过程装备与控制、化学工程与工艺、环境科学、热能与动力工程、制药工程、土木工程、交通工程、建筑环境与设备、建筑学、城市规划、艺术设计（环境艺术方向）、工程力学、安全工程，共计34个	18000余人
郑州华信学院	土木工程、计算机科学与技术、交通运输工程、电气工程及其自动化、机械设计制造及其自动化、工业设计、通信工程、建筑学，共计8个	3000余人
郑州科技学院	计算机科学与技术、计算机科学与技术（嵌入式软件技术方向）、通信工程、自动化、电子科学与技术、电气工程及其自动化、材料成型及控制工程、机械设计制造及其自动化、食品科学与工程、交通运输、建筑环境与设备工程，共计11个	3000余人
郑州轻工业学院	自动化、电气工程及其自动化、电子信息工程、建筑电气与智能化、机械设计制造及其自动化、测控技术与仪器、热能与动力工程、建筑环境与设备、化学工程与工艺（精细化工、电化学）、高分子材料与工程、应用化学、过程装备与控制工程、环境工程、食品科学与工程（含烟草工程）、生物工程、生物技术、食品质量与安全、计算机科学与技术、电子信息科学与技术、通信工程、网络工程、信息工程、物联网工程，共计23个	9000余人

41

（二）工科类专业本科毕业生情况

近年来，河南省各高等工程院校认真研究人才培养目标的基本定位，在各自的层面上办出个性和特色，在满足社会对人才需求的同时促进自身的发展。国内一些"985工程"、"211工程"大学的工科培养目标定位在高水平、高素质的国际化人才的培养上，以造就学术大师、高级经营管理人才和具有雄才大略的领袖伟人为己任；而河南省的普通工科院校则以培养应用型人才为主，根据自身特点制定出"人无我有、人有我优"的人才培养体系。同时，一些本科高校注重加强与企业的合作，使学生在校学习期间就能在企业进行工程实践，以提高学生的分析与综合能力及养成良好的素质。

笔者采集了表2-1所示的22所河南省高等工科本科院校2011届毕业生的数据。除了几个院校升本较晚，2011届还没有毕业生以外，其他19所院校工科类本科毕业生人数已经达到37000余人，如表2-3所示（表中数据仅供参考）。相比20世纪80年代本专科毕业生平均每年为3022人，增长了十几倍。据粗略统计，几十年来，这些学校为国家培养100万余名高等工程专门人才。一些毕业生以思想政治素质过硬、专业基础扎实、综合素质好、适应能力强、发展后劲足而博得用人单位的欢迎与好评。一些毕业生成为所在单位的骨干，不少人成为知名的专家、学者、院士或担任省、部、市和大型企业的领导职务。

表2-3 河南省19所高等工科本科院校2011届工科类毕业生人数（本科）

单位：人

学校名称	毕业生人数	学校名称	毕业生人数
郑州大学	4000	河南城建学院	2800
河南大学	2600	南阳理工学院	1800
河南科技大学	3500	黄河科技学院	1100
河南理工大学	4500	洛阳理工学院	900
河南工业大学	2700	许昌学院	1000

续表

学校名称	毕业生人数	学校名称	毕业生人数
华北水利水电学院	3000	黄淮学院	500
郑州轻工业学院	1900	河南科技学院	800
中原工学院	1600	河南科技学院新科学院	800
河南工程学院	500	河南理工大学万方科技学院	1300
安阳工学院	2400		

(三) 师资队伍建设情况

笔者对表 2-1 所列出的 19 所高校的师资队伍情况汇总表明，从事高等工程教育第一线的教师总数量约 11000 人，其中具有副教授以上高级职称的为 3500 余人，约占 32%；具有研究生及以上学历的比例达到 80% 以上；而具有高级工程师职称比较少，仅有 700 余人，约占总人数的 6.3%。其中双聘院士 10 人，中国科学院院士 2 人，中国工程院院士 5 人，外籍兼职院士 2 人；国家级突出贡献专家 7 人、国家"百千万人才工程"第一及第二层次人选 4 人、国务院学位委员会评议组成员 2 人、国家级教学名师 6 人、教育部新世纪优秀人才支持计划资助 7 人、教育部教学指导委员会委员 5 人、全国优秀教师 4 人、国家安全生产专家 7 人、享受国务院政府特殊津贴的专家 63 人、省级学术带头人等 73 人、河南省特聘教授 24 人、黄河学者 4 人、中原学者 2 人等。初步形成了年龄结构、职称结构、学历结构、学缘结构合理，富有创新精神和发展潜力的教学和科研队伍。但是具有"双师素质"的教师只约占总人数的 10%，数量偏少。如何以面向世界、面向未来的眼光，提高教师队伍的整体素质，对河南省高等工科院校来说，是一项十分紧迫的课题。

(四) 产学研合作情况

河南省许多高等院校根据高等工程专业培养目标的要求，重视产学研合作，创新工作思路，积极探索多种产学研合作模式，制定了一系列促进产学研合作工作的相关制度，在人才培养、专业建设、教学改革、科学研究以及促进学生就业等方面均取得了一定的成效。

（1）产学研合作培养人才。一是实施"订单式"的培养模式。学校与用人单位针对社会和市场需求共同制订人才培养方案，签订用人订单协议，共同开展人才培养工作，学生毕业后直接到订单企业就业。这样一来，既为企业提供急需的专业人才，同时也促进了学生明确职业定位，增加了其就业机会。二是邀请企业参与专业设置和人才培养方案论证。在专业设置之前，许多学校深入企业、行业进行充分调研，认真吸收企业的意见和建议。通过调研，学校能熟悉专业设置应具备的软件和硬件要求，掌握企业对人才需求的动态。不少学校还邀请行业与地方有代表性的企业高层管理人员和工程技术人员参与学校人才培养方案的制订，使企业参与到人才培养的过程中。在一些实施"卓越工程师教育培养计划"的专业教育中，开始探索在人才培养中实行校企联合，共同培养人才。三是校企合作加强"双师型"教师队伍建设。为了解决一些高校近年来引进的人才基本上都是从校门到校门，缺乏生产实践经验的问题，一些高校组织指导教师到企业进行挂职锻炼，使教师在生产实践中掌握新的生产技术和工艺，从而提高其实习指导能力。产学研合作引进了一批既有学术水平、又有较强实践能力的专业技术人员，加强了"双师型"教师队伍建设。

（2）产学研合作实施科技攻关。学校与企业、行业、科研院所合作，从推进教学模式创新开始，从研究性学习着手，从企业产品的设计、制造、经营等环节中寻求典型问题、典型项目和典型主体，成立研究中心，共同解决科技难题。以郑州大学为例，该校作为河南省唯一的国家"211工程"重点建设综合院校，目前，学校有30多家企业，年产值上亿元。其经营范围涵盖：橡塑模具、耐火材料、土建设计、施工、监测、监理、装修、生物制药、机械、化工、IT、消防、环保以及住宿、餐饮服务业。在橡塑模具、耐火材料、振动监测、冬凌草、包裹复合肥、黄原胶、汽油醇、尼龙12-12、清热解毒口服液等学科与项目上成功地实现了产学研的有机结合，产生了明显的社会效益和经济效益，为国家和河南省的经济建设与社会发展作出了积极贡献。如郑州大学物理工程学院同中国科学院物理研究所、高能物理研究所、安徽光学精密机械研究所、北京大学、美国衣阿华州立大学、美国橡树岭国家实验室等一批国内外著名高校和科研机构建立了长期稳固的合作关系，在合作研究方面进行了富有成效的合作；同时还面向河南经济建设，与登电集团、中铝公司等多家企业合作，进行产品开发，为地方经济的发展服务。

（3）产学研合作资源共享。一些学校积极利用企业资源，将传授理论知识为主的学校教育与直接获取实际经验和能力为主的生产现场教育结合，满足企业需要，构建了"校中有企、企中有校"的资源共同体，实现了学生职业能力与企业岗位要求之间的零距离对接。如黄河科技学院与河南省西工机电设备有限公司合作共同开发利用校内数控实验室。校企双方达成协议，河南省西工机电设备有限公司租赁学校一部分实验设备，用于实际产品的开发，并向学校提供所有与数控实训有关的实验耗材；公司派来技术人员配合校内指导教师共同指导实习生实训，使学生在学校期间就能接触到企业文化，对公司有深入的了解，同时学校派老师到公司进行培训，校内外教师联合培养企业需要的毕业生；公司给学生提供动手能力的机会，指导学生进行加工生产，使学生真正实现与企业零距离结合。这种合作既减轻了公司的负担，降低了企业研发成本，也为学生更加顺利地就业提供优越条件。

河南工业大学充分利用国际优质工程教育资源，积极开展中外合作办学，与英国威尔士大学、瑞丁大学联办5个本科专业，与美国堪萨斯州立大学、意大利都灵理工大学等开展在校生交流，同时与联合国粮农组织、国际谷物科技协会等国际组织保持着良好合作关系，与美国小麦协会、加拿大小麦局、法国小麦协会、澳大利亚国际农业发展中心等进行合作交流，积极探索人才培养国际化的新途径。

三 地方高等工程教育面临的挑战与机遇

（一）我国高等工程教育发展面临的挑战

经济全球化速度的加快以及我国新型工业化道路的确立，对工程人才的培养结构和质量提出了更高的要求；但是，因为各地经济社会发展现状和工程教育本身的复杂性，以及传统工程教育遗留下来的"病根"，使地方高等工程教育也面临严峻的挑战，主要包括以下几个方面。

1. 地方高等工程教育的发展参差不齐

近年来，地方高等工程教育规模快速扩张，然而值得注意的是，地方高等工程教育发展表现出两个特点。一是虽然高等工程教育规模都在快速扩张，教育质量却参差不齐。一些资源较为丰富且又能真刀实枪去做的高校，培养出的工程人才质量比较高；一些经费投入较低而又一直致力于通过提高科研业绩来提升办学影响力的高校，培养出的人才质量却不是很理想，甚至和企业需求严重脱钩。二是虽然全球已经进入信息化时代，我国在某些科学领域也走在了世界前列；但我国整体上仍处在工业化时期，一些地区甚至还处在落后的农业时期。三种时代同时存在于我国的这种发展很不平衡的现状，对地方高等教育尤其是占很大比例的工程教育来说，提出了很大的挑战。如何从整体去规划工程教育，包括职业教育，本科、硕士、博士以及工程硕士和工程博士教育，从而满足社会对各级人才的需求，这是地方高等工程教育面临的一个大问题。一些地方高校提出的人才培养目标不符合办学实际，虽然形式上是向重点大学靠近，却不结合区域经济发展的需求真刀实枪地进行改革，只做些表面文章，这种倾向值得引起重视。

2. 我国缺乏完善的工程教育质量保障体系

我国的工程教育从规模和数量来看,在世界各国中都占绝对优势,工程教育质量却不高。阳荣威在《我国工程教育存在的问题及改革的战略选择》一文中列出了麦肯锡公司的调查结果,"如果贵公司需要100人,在100个具有适当学位的申请者中你们能聘用到多少称职的人",结果是"匈牙利、捷克、波兰都是50人,而中国只有10人,甚至低于印度的25人和菲律宾的20人"[①]。这结果使我们不得不沉下心来认真思考影响我国工程质量的因素究竟是什么,工程教育的质量如何得到保障。这几年高等教育质量保障体系的构建成为共同关注的话题,那么具有特殊性质而又占据最大比例的工程教育又如何构建其完善的质量保障体系?构建起的质量保障体系的绩效又如何去评价才起到一个正确的引导作用?这一系列的问题值得深入研究,一是因为理论上欠缺,这一点从已有的文献中我们可以看出;二是实践中真正去做的少而又少,这已成为阻碍我国工程教育质量提升的一大障碍。

3. 高等工程教育本身的复杂性

工程教育在很多人的脑子里就是完全的工科教育,和文科、艺术等都是不相干的,尤其是在经济技术发展较为落后的国家或区域,认为工科毕业生就是纯粹"搞技术"的人,和艺术毫无瓜葛。但是从某些专业在不同国家属于不同学科来看,工程教育并没有完全"委身"于工科。比如建筑学在我国属于工科,但在很多国家属于艺术学科,当然现在我国的很多高校也存在两种学科联合招研究生的现象。从全球趋势来看,工程的背景越来越复杂。随着经济的发展,环境和能源问题日益成为全球共同关注的问题,人们在狂热追求经济利益的时候,往往是以环境的污染和能源的高消耗为代价的。因此现在世界的呼声越来越响亮,工程的实施必须以实现可持续发展为前提,不仅包括科学技术的可持续

---

① 阳荣威:《我国高等工程教育存在的问题及改革的战略选择》,《教育与职业》2010年第21期。

发展，还要包括社会的可持续发展。有的学者说工程技术是一把"双刃剑"，其实工程技术本身没有什么好与坏，真正应该被论道的是运用它的人——工程师。对哪些可以去做，哪些是违背良心的事，工程师心里必须有一个尺子，必须有一个道德底线。现在道德领域有一个词叫"生态道德"，从广义上讲，指人类要与大自然的和谐相处，打破人类征服自然的这种"人类主义"。作为筑造美好世界的工程师，更应该拥有"生态道德"，这样不仅为现在的世界带来了美好，也为未来打下了美好的基础。

当代工程的发展日趋综合化，仅仅靠传统的工科知识很难解决所有的尤其是当今面临的新问题，也不可能仅仅拥有工科背景就能管理一个大工程，工程领域越来越需要具有多学科背景的工程人才，也越来越需要其他学科的学者和研究人员去研究工程领域的问题，应该相信，学科之间有意地联合与沟通，带给人类的必将是一个新世界。还有一点不得不提的是，一项工程中团队的沟通力和凝聚力，甚至是关系工程成败的关键因素。团队的力量和团队的智慧是巨大的，相互学习、相互鼓励的氛围可以为工程的管理和顺利实施提供强大的保证。工程背景的复杂和工程本身的复杂为工程教育带来了挑战，如何才能培养出适合工程领域所需人才，对社会来说尤其对高校来说，具有很大的复杂性，也是一项关系国家发展的急需解决的"大工程"。

（二）地方高等工程教育发展面临的机遇

1. 国家政策的重视和支持

1949年新中国成立后，我国政府历来重视工程技术人才的培育工作，根据发展形势的不同制定相应的政策以保障和促进工程教育的不断发展。当今，根据我国工程教育现存的问题，我国学习各国经验，依据国际人才的标准，制定了一系列的政策，并采取了富有成效的改革措施。2010年颁布的《国家中长期教育改革和发展规划纲要（2010～2020年）》，为适应发展现代产业体系的需要，加强人才发展统筹规划和分类指导，围绕装备制造、信息、生物技术、新材料、航空航天、海洋、生态环境保护、能源资源、现代交通运输、农业科技等经济重点领域；调整优化高等学校学科专业设置，加大急需研发人才和紧缺技术、管理人才的培养力度；大规模开展重点领域专门人才知识更新培训；建设一批工程创新训练基地，统筹推进专业技术职称和职业资格制度改革；建立和完善与国际接轨的工程师认证认可制度，提高工程技术人才职业化、国际化水平。

依据《国家中长期教育改革和发展规划纲要（2010～2020年）》精神，2010年实施了新一轮的高等工程教育改革，即实施"卓越工程师教育培养计划"，通过工程教育人才培养模式的改革与创新，使我国由工程教育大国向工程教育强国迈进。具体目标是：到2015年，专业技术人才总量达到6800万人；到2020年，专业技术人才总量达到7500万人，占从业人员的10%左右；高级、中级、初级专业技术人才比例为10∶40∶50。此外在工程教育专业认证方面，政府也给予了重视，先后制定了《全国工程教育专业认证试点办法》、《全国工程教育专业认证标准（试行）》等一系列文件，并申请加入了《华盛顿协议》。近年来，我国已先行按照《华盛顿协议》的要求开展了试点工作，截至2011年底，我国工程教育认证试点已达351个专业，[①] 这对我国工程教育质量的提高以及走向国际化意义重大。

2. 新型工业化发展为高等工程教育创造了机遇

我国新型工业化的快速发展表现在很多行业，尤其是制造业、电子信息产业以及建筑业等，那么这些行业的迅速发展相应的必须有人才的支撑，否则发展就成为空谈。建筑英才网上半年数据显示，目前，我国具有建造师资格证的人员不到15万，而建筑企业对该职位的需求绝对不只这个数目。2010年，广东建造师需求同比增长了150%，北京同比

---

① 王孙禹、赵自强、雷环：《国家创新之路与高等工程教育改革新进程》，《高等工程教育研究》2013年第1期。

增长了61.4%，长三角区同比增长了60.6%。由于建筑类普通高等教育培养人才的过分专业化、学科化，社会上建设类高等职业教育又出现空档，中职教育层次偏低等原因，这种集专业、管理、经济、法律、税务、计算机等知识为一体的应用型、复合型高级建筑人才变得紧俏起来。工程人才结构、数量和质量是否符合社会需求直接关系我国经济的发展。其实这里的"人才"包括各种类型、各种层次，既有创新型的具有多种学科背景的人才，又有能够在工程一线解决现场实际问题的专门技术人才；既有专科、本科层次的人才，又有硕士、博士高学历人才。不同行业大量人才的需求为工程教育提供了很好的机遇，这种机遇一是可以使国家更加重视工程人才的培养；二是敦促我国工程教育尤其是高校工程教育进行改革，包括重构工程教育内部结构、改变传统的人才培养模式、构建质量保障体系、完善质量评价体系等等。面临机遇，工程教育不能够再处于"打一鞭，动一动"的被动状态，而应积极主动抓住这千载难逢的机遇，勇于破除桎梏，打碎瓶颈，培养出适合我国工业化快速发展阶段的各类人才。

第三章

高等工程教育研究的理论依据和实践基础

工程是基于科学技术改造未知世界的实践活动。简言之，高等工程教育就是以培养工程师为目标的学校教育。研究高等工程教育质量保障，必须遵循高等工程教育的规律，以科学的理论为指导，同时需要对国内外高等工程教育质量保障的实践进行回顾和分析，这是研究地方高校高等工程教育质量体系的前提和基础。

一　高等工程教育的内涵与特征

（一）关于工程和工程师的内涵

1. 工程的内涵

随着人类社会的不断发展，人们将各种自然现象进行总结提升，形成数学、物理等自然科学，再将自然科学原理转化为直接运用到生产实践的工程设计、规划、决定，通过分工协作，建造出一件又一件复杂产品，于是就产生了"工程"的概念，并逐渐发展为一门独立的学科和技艺。

人们对"工程"的概念有许多不同的描述。随着科技与经济的不断发展，工程的内涵也随之逐渐扩大和日益复杂。1828 年英国工程师 Thomas Tredgold 提出"工程是为了人类的利益而综合利用自然资源的一种艺术"。《科学和技术百科全书》认为工程是"利用丰富的自然资源供人使用并提供方便的技艺"[①]。《简明不列颠百科全书》认为工程是"应用科学知识和自然资源最佳地为人类服务的一种专门艺术"[②]。《韦伯斯新世界词典》将工程定义为"关于将科学知识转化为实际用途的科学"[③]。《工程系统论》将工程论述为将自然科学原理应用到工农业生产部门中去而形成各学科的总称。[④] 美国工程教育协会把工程定义为"一种把科学和数学原理、经验、判断和常识运用到造福人类的产品制造中去的艺术，是生产某种技术产品的过程或满足特定需要的体系"[⑤]。英国机械工程师学会理事长 Andrew Ives 在 2006 年国际机械工程教育大会上明确提出：工程是一种为了明确的目的，对具有技术内容的事物进行构思、设计、制作、建立、运作、维持、循环或引退的过程及其过程所需的知识。

在现代社会中，"工程"一词有广义和狭义之分。就狭义而言，工程被定义为"以某组设想的目标为依据，应用有关的科学知识和技术手段，通过一群人的有组织活动将某个（或某些）现有实体（自然的或人造的）转化为具有预期使用价值的人造产品过程"。就广义而言，工程可以被定义为由一群人为达到某种目的，在一个较长时间周期内进行协作活动的过程。这群人就是从事工程实践活动的主体——工程师。根据包和平的研究，所谓工程，就是社会组织起来的人，以某种（或某些）目的为导向，依据生产经验、数学知识、科学知识（包括自然知识、社会知识和

[①] 邓鼎年：《科学技术百科全书》，科学出版社，1982。
[②] 中国大百科全书出版社、美国不列颠百科全书公司合作编译：《简明不列颠百科全书》，中国大百科全书出版社，1985。
[③] Michael Agnes. *Webster's New World Dictionary*. Wiley Publishing, Inc., 2002.
[④] 王连成：《工程系统论》，中国宇航出版社，2002。
[⑤] 涂善东：《"全面工程教育"引论》，《高等工程教育研究》2007 年第 2 期。

思维知识），在技术手段提供的各种可能性的基础上，合理控制和利用各种资源（包括自然资源、社会资源和精神资源）进行人工物的建造，以满足人类需要的社会建构活动（动态）及其成果（静态）。此定义体现出工程的社会性、目的性、绩效性、合规律性以及综合性等特点。随着世界经济和科学技术的飞速发展，工程的上述特征越发彰显。当今很多工程很大、很复杂，比如三峡工程、鸟巢等，这些项目不是仅仅拥有专业技术的人才所能够承担的。尤其是很多工程关系整个世界的生存资源、环境问题，需要全世界人们来共同协作努力。

工程的应用性本质决定着工程的发展趋势，决定着工程师的素质与能力结构，当然也决定着以培养工程师为目标的工程教育的发展趋势。

2. 工程师的定义

"工程师"（Engineer）一词来源于"engine"，其意为创造。1779年，《大不列颠百科全书》将工程师定义为"一个在军事艺术上，运用数学知识在纸上或地上描绘各种各样的事实以及进攻与防守工作的专家"。航空工程的先驱者、20世纪最伟大的美国工程学家Theodore Von Karman对科学家和工程师的区别做出了最好的界定："科学家研究已有的世界，工程师创造未来的世界。"科学家探索事物的一般规律，探索大自然，研究科学理论，以发现普遍性、一般性法则、定理；工程师利用科学家发现的科学理论，发明创造满足人们需要的产品，或者解决一些生产技术问题。

工程师的活动是一种创造性的劳动。根据他们所从事工作性质的不同，工程师可以分为研发型工程师、设计工程师、工艺工程师、管理工程师、营销工程师等。有人借鉴"大服务"的概念，将管理工程师和营销工程师统称为"服务工程师"。他们在生产一线从事研发、制造、运行、检测、技术指导、经营管理等工程技术活动，承担工程技术研究与开发、设计、建造、安装、生产、运行与维修，以及管理等职能。面对消费者不断提高质量和削减成本的要求，研发工程师要不断从事创意设计和概念设计的研发，使产品与同类产品相比具有一定的差异性和创新性；设计工程师和工艺工程师要制定生产工艺，改善生产技术、监督产品试制、解决技术问题等；而管理工程师和营销工程师主要从事售后服务工作，是部门或企业管理岗位工作的领导者。因此，工程师除了具备良好的专业技术能力外，还要认可企业文化，具有团队协作精神、良好的人际交往与沟通能力、对新知识的学习能力。

随着现代工程的发展，越来越多的大工程会出现，从而对现代工程师提出了更高的要求：既要掌握自然科学知识，又要懂得政治、人文、法律、经济、艺术等知识；既要注重工程的经济效益，又要尊重客观规律。

（二）高等工程教育的特征与大工程观

1. 高等工程教育的内涵

工程教育是教育的一个类别。广义而言，是指培养工程人才的社会活动；狭义而言，是指培养工程人才的学校教育。由于"高等教育是建立在普通教育基础上的专业性教育，以培养各种专门人才为目标"，高等工程教育就是高等学校根据社会经济发展对工程技术人员素质的要求，有目的、有计划、有组织地对受教育者施加全面系统影响以达到预期目的的专业性教育活动。

由于工程技术人才类型的多样性，高等工程教育既可以是学科型的专业教育，也可以是应用型的专业教育。在我国，研究型大学除了培养研究客观规律、发现客观规律的学术型人才之外，在部分应用型专业中，偏重于高等工程科学理论教育，重点培养研发型工程师；应用型本科高校以工程应用技术教育为主，培养现场工程师，如设计工程师、工艺工程师等；高职高专院校侧重于工程技术专业教育，培养技术型人才；中等职业学校重点培养工程技术人才金字塔中最基层的人员。从企业现场工作实际来看，工程技术人才可以分为三种：工程型人才，如工程师、经济师等，其主要任务是将科学原理转化成可以直接运用于生产实践的产品设计、工艺流程等；技术型人才，如技术员，其主要任务是在生产第一线从事具体的生产组织和管理工作；技能型人才，例如技术工人、服务员等，其主要任务是在工作现场通过实际操作将产品图纸、工艺方案等生产成具体产品。

从以上分析可以看出，高等工程教育是以技术科学为主要学科基础，以培养能将科学技术转化为生产力的工程师为目标的专门教育，其内涵可从以下六个方面加以界定：

（1）高等工程教育的性质和目标。高等工程教育是兼具学术性和工程性的高等教育，主要是为了培养工程型人才。学术型人才主要从事发现和研究客观规律的工作，工程型人才主要从事为社会谋取直接利益的相关事业的设计、规划和决策工作。对学术型和工程型人才的要求是能系统地掌握某一学科领域的基础理论和专门知识，在工作或生产活动前对活动进行预先考虑并做出全面安排，且能对本学科进行科学研究以增加或发展本学科的学科知识。高等工程教育是为了培养获得工程师基本训练的高等工程技术人才，学生毕业后的去向主要是生产第一线。他们把所学科学原理运用于社会生产实际，从事工程（或产品）的勘察（设计）、施工（制造）、工艺、管理等工作。

（2）高等工程教育的功能与任务。高等工程教育所培养的技术应用型人才从事的主要是工业实践，其任务是要有所发明创造，运用理论、知识于实践，从而增加人类的物质财富，提高人们的生活质量。

（3）高等工程教育的衡量指标。高等工程教育中既有学术性衡量指标，也有实践性指标。学术标准衡量的主要指标是有无理论建树，主要是看其对客观世界的反映是否全面、正确和精确。实践性标准衡量的主要指标是能否解决实际问题，对社会是否有用或有效。两种质量标准各有特征。前者是为了弄清楚对象本身究竟是什么样子，后者是为了弄清如何才能利用各种条件做成某件事情。前者的最高成果就是形成理论，理论是用概念建构起来的具有普遍性的观念体系，这种体系是客体对象的主体化；后者的成果是现实的社会物质财富，这种体系是主观意愿的客观化。高等工程教育性质的特殊性，使其对这两种衡量指标都兼而有之。

（4）高等工程教育质量标准的制订主体。高等工程教育质量标准要由高等教育机构和外部来确认。质量标准的制订需要高等教育机构参与已经是毋庸置疑的了。工程教育的实践性和技能性要求也需要得到外部的确认。其学习计划需得到专业人士或法人代表的委托或鉴定，其标准的制订涉及经济的、社会的、地域的、环境的、艺术的、伦理的等诸多方面的因素，很多情况下需要考虑其经济效益和社会效益。在高等工程教育中，由于"品种多，批量小"的生产及其专业要求有技术上的多样性，因而相应的质量标准也具有多元性特征。

（5）高等工程教育实现质量标准的过程与方法。高等工程教育标准的实现，首先是依赖于对一系列实验事实、概念、定律、定理、公式和学说的学习。其中实验事实和概念主要反映对象是什么，是陈述性的知识；定律和定理主要反映对象有什么必然的过程和如何随时间推移而变化，是过程性的知识；假说和学说主要反映对象为什么发生，为什么具有某种属性及关系，是解释性的知识。这些知识的学习主要表现为从个别到一般、从特殊到普遍、从经验到理论，因而主要应采用抽象、概括、分析和实验的方法来再现客体，然后再通过对技术规范、设计方案、规程、准则、程序、标准等学习而达到的。对这些规范与知识的学习表现为从普遍到特殊、从抽象到具体、从一般到个别，因而主要应采用想象、综合、试错和试验的方法。

2. 高等工程教育的特征

高等工程教育培养的人才不仅需要掌握丰富而广博的科学理论知识，而且更需要具备多种多样的技能，以适应工业界以及社会经济发展的需求。这是高等工程教育毕业生区别于其他高等教育毕业生的显著特征。高等工程教育除了具有一般高等教育的共同特征外，还具有自身独特的属性。

（1）应用性。理想主义模式下的学术型高等教育以传授"高深学问"为己任，强调对永恒真理的追求，是基础性、学术性、非职业性的教育模式。以培养高层次工程科技人员为目标的高等工程教育，不仅要研究工程科学规律，探索工程科学技术的发展，而且要应用工程科学原理，参与工程技术实践，是应用性、实践性、专门性的教育模式。

（2）复合性。一项工程活动从决策立项到实现社会价值的全过程，不单纯是技术活动，也包含了许多非技术性活动，如营销、资源配置与利用等。这就要求工程技术人员不仅要掌握工程科学的原理与规律，而且要具有人文科学与艺术、社会科学与行为科学、经济与管理等文化素质。因此，以培养工程技术人才为目标的高等工程教育具有复合性特征，从而要求在课程体系设计上，坚持博雅教育与工程教育相结合，通识教育、学科基础教育和专业教育相结合。通过通识教育，启发学生心智，养成多角度思考的思维模式，拓宽学生知识面，开阔学生视野，为学生在专业上或其他方面进行创造性思维和活动提供广博的知识基础和智力储备；学科基础教育是为学生提供本学科的各类基础知识，充分发挥多学科师资资源，帮助学生建立坚实的学科基础；专业教育方面突出工程师特殊要求，紧密结合地方经济和行业发展实际，对工业企业的工程技术活动进行全面学习。

（3）伦理性。工程活动对社会和环境具有相当重要的影响。优秀的工程项目经历百年而不衰，而劣质的工程项目轻则影响人们的使用，重则造成人员伤亡和重大的经济损失。因此，工程师要具有诚信、合作、负责、敬业的职业精神、职业态度，对工程活动所产生的社会责任和长期的影响有着清楚的认识，承担相关的法律和道德责任。高等工程教育必须开展工程伦理教育，使其培养的工程师具有良好的人文素质、职业道德，能够在工程活动与伦理道德、工程技术与经济效益之间产生矛盾时做出正确的抉择。

（4）开放性。高等工程教育的开放性包括两个方面。一是高校人才培养向产业界开放。通过产学合作，让产业界参与人才培养的全过程，建立校企联合培养模式和运行机制，根据产业、企业发展对工程技术人才的需要，实时调整专业人才培养方案和企业学习方案；并进一步探索课堂教学与企业现场教学的对接、学生学习与就业方向衔接，形成更有效率、更具特色的校企合作机制和人才培养新模式，从而改善高等工程教育的产业适应性；二是高等工程教育要加强国际化工程教育的交流与沟通，使学生了解全球工程技术的走向与发展趋势，其目的是培养能够参与国际化工程项目的工程师。

关于高等工程教育的基本属性与特征如表3-1所示。

表3-1 高等工程教育的基本属性与特征

名称	高等工程教育
教育性质	工程/技能性教育
课程设置	依据应用能力培养需要设置，注重以下能力培养：工程职业道德、现代工程意识、学习能力、分析解决问题能力、创新意识和开发设计能力、组织管理能力、国际交流合作能力、技术标准和政策法规
教育计划定向	职业定向：使学习者获得在某一特定职业或者某类职业中立刻工作所需的技术、专门技能、态度和认识
培养目标	工程应用型人才，主要从事为社会谋取直接利益的相关事业的设计、规划和决策工作
教学内容	科学知识和工程实践同等重要
主要学科	技术科学/工程科学
培养途径	课堂教学与实践教学相互补充，产教研合作
教师队伍	"双师型"教师，专兼职结合

工程教育的属性决定着高等工程教育既要考虑其教育属性，根据一般工程技术人才的成长规律组织教学；又要考虑其工程性，在大学科、大工程观的视野中进行未来工程师必不可少的关于科学方法或创新思维的训练。

3. 大工程观

1994年，麻省理工学院工学院院长乔尔·莫西斯提出了《大工程观与工程集成教育》的长期规划；1995年，美国国家科学基金会发表了《重建工程教育：集中于变革——NSF工程教育专题讨论会报告》。

该规划和报告都倡导了一种思想：未来工程师的培养要注重工程本身的系统性和完整性。这种思想被称为大工程观。大工程观包括宏大或复杂工程视野、工程的多学科视野及其所需要的科学基础素养，此外还应包含相应的人文情怀及工程组织素养。① 由此可见，大工程观中的"大"并不是简单的大小的"大"。"大"是用来修饰后面的"观"，它具有两层涵义：一是要认识到工程本身的完整性和系统性，现代工程师必须拥有复合型的知识和多样性的能力；二是现代工程师既要有专业技术水平，又要具备较高的人文素养，既要会做"事"，又要会做"人"。

美国工程与技术认证委员会（ABET）对21世纪新的工程人才提出了11条评估标准：（1）有运用数学、科学与工程等知识的能力；（2）有进行设计、实验分析与数据处理的能力；（3）有根据需要去设计一个部件、一个系统或一个过程的能力；（4）有多种训练的综合能力；（5）有验证、指导及解决工程问题的能力；（6）有对职业道德及社会责任的了解；（7）具有有效地表达与交流的能力；（8）懂得工程问题对全球环境和社会的影响；（9）学会终生学习的能力；（10）具有有关当今时代问题的知识；（11）有应用各种技术和现代工程工具去解决实际问题的能力。② 可以看出，工程人才既要具备工程实践知识和能力，还要拥有其他多学科的知识和能力，并要注重"德行"的培养。这11条为大工程观思想的实施提出了明确的内容和目标，同时也给高校的工程教育指出了改革发展的目标。

随着科学技术的突飞猛进和经济的全球化，工程已经成为科学、技术、管理、人文等各种知识的综合体，人们对工程师的要求也不再是简单工程下的技术人员，工程师面临的更多的是更为复杂、更为综合化的工程。如何培养出适应新要求的工程人才，对工程教育提出了挑战，传统观念下的工程教育观必须改变。在新形势下，工程教育必须坚持两大

---

① 李培根：《工程教育需要大工程观》，《高等工程教育研究》2011年第3期。
② 毕家驹：《美国ABET的工程专业鉴定新进展》，《高教发展与评估》2005年第5期。

理念：一是工程教育必须走向综合化。"大工程观"的提出要求所培养出来的工程人才不应只是技术人才，还要具备一定的环境、管理、人文等多方面的知识素养。二是工程教育必须走向国际化。通过国际的交流与合作、共同培养工程师、通过国际专业认证等多种方式和途径来加强我国工程教育的国际化，进而提高我国工程教育的质量。三是工程教育必须走向开放化。这里的开放是指高校的工程教育不能关门搞自我教育和培养，而应该和各行业、企业相互沟通合作，互惠互利，培养出的人才能够满足社会的需要，而不是满脑子装着旧知识的"低能儿"。

二　高等工程教育质量研究的理论基础

这里主要从高等工程教育的哲学基础、社会学基础、经济学基础、系统论基础、政治论基础、发展论基础等方面加以阐述。

（一）高等工程教育的哲学基础

高等工程教育的质量问题，说到底是高等工程教育的哲学问题。如何认识高等工程教育质量，是与我们如何认识高等工程教育分不开的。高等工程教育的本质是什么，高等工程教育的功能怎么样，高等工程教育究竟为谁服务等一系列问题都是高等工程教育哲学研究的主要课题。

布鲁贝克认为，20世纪存在着两种主要的高等教育哲学。一种哲学主要是以认识论为基础，另一种哲学则是以政治论为基础的。强调认识论的人趋向于把以"闲逸的好奇"精神追求知识作为目的。他们以将高深学问忠实于真理作为原则，不仅要求绝对忠实于客观事实，而且要尽力做到理论简洁、解释有力、概念文雅、逻辑严密。他们追求真理并验证真理，他们总是试图在学术与现实之间划一条明确的界限。他们认为，在现实领域里总是存在着偶然性因素，需要临时应付，因此容易出现错误；而在较多受控制的学术领域，偶然性的影响可以减少，以至完全消除。由此看出，认识论者关注的重点是客观世界及其真理。这种哲学基础曾经在高等教育发展的历史长河中起过显著的作用，早期的高等工程教育就是在这种思想的指导下产生并发展起来的，古希腊时代和中世纪大学就是如此。支持这一主张的有弗莱克斯纳、怀特海等人。

政治论哲学认为，人们探究深奥知识不仅出于闲逸的好奇，还因为它对国家有着深远的影响。如果没有学院和大学，那么，想理解我们复杂社会的复杂问题几乎是不可能的，更不用说解决问题了。过去根据经验就可以解决的政府、企业、农业、劳动、原料、国际关系、教育、卫生等问题，现在则需要运用极深奥的知识才能解决。当高等学府卷入日常生活的时候，必然会遇到如何确定目标和如何行使权力来实现这些目标的争论。对高等教育在政治上的合法地位用不着大惊小怪，很多伟大的教育哲学家都把教育作为政治的分支来看待，如柏拉图、亚里士多德、杜威等。

在布鲁贝克看来，就美国来讲，这两种哲学交替地在美国高等教育发展中起作用。建国初期的高等教育哲学是政治论的，到了约翰·霍普金斯大学成立之后，转向了认识论哲学；而当威斯康星思想出现时，政治论哲学与认识论哲学并驾齐驱甚至压倒了认识论哲学。笔者以为，这种现象是正常的、合理的。一个国家的高等教育发展总是离不开社会环境，这些环境实际上就是高等教育哲学的基础和土壤。

问题的关键在于，这两种不同的哲学基础之间到底是什么关系？布鲁贝克认为，政治论和认识论之间缺乏和谐，其矛盾之处在于，探讨高深学问的认识论方法想方设法摆脱价值影响，而政治论方法则必须考虑价值问题。"一些评论家认为，我们不必非得做出二者必取其一的选择，另一些人则认为确实存在非此即彼的情况。在那些不承认存在着非此即彼的情况的人看来，美国高等教育哲学应该是多元主义的。尽管这种观点看起来可能自相矛盾，但实际上，我们确实在某些时候是从某一个方面取得高等教育的合法地位,而在另一些时候是从另一个方面做到这一点的。"由这段话我们可以看出,布鲁贝克倾向于在一定程度上根据现实需要将两者实现最大程度的协调。事实上,现在很少存在绝对的认识论哲学或者政治论哲学所指导的高等教育。一个国家的高等教育,有时既存在认识论的高等教育哲学,又存在政治论的高等教育哲学,这种情况实际上也反映了当前追求多元价值观念的趋势。我们认为,社会对高等教育的需要开始越来越多元化,也就相应地需要指导高等教育的哲学观念的多元化。因此,当代高等教育存在的哲学基础既可以是认识论的、也可以是政治论的。

21世纪,许多国家都已经进入高等教育普及阶段,高等教育需要主体多元化,以往立足于学者需要的认识论哲学基础与立足于政府需要的政治论哲学基础已经不够。为了能够反映产业界等领域的需要,高等教育还应该具有一种能够立足于满足他们需要的其他哲学,如"产业论"或者"企业论"的哲学基础。我们认为,当代高等教育的哲学基础用"社会论"来表述似乎更加准确。"社会论"哲学既包括认识论,又包括"政治论"以及"产业论"、"企业论",它的突出特点就是多元性和极大的包容性。"社会论"哲学强调高等教育存在的合法基础是它对整个社会的作用和贡献,是针对社会中所有的组织和利益人的。当然,这种提法是否合理还需进一步讨论。

(二)高等工程教育的社会学基础

日本教育社会学家麻生诚认为,关于高等教育机会问题的研究以及学历与社会分层或职业关系的研究是高等教育社会学研究的重要领域。张德祥在《社会学观点:社会分层与高等教育机会》一文中用社会学的观点研究了高等教育的诸多问题。他认为,高等教育社会学的主要研究内容是高等教育对社会分层的影响、社会分层对高等教育的影响以及高等教育机会平等问题,这些研究主题一直持续了近一百年。

就高等教育对社会分层的影响而言,研究表明,各种职业对学历的要求都在发生变化，特别是较高地位的职业对学历的要求越来越高，因而，具有较高学历的人在竞争较高地位职业中处于优势。另外，具有高等教育学历不仅有利于人们最初的职业选择，而且对其以后的职业变换，与较低学历者相比，也更为有利。

就另一方面来说，社会分层对高等教育的影响是多方面的，它对教育目标、教育政策、教育内容、教育过程、教育成就都有影响。研究表明，社会分层可以直接作用于学历水平。因为升学不完全由成绩决定。同样的学习成绩，出身上层的人的升学机会要比出身下层的人多；在升大学之前，有若干决策过程，影响是否上大学的因素，并非完全是学生成绩，可能还有经济等其他因素。英国社会学家哈尔西的调查表明，上中阶层的子女上大学的机会为下中阶层子女的3倍，下下阶层的子女进大学的机会为下中阶层子女的一半以下，而且，下层子女难以进入牛津、剑桥等地位较高的大学，而多进入技术性学校。美国、日本等国学者的研究也都表明了相同的情况。我国学者的研究表明，1983年，各种家庭出身的大学生占在校生总数的比例分别是：农民家庭出身的占20.2%，工人家庭出身的占25.0%，干部家庭出身的占15.5%，知识分子家庭出身的占39.3%；而据1982年人口普查结果，农民、工人、干部、知识分子占总人口的比例分别是72.02%、15.96%、1.55%、5.07%。可见，干部子女上大学的机会是农民子女的30多倍。

高等教育机会平等问题也是高等教育社会学研究的主要问题。高等教育机会平等涉及的平等概念，看上去不难理解，实际上是非常复杂的价值观念，牵涉到人类观、社会观等价值观念，研究者对此又有许多不同的理解。总之，人们普遍赞成，高等教育在发展进程中必须要不断致力于实现高等教育机会平等，让更多的人既有入学机会平等，又有教育过程机会平等以及获得成功的机会平等。

除以上问题之外，还有一个研究主题也值得注意。马丁·屈罗[①]的

---

① Michael Agnes. *Webster's New World Dictionary*. Wiley Publishing, Inc., 2002.

研究更多的是关于院校的地位以及系统内较大单位的相对社会地位和学术等级等问题,他认为,这也是高等教育社会学应该研究的问题之一。他着重研究了社会系统中的院校分层问题。他指出,院校分层实际上反映出两种相当不同的分层原则。一种是以各个院校相互竞争为基础,即各个院校通过市场上竞争获得有助于提高学术名望的条件,如学术声誉、著名教授等,从而提高院校的地位。在这种体系里,决定一所院校的名望和生存机会的因素,是在上述竞争市场上的成功与否。而一所院校在这些竞争市场上的成功与否,反过来又在很大程度上由过去的成功与否所决定。另一种原则是,院校等级是由政府分配给各院校和高等教育各部门的职能、权利、特权和资源决定的。其分配方式是政府政策和其他措施的反映,而政府正是通过这些政策和措施来控制由其提供经费的院校的学术地位和生死存亡的。院校分层实际上是社会系统作用的结果,它的重要性在于它对每个国家高等教育的数量、质量以及以大学为主的研究工作都会产生很大的影响。它也同时反映高等教育系统的规模和形式对其优秀程度的影响问题以及国家对高等教育的政策问题。

总的来说,高等教育社会学所研究的问题既与学生直接相关,又与院校以及政府有关。有关学生入学机会以及与此相关的职业问题是高等教育发展中的关键问题之一,涉及高等教育到底该如何发展、怎样发展以及发展得怎么样等一些重大问题。对学生而言,他们既要获得平等的入学权利,又要获得平等的成功机会。而能否给予他们这些平等机会又是高等教育质量研究所不能忽视的问题。

(三) 高等工程教育的经济学基础

高等教育经济学的研究对高等教育质量研究的贡献在于它能够帮助我们理解高等教育投资人为什么要投资于高等教育以及他们在高等教育活动中的影响到底如何。由于普遍遇到的高等教育经费紧张的情况,高等教育系统内的院校在筹资过程中已经越来越重视投资人利益的满足。换句话说,在高等教育质量的评价中,来自投资人的意见相当重要。如果他们对高等教育质量不满意，就意味着将会减少投资或者改变投资方式以及资金管理方式，而这些对高等教育系统而言，其影响都将是巨大的。

加雷斯·威廉斯认为，高等教育经济学研究主要有两种观点：一种是宏观经济观点，以人力资本理论为代表；另一种是微观经济观点，主要探讨大学接受经费的方式对其组织行为的影响问题。大学接受经费的途径有三种：一是由外部政治机构或官僚机构控制经费；二是由提供教育服务的院校教师控制经费；三是由教育服务的消费者如学生等控制经费。

人力资本理论是我们熟悉的一种理论，由舒尔茨于20世纪60年代提出。这种理论认为，在考虑到性别和种族这类变量之后，个人一生的平均收入同他们具有的教育水平呈正相关。收入的差别如此之大，即使考虑到私人的教育支出，在高等教育方面进行投资的个人仍然得到正受益。这一理论对西方国家的高等教育投资政策产生了很大的影响。20世纪60年代之后西方许多发达国家的高等教育大发展就是这一理论的影响结果。70年代之后，受世界经济危机的影响，一些想通过发展高等教育促进经济发展的国家发现其努力并没有取得预想的效果，于是便开始怀疑这一理论的正确性。不管如何，这个理论在今天仍然受到人们的关注。与此同时，在理论研究上，出现了"筛选论"或"文凭主义"的观点。该观点认为，大学毕业生和非大学毕业生之间产生的收入差别并不归因于高等教育对资本的创造，而是因为高等教育在选择具有一定素质的个人方面所起的作用，而这些素质很可能对就业也有作用。上述两种观点实际上讨论的都是高等教育的社会收益率问题。近年来，人们开始转向高等教育私人收益率的问题研究，以便解释私人对高等教育的需求。这项研究的价值在于有助于解释不同时期人们对高等教育需求的变化。

在微观研究领域，加雷斯·威廉斯认为，"不仅仅是谁付账谁点唱，而且付账的方式也是怎么唱的决定因素"。任何一所大学获得经费的方式，都是人们对高等教育的社会职能所持有的政治态度的结果。一种经费体制建立起来之后，它就会形成各方面的既得利益，除非有一种更受有关方面绝大多数人欢迎的体制，否则它很难被取代。上面提到的大学接受经费的三种途径同时就决定了院校的三种行为方式：（1）政治和官僚的调节方式：院校为政府服务；（2）院校自我调节方式：院校为学者们服务；（3）市场调节方式：院校靠出卖服务（主要是教学，也包括研究和提供咨询）来获得收入。以上三种截然不同的经费模式以及所决定的院校工作重点，实际上同时决定了院校的性质和办学目标；也同时说明了三个甚至更多的利益人通过经费对高等教育的控制权。

总而言之，高等教育经济学领域的众多研究，都共同表明了高等教育利益人对高等教育系统机构的深层影响。这种影响在表面看来是高等教育从哪里以及通过何种方式获得经费的问题，但实质上反映了高等教育究竟为谁服务以及高等教育质量究竟该对谁负责的问题。

（四）高等工程教育的政治论基础

用政治学的观点研究高等教育，其议题主要集中在两个方面：微观上，指院校内部的政治以及整个高等教育系统的内部政治；宏观上，指国家级的政治，包括政府与院校之间的关系。

莫里斯·柯根认为高等教育界的政治，有其自身的特点，或许再也找不到哪个领域像高等教育一样，其研究的核心是如此公开，而活动模式却是如此隐蔽的了。高等教育政治主要研究各种利益集团及其机构在高等教育活动中是如何相互作用、他们之间的矛盾和冲突如何经过协商转变为政策。而且，这些利益冲突与其他领域的冲突并没有区别。此外，高等教育规划以及院校规划也是高等教育政治研究的问题之一。权力是研究中的核心问题。在高等教育系统中，权力与影响交错而形成高等教育系统决策的结构和固定的关系，这些结构和关系又反过来产生交互作用。而这些作用又被认为反映着广泛的社会意识的变化，反映着支持者和政府压力的变化，反映着更有连续性的学术标准。

　　莫里斯·柯根指出，在环境对院校施加压力引起院校在政治作用中的变化时，吸收高等教育内部学者参与评价各种关系以及这些关系概念化的变动是必要的。这一观点说明了学者在高等教育决策中的声音还是较弱的，需要加强。要评价的关系包括院校与支持者、资金保管人等之间的关系，这些群体都对高等教育持有某种期望。高等教育必须要弄清楚他们的期望以及这些期望是怎样影响高等教育活动的。政治学不能充分解释"为什么"，但它能形成"怎么做"的结构——变革与政策后果的程式。莫里斯·柯根以英国为例选择了三个层次对高等教育的政治问题进行了研究。这三个层次分别是：院校内部的问题；院校与校外政治组织的关系问题；中央政治。这些研究涉及我们经常讨论的院校自治问题、大学学术自由问题以及教授权力问题等。这些问题在本质上仍然是利益者与利益集团之间的关系问题。

　　我们以为，政治学的这些研究对于高等教育质量研究的作用在于帮助我们明了高等教育系统环境中究竟存在哪些利益群体、他们的需要是什么以及他们在高等教育活动中是如何相互作用的。

（五）高等工程教育的系统论基础

　　系统论强调，研究质量问题要有一个系统的观念，因为"系统这个术语越来越被用来指那些特别适用于解释复杂问题的科学方法"。研究高等教育质量问题，除了关注高等教育系统之外，还要重视高等教育系统与环境的相互关系。对质量问题的诊断不是仅仅依赖于零星的革新，而是需要建立整体的改革图景。

　　这一理论从两个方面讨论了高等教育质量问题。（1）从整体上考察高等教育质量。从整体上考察高等教育质量就必须从整体与部分的二重性入手去揭示高等教育质量变化的规律。首先，高等教育质量的提高依赖于高等教育系统内各要素质量的提高。其次是结构的优化。如果各个要素和部分都是高质量的，却缺乏结构上的契合，仍难以达到整体的优化。从整体上考察高等教育质量还要注意到系统演化过程中整体与部分间存在着两种基本的相互作用方式，即整体的保守作用和革新作用。整体的保守作用在高等教育质量上的体现在于：高等教育系统的各个组成部分的运行虽然说是在一定的整体稳定性基础上进行的，当整体性发生变化时，各组成部分可能会发生偏离整体性的运动，形成千姿百态的涨落，这种涨落可能会有助于也可能会不利于高等教育系统整体性的维护与提高。整体的革新作用表现在：当高等教育内外部条件发生变化时，各部分形成的新涨落与整体演化"合拍"，整体能够为各部分的不断创新提供可靠的环境，使整体与部分处于良好的合作状态，发挥出高等教育的革新作用。(2) 自组织与高等教育质量。自组织演化发展是复杂系统的目的性机制，即系统为稳定生存和发展而寻求的系统的优化目标，其中，质量是高等教育系统自组织演化追求的目标。按照这个原理，高等教育系统的开放性是提高质量的前提；随机涨落是改善高等教育质量的诱因；非线性作用是高等教育质量的有效保障机制。

总之，高等教育系统论十分强调高等教育系统作为一种组织在质量上的责任和作用；强调高等教育质量是系统与环境之间相互作用的结果，而不是外界如政府作用的结果；高等教育质量维护的关键在于高等教育系统本身。

(六) 高等工程教育的发展论基础

高等教育发展论认为在高等教育发展过程中，从可持续发展的角度看，"发展质量"比"发展速度"更为重要。基于21世纪是知识经济和可持续发展的经济背景，正如朱兰（J. M. Juran）博士提出的，21世纪的质量必须与社会进步和经济发展的可持续化相联系。21世纪质量竞争就是"品牌竞争"，没有高质量就没有名牌。高等教育在进入21世纪面临的各种复杂的挑战，使得高等教育在传统使命的基础上，增加了"促进整个社会的可持续发展和进步"这一新的使命。因此，高等教育要把培养学生具有创新精神和创业能力作为重要的工作目标之一，并以此来增加"质量针对性"。

高等教育发展论同时认为，适应性是高等教育质量的本质属性，多样性是高等教育质量的第二重属性，发展性是高等教育质量的第三重属性。就本质属性而言，主要指：（1）高等教育质量要在社会检验中体现出来；（2）高等教育质量不存在"国际标准"；（3）"不适应症"在高等教育质量中普遍存在。高等教育的"滞后性"是"不适应症"的表现之一，"过度教育"是不适应症的表现之二。

高等教育发展论为我们思考高等教育质量问题提供了一个面向未来的视野，也有助于我们探讨和处理高等教育发展中的数量和质量问题。

除此之外，有关高等教育学的研究、管理学的研究、文化与高等工程教育关系的研究、科学研究与高等教育关系的研究等也是高等工程教育质量保障研究的重要理论基础。

三 高等工程教育的目标与质量标准

（一）高等工程教育的目标

高等工程教育要解决两个基本问题：一是培养什么样的工程技术人才；二是怎么培养，通过什么样的方式使学生具有工程实践能力。前者是培养目标，后者是培养过程。在此，我们以对学生工程能力的培养作为高等工程教育的目标。

如前所述，美国工程与技术认证委员会（ABET）对21世纪新的工程人才提出的11条评估标准实际上主要包括三个方面的能力，即工程实践能力、多学科背景及综合能力、职业道德及社会责任感。高等工程教育培养的人才首先应以工程实践能力为核心。工程实践能力就是解决工程实践中存在的现实问题的能力。这就要求工程技术人员拥有科学精神、掌握较为深厚的工程理论知识、理解工程思想，运用科学方法解决工程实践中存在的各种问题。工程技术人才的多学科背景及综合能力要以科学素质和人文素质为依托，注重多学科的交叉与融合。如麻省理工学院的航天航空系开设有必修课、信息交流课、专业核心课、专业领域课程、实验和提高类课程及非限制性选修课等六大类型，其中必修课17门。在必修课中，有6门自然科学课程，8门人文、艺术和社会科学的课程，2门科技类课程，1门实验类课程。世界一流高等学校十分重视对工程技术人才职业道德和社会责任感的教育，使其具有以诚信为核心的良好的职业道德素质。

（二）高等工程教育的质量标准

由于现代高等工程教育具有多方面的目标，因而衡量高等工程教育质量的标准也不是单一的。学术标准是其中十分重要的一条，但绝非唯一标准。除学术标准外，还有一个"适切性"问题，即是否适应经济社会、工程技术发展的需要，是否切合受教育者身心发展及其就业需要。一般而言，高校往往倾向于强调教学、科研的学术标准，强调学科、专业的内在逻辑和科学性。而社会更多关注于高等工程教育对现实的适切性、应用性，如学校课程设置、人才培养模式、教学内容是否有利于学生就业；高校的科研是否能向企业提供新产品、新工艺，解决企业实际的工程技术难题，给企业带来经济效益。因此，高等工程教育质量应兼顾学术的、社会的、受教育者意愿和能力等方面因素。如麦克斯公司设计的反映一所高校人才培养质量的指标包括：毕业生就业率、毕业生对就业现状的满意度、毕业生对母校总体满意度、毕业生竞赛获奖情况、用人单位对毕业生满意度、理工农医类毕业生的工作专业相关度、工作与个人期待吻合的比例、对主要职业的人才贡献及其质量、对主要行业的人才贡献及其质量、对本地区的人才贡献及其质量、对不同类型企业的人才贡献及其质量、创业人才比例、本科毕业生读研比例、硕士毕业生读博比例。

1. 卓越工程师培养的标准体系

我国近年来实施的卓越工程师后备人才（以下简称"卓越工程

师")培养的标准体系由通用标准、行业标准以及学校标准三个层面构成。作为卓越工程师培养的国家标准,通用标准的制订符合《国家中长期教育改革和发展规划纲要(2010~2020)》中提出的"制定教育质量国家标准"的要求。这意味着,通用标准是国家对各行各业各种类型"卓越工程师"培养从宏观上提出的基本质量要求,是行业制订各个专业"卓越工程师"培养标准的根据和基础,是制订行业标准和学校标准的宏观指导性标准。行业标准是各行业主体专业领域的"卓越工程师"培养必须达到的中观要求,包含本行业内若干专业的专业标准,它不仅是对通用标准的具体化,还应体现专业特点和行业要求,应由各专业委员会与工业企业界一道根据通用标准制订。学校标准是各个学校在通用标准的指导下,以行业标准为基础制订的校内各个工程专业"卓越工程师"培养的可落实、可评估检查的具体标准。在学校标准中,应包含体现各校办学优势的特色标准,反映出各校特有的、优于其他院校的、得到社会公认的办学优势,由各校根据自己的办学优势,并结合办学定位、办学目标、服务面向和行业特点制订。由于学校标准是以行业标准为基础,行业标准又以通用标准为根据,因此,学校标准提出的要求应包容行业标准,行业标准提出的要求应包容通用标准。

2. 工程师培养通用标准的构成

工程师的培养分为本科、硕士和博士三个层次。通用标准由本科工程师培养通用标准、硕士工程师培养通用标准和博士工程师培养通用标准组成。行业标准的具体名称应包括行业"名称+专业名称+培养层次"。如机械行业本科层次的机械工程及自动化专业的标准应称为"机械行业机械工程及自动化专业本科标准"。学校标准的具体名称应包括"学校名称+专业名称+培养层次",如清华大学的材料工程专业本科层次工程师的培养标准应称为"清华大学材料工程专业本科标准"。从有利于各层次卓越工程师培养标准的制订和培养质量管理的角度考虑,卓越工程师培养的通用标准应该由基本标准和优秀标准两方面构成。

基本标准是卓越工程师培养必须达到的最低要求，是衡量各类院校卓越工程师培养的合格标准。本科、硕士、博士三个层次卓越工程师的基本标准之间的关系是：后一层次工程师的基本标准包含前一层次工程师的基本标准外加本层次工程师必备的其他基本要求。换句话说，每一层次工程师都必须具备前一层次工程师的基本要求，但不必满足前一层次工程师的优秀标准。如硕士层次工程师的基本标准包含本科层次工程师的基本标准和硕士层次工程师还需具备的其他基本要求，但硕士层次工程师不必满足本科层次工程师的优秀标准。这种基本标准兼容的方式既体现了不同层次工程师之间的关联性，同时也为在有限学制内达到优秀标准提供时间上的保证。各层次工程师的优秀标准是培养卓越工程师的高于及格线的标准。由于各层次工程师的培养目标不同，因此，他们的优秀标准之间不必具有兼容性。优秀标准包含体现各层次工程师"卓越"水平的具体要求。

3. 本科层次工程师培养的通用标准[①]

这里根据林健的研究成果，对本科工程师培养的通用标准加以介绍。高等工程教育的培养目标是培育合格的工程师，而工程师的培养目标是胜任在现场从事产品的生产、营销和服务或工程项目的施工、运行和维护工作。按照这个目标研制的本科层次工程师培养的通用标准，包含对高校工程专业四年制本科毕业生在知识、能力和素质方面的11条要求。

（1）基本素质。工程师应具有良好的工程职业道德、较强的社会责任感和较好的人文科学素养。本条规定了现代工程师应该具备的基本素质要求，这些要求在继承传统工程师基本素质的基础上又有所发展。

工程职业道德是指工程师在工程职业活动中必须遵循的行为准则、职业规范、道德标准和道德品质的总和。工程职业道德具有工程行为的社会普适性，反映了人们对工程师这个职业群体及其职业行为的道德期

---

① 林建：《"卓越工程师教育培养计划"通用标准研制》，《高等工程教育研究》2010年第4期。

望。工程职业道德在内容上包括遵纪守法、诚实守信、爱岗敬业、追求卓越、尽职尽责、廉洁自律等。工程师应始终如一地奉行这些准则。

社会责任感是指工程师个体对人类社会发展所应承担的责任的总体意识，或工程师个体对国家、集体以及工程活动的其他利益相关者所应履行或承担的职责、任务和使命的态度。工程师的社会责任包括保护公众的安全、健康和福利，重视环境保护、生态平衡和可持续发展，自觉维护国家和社会的公共利益。

人文科学素养是指人所具有的文学、史学、哲学和艺术等人文学科知识并由这些知识所反映出来的人格、气质和修养。工程既能改造世界和创造世界，也可能破坏生态环境、传统文化和文明历史。因此，工程师不能只关注工程技术问题，而无视工程技术造福人类的终极使命。他们必须具备人文和社会科学素养，才能更好地理解工程与社会、历史、文化的关系，才能在改造物质世界的同时，促进整个人类文明的进步与发展。

（2）现代工程意识。工程师应具有良好的质量、环境、职业健康、安全和服务意识。这是"专业认证标准"以及美国标准和欧洲标准均未提及的内容。

质量意识是人们对质量和质量工作的认识，良好的质量意识是工程师追求卓越的前提。环境意识是人们对环境和保护环境行为的认识，良好的环境意识是工程师在工程行为中重视环境保护、使人与自然关系和谐的基础。职业健康包括人们在职业活动过程中的身体健康、心理健康和社会适应能力良好，职业健康意识是工程师预防职业疾患、乐观向上和能在各种环境下顺利开展工作的主观条件。安全意识是人们在生产活动中对自身和他人安全的重视态度，良好的安全意识关系工程人员的人身安全以及国家和企业财产的安全乃至社会的稳定。服务意识是自觉、主动、周到地向服务对象提供服务的观念，是现代企业应对市场竞争要求员工必须具备的重要意识，工程师的服务意识不仅反映在设计和研发阶段，还反映在产品售后或项目交付使用后的保养、维护、修理和更新阶段。

（3）基础知识。工程师应具有从事工程工作所需的相关数学、自然科学知识以及一定的经济管理知识。除了公共基础课外，本条中的"相关数学、自然科学知识"要根据与所在行业对应的专业领域来确定。"一定的经济管理知识"主要指工程经济、项目管理、质量管理、生产组织和运作管理、产品营销和售后服务等方面的知识。

（4）专业知识。工程师应掌握扎实的工程基础知识和本专业的基本理论知识，了解生产工艺、设备与制造系统，了解本专业的发展现状和趋势。本条在专业认证标准相应条目的基础上增加了"了解生产工艺、设备与制造系统"，以增强学生对实际生产制造系统的了解。本条规定的知识不仅是本科层次工程师必备的，而且是培养第7条、第8条规定的能力所必需的。

（5）技术标准与政策法规。工程师应了解本专业领域的技术标准，相关行业的政策、法律和法规。工程师的职业活动不仅要严格按照本专业领域的技术标准进行，而且还要遵守相关行业的政策、法律和法规，这是他们的职业要求。专业认证标准中的类似要求是"了解与本专业相关的职业和行业的生产、设计、研发的法律、法规，熟悉环境保护和可持续发展等方面的方针、政策和法律、法规，能正确认识工程对于客观世界和社会的影响"。欧洲标准中的类似要求是"了解所在专业领域的标准和规则制度"。

（6）学习能力。工程师应具有信息获取和职业发展的学习能力。信息获取能力是知识不断更新的关键，是工程师终身学习的基础。在工程师的职业生涯中，为了适应经济社会的快速发展，工程师必须能够通过运用包括互联网在内的各种现代技术和手段获得所需的各类信息，从而及时更新业务知识，发展对客观世界的认识，改善知识结构，为更好地履行职责和终身学习打下基础。学习能力是各种职业能力发展和提高的基础。工程师的各种能力是由知识和技能构成的，在他们的职业发展进程中，这些能力需要在掌握知识和技能的过程中不断发展和提高，而掌握知识和技能的最直接途径就是学习，因此，学习能力成为各种职业能力提高和发展的基础，对工程师职业能力的获得和未来的可持续发展具有十分重要的作用。具备学习能力应该成为工程教育的一项重要目标。学习能力不仅包括学习知识和技能的能力，还包括提升精神和完善道德的能力。专业认证标准中的相关规定是"掌握文献检索、资料查询及运用现代技术获取相关信息的基本方法"以及"具有对终身学习的正确认识和学习能力，具有适应发展的能力"。

（7）分析解决问题能力。工程师应具有综合运用所学科学理论、分析与解决问题的方法以及技术手段分析并解决工程实际问题的能力，能够参与生产及运作系统的设计，并具有运行和维护能力。工程实践能力是获得本项能力的前提。只有通过大量的工程实践，尤其是到生产车间或工程一线学习和现场实践，才能对工程实际问题具有深入、系统、本质的认识和理解，才具备培养分析和解决问题能力的条件。此外，本科层次现场工程师必须具备"能够参与生产及运作系统的设计，并具有运行和维护能力"。

（8）创新意识和开发设计能力。工程师应具有较强的创新意识以及进行产品开发和设计、技术改造与创新的初步能力。创新意识是创新能力的基础。作为本科层次优秀工程师的后备人才，除了实践能力外，重点应放在对创新意识的培养上。创新意识是指工程师根据经济社会发展的需要，引发创造新事物或新观念的动机，并在创造活动中表现出相应的意向、愿望、构思和设想。

（9）管理与沟通合作能力。工程师应具有较强的组织管理、交流沟通、环境适应和团队合作能力。

现代经济社会对工程师在组织管理、交流沟通与团队合作方面的要求越来越高，非专业能力正成为优秀工程师职业能力的重要组成部分，应予以充分重视。在这方面，专业认证标准要求的是"具有一定的组织管理能力、较强的表达能力和人际交往能力以及在团队中发挥作用的能力"和"具有适应发展的能力"。美国标准的要求是"具有有效表达与交流能力",而欧洲标准的要求是"具有在多学科项目中与他人合作的能力"。

（10）危机处理能力。工程师应具有应对危机与突发事件的初步能力。工业化、现代化和城镇化进程的加快，人口、资源和环境压力的加大，人与自然矛盾冲突的激化，必然使危机事件更加频繁、多样和突然，危机正从过去的偶发事件变为社会生活中的常态。工程上的危机与突发事件不仅会直接造成人员与财产的巨大损失，而且会造成生态的破坏、社会的动荡，乃至危及政治的稳定。因此，作为优秀工程师的后备人才，就要求比其他专业领域人员具有更强的危机意识和处理危机与突发事件的能力。

（11）国际交流合作能力。工程师应具有一定的国际视野和跨文化环境下的交流、竞争与合作的初步能力。国家提出的"走出去"战略，要求工业界走出国门，积极开拓国际市场，这也是经济全球化的必然趋势。这就需要大量的、各种层次和类型的、具有国际视野和国际交流合作能力的高素质工程师。

四　近年来中国高等工程教育质量保障的探索与实践

近年来，我国在保障和提高高等工程教育质量方面进行了一系列探索，取得了初步的成效。

（一）卓越工程师培养计划的探索与实践

"卓越工程师教育培养计划"（以下简称"卓越计划"）是为贯彻落实党的十七大提出的走中国特色新型工业化道路、建设创新型国家、建设人力资源强国等战略部署，贯彻落实《国家中长期教育改革和发展规划纲要（2010～2020)》和《国家中长期人才发展规划纲要（2010～2020)》而提出的高等教育重大改革计划。在教育部遴选的进入"卓越计划"的 194 所高校中,河南省有郑州大学、河南科技大学、河南理工大学、河南工业大学、华北水利水电学院、郑州轻工业学院、南阳理工学院 7 所高校参与。

"卓越计划"的主要目标是:面向工业界、面向未来、面向世界,培养造就一大批创新能力强、适应经济社会发展需要的高质量各类型工程技术人才,为建设创新型国家、实现工业化和现代化奠定坚实的人力资源优势,增强我国的核心竞争力和综合国力。为实现这一目标,"卓越计划"的制订应遵循以下原则。

服务国家战略。"卓越计划"通用标准首先要满足实现国家战略对工程人才的需要。我国的国家战略是:加快经济发展方式转变,走中国特色新型工业化道路;提高自主创新能力,建设创新型国家;建设人力资源强国,增强国家的核心竞争力。就教育界而言,实现这些国家战略的关键在于通过"卓越计划",面向工业界、面向未来、面向世界培养造就一大批创新能力强、适应经济社会发展需要的各类型高素质后备工程技术人才。这就要求从服务国家战略的高度研究和设计"卓越计划"的通用标准。

追求质量卓越。"卓越计划"就是要在不同类型工程师的培养质量上追求卓越。在通用标准中应反映各种层次和类型的工程师在知识、能力和素质方面所应具备的竞争优势和发展潜力。在竞争优势方面,本科层次工程师应能完全胜任生产一线的各项工作,硕士层次工程师的设计开发能力应在国内具有竞争优势,博士层次工程师的研究开发能力应在国际上具有竞争优势。在发展潜力方面,各种层次的工程师,尤其是硕士层次和博士层次的工程师,应能满足未来发展的需要,具备适应和引领未来工程技术发展方向的能力。

满足国际化需要。"卓越计划"强调工程教育要面向世界。这一方面要求培养熟悉当地国家文化和法律,具有在跨文化环境下进行交流与合作的能力,以及参与国际竞争能力的国际化工程师;另一方面要求培养出来的卓越后备工程师在工程学位资格上能适应国际互认,以满足国际市场的需要。这些要求体现在通用标准上就是对工程师相关知识、能力和素质的明确规定。

发挥宏观指导。通用标准不仅要涵盖各行各业对各类工程人才的要求，还要有利于不同类型和不同服务面向的学校发挥办学优势和人才培养特色。因此，通用标准应该是宏观定性、内涵丰富、适应面广和富有弹性的培养标准，能够充分体现出对行业标准和学校标准的宏观指导作用，并为行业标准和学校标准的制定提供充足的灵活处理的空间。

（二）高等工程教育模式的改革与探索

近年来，一些高等院校积极改革工程教育模式，为提高工程教育质量创造了条件。

1. EIP-CDIO 教育模式

2005 年，汕头大学工学院将 CDIO 理念引入工科专业的培养计划及人才培养的全过程。2006 年，汕头大学工学院成为我国第一个 CDIO 国际合作组织成员。在教学改革过程中，汕头大学考虑到我国工程教育多以学科知识为核心，缺乏人文、历史、社会科学及职业道德、社会责任感的教育，在 CDIO 的基础上，提出了 EIP-CDIO 培养模式，即开展职业道德（Ethics）、诚信（Integrity）和职业素质（Professionalism）教育，与 CDIO 有机结合（见图 3-1）。[①]

基于培养具有高度社会责任感、人格健全、良好职业素质的国际化工程技术人才这一目标，EIP-CDIO 建立了一种"合格工程师素质与规范"体系。在课程设计上，汕头大学工学院将 CDIO 项目贯穿专业教学全过程，开设了专业导论、工程师职业道德、"世界工程师论坛"等课程，让学生尽早了解工程技术基础知识，掌握成为一名合格工程师所需的职业规范与职业道德。学校还要求，各专业至少要有一门鼓励跨学

---

① 顾佩华、沈民奋、李升平、庄哲民等：《从 CDIO 到 EIP-CDIO——汕头大学工程教育与人才培养模式探索》，《高等工程教育研究》2008 年第 1 期。

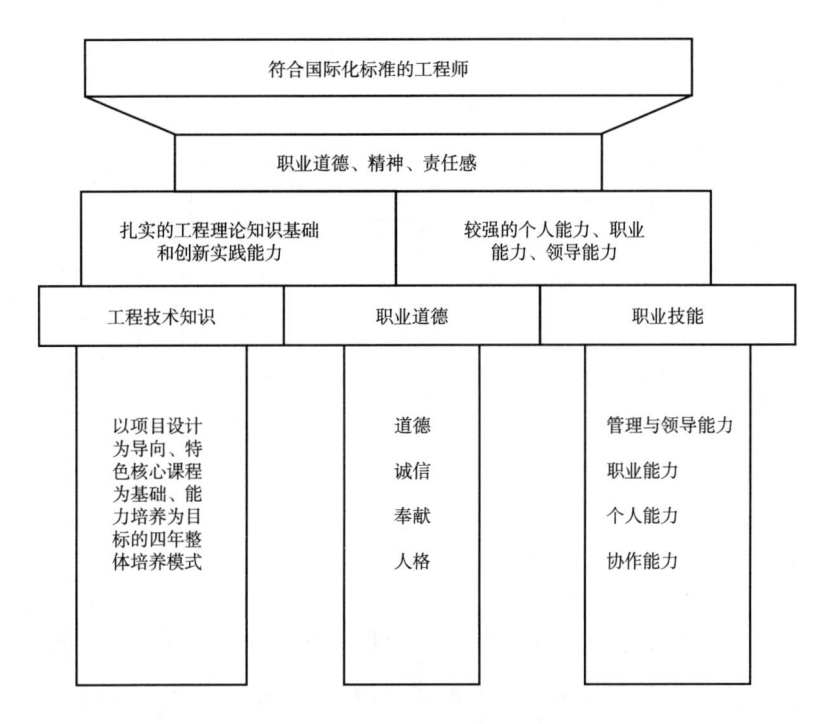

```
                符合国际化标准的工程师

              职业道德、精神、责任感

      扎实的工程理论知识基础         较强的个人能力、职业
      和创新实践能力                能力、领导能力

    工程技术知识          职业道德           职业技能

   以项目设计         道德            管理与领导能力
   为导向、特        诚信            职业能力
   色核心课程        奉献            个人能力
   为基础、能        人格            协作能力
   力培养为目
   标的四年整
   体培养模式
```

图 3-1　EIP-CDIO 的培养框架

科、创新、创业的产品设计、制造的选修课，如电子设计大赛等，以培养学生的创新能力。

2. CIO-CDIO 教育模式

2009 年，学者张奇、唐奇良在 CDIO 的基础上提出了 CIO-CDIO 培养模式，即工程技术人才的培养目标为复合型（Compound）、创新型（Innovative）、开放型（Open），人才培养过程将三大目标与 CDIO 有机结合，形成三元集成模式，使培养出来的工程师在掌握各种基本技能的同时，更加适应现代社会的要求，成为思维开放、具有创新性的复合型人才（见图 3-2）。[①]

CIO-CDIO 三元集成模式通过重新设计理论教学体系和实践教学体

[①] 张奇、唐奇良：《高等工程教育 CIO-CDIO 培养模式研究》，《教育与职业》2009 年第 3 期。

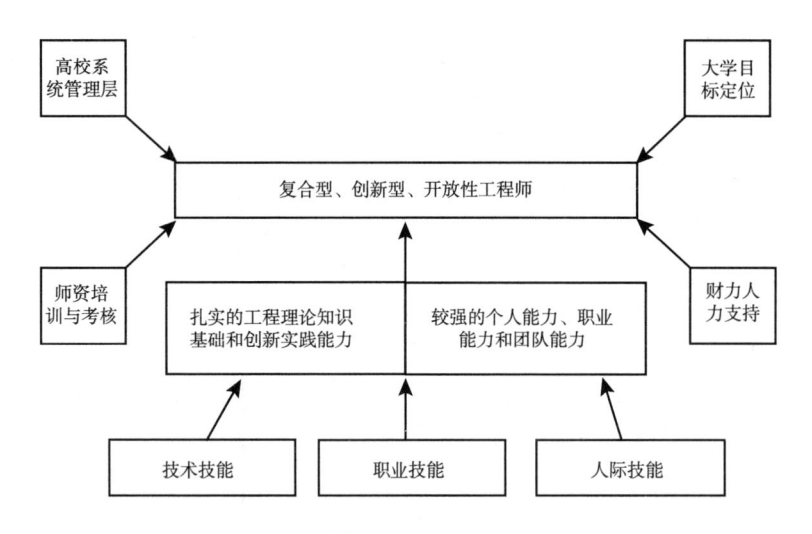

图 3-2 CIO-CDIO 的概念框架

系，修订培养计划，使学生获得相应的技术技能、人际交往技能和职业技能。在人才培养过程中，始终贯穿着构思、设计、实现和运行四个环节，以项目为载体，在强调学生理论功底的同时，加强对学生实践能力的训练。在外部环境上，学校通过确立合理的大学目标定位、一定的财力人力支持、科学的师资培训与考核、管理系统四大保障，确保人才培养目标的实现。

3. A-H-CDIO 教育模式

2010 年，福建工程学院综合了 CDIO 与 EIP-CDIO 人才培养模式的精髓，提出了 A-H-CDIO 培养模式。A（Arts）为艺术熏陶，H（Humanity）为人文精神塑造，A-H-CDIO 人才培养模式是以大工程教育观和学科基本结构理论为依据，以工程项目设计为导向，以学生的工程素质为核心，以人文艺术修养为外在推动器，力求将学生塑造成为既懂工程知识、技能，又能坚守道德原则，具有创新思维和人格魅力的工程师。[①]

---

① 刘春:《构建 A-H-CDIO 人才培养新模式》,《南京工程学院学报（社会科学版）》2010 年第 1 期。

第三章 高等工程教育研究的理论依据和实践基础

A-H-CDIO 培养模式实施途径包括四个方面。一是重构课程体系，实现以学生为本的课程综合化、实践化、多元化。课程设置时充分吸收现场工程技术人员、专家、实验教学人员和学生代表的意见，充分吸收毕业生对现有人才培养方案的评价意见。二是建立融合人文艺术的工程教材。以 CDIO 为载体，将中外工程师及其经典工程实例编入教材，使学生既学习工程专业知识，又领略了优秀工程师的风采；在项目设计中将职业道德、协调能力、合作精神、沟通能力等融合一起，开展多能力综合训练。三是建立"双师型"教师队伍，实施多样化教学方法。学校不仅聘请硕士、博士等具有雄厚理论基础的高学历人才，还要聘请现场工程技术人员。同时，鼓励本校学生定期赴企业培训或挂职锻炼，参加工程实践活动。教师在课堂教学活动设计上狠下功夫，借助各种现代媒体手段调动学生的视、听、感知多种器官，通过精心设计问题、情景、活动等引导学生思考、激发学生思维。四是构建以素质考核为目标的考核体系。改变传统学业评价中的"四重四轻"现象，即：重书本知识的评价，轻实践能力的评价，忽视学生创新思维和创新能力的培养；重终结性评价，轻过程性评价，忽视学生的进步与成长；重定量评价，轻定性评价，忽视学生非智力因素的培育；重局部评价，轻全面评价。同时，建立口试法、实操法、模拟操作法等灵活多样的考核体系。

总之，A-H-CDIO 模式就是培养拥有精深专业知识、实际技能、良好职业操守的具有艺术气质、人格魅力的现代化工程师。通过增强艺术修养，激发工程师的创新灵感，通过增强人文修养，塑造学生的人格魅力，通过 CDIO，提高学生的实际操作能力，以达到人文、艺术、专业知识的大融合，学术与实践能力同步发展的最终目的。

五 中国的高等工程教育专业认证

高等教育认证（Accreditation）是一种资格认定，是保障和提高高等教育质量的一种方法和途径。通过认证，对达到或超过既定教育质量标准的高校或专业给予认可，并协助院校和专业进一步提高教育质量。其中的专门职业性专业认证（简称"专业认证"）是由专业性（Professional）认证机构针对高等教育机构开设的职业性专业教育（Programmatic）实施的专门性（Specialized）认证。这些职业性专业往往涉及医药、工程、法律等与公众生活、安全相关的领域，因而必须遵循更为严格的质量标准。由专业性认证机构对高等教育机构开设的工程教育专业实施认证，除具有上述功能外，还可以向公众提供专业教育质量的权威判断。

发达国家高等工程教育发展的经验表明，完善的工程教育专业认证制度是保障并促使其不断改进和提高工程专业教育质量的重要方法和途径。近年来，工程师和工程专业的国际互认趋势成为我国建立工程教育专业认证制度的重要动因。按照国际惯例，工程教育专业认证是实施注册工程师认证制度的前提和基础。随着经济全球化、教育国际化趋势的发展，加入工程专业国际互认协议，不仅有利于我国工程教育质量的提高，也有利于我国注册工程师制度的实施以及工程师在国际市场的流动。我国建立工程教育专业认证制度的主要出发点，首先是加强对高等工程教育的宏观管理，保证和提高我国工程教育质量；其次是顺应国际工程教育领域的发展趋势，为我国实施注册工程师制度、实现工程专业和工程师的国际互认打下基础。

我国高等工程教育专业认证经历了以下几个发展阶段。

（一）积极的筹备阶段（1985～1992年）

1985年6月，原国家教委在黑龙江省镜泊湖召开了我国第一个全国性的高等教育评估研讨会——高等工程教育评估问题专题讨论会。这次会议明确了高等工程教育评估的目的，探讨了高等工程教育评估制度的确立，提出高等工程教育评估在理论研究方面尚需研究的四方面问题，并初步汇总提出了四个评估学校、学科专业的方案，明确了在未来一年中开展评估试点工作的具体措施。这次会议为我国高等工程教育专业认证的开局奠定了重要基础,指明了发展方向。会后,各项工作迅速得到落实。首先,借鉴国外经验的理论研究起步。1986年国家教委高教二司组成中国高等工程教育评估考察团赴美国、加拿大,归国后编辑出版了美国、加拿大高等教育评估丛书,其中第三册是对高等学校工科类专业的评估。这是我国最早的一本系统介绍国外高等工程教育专业认证制度及其实施状况的书籍,在我国工程教育专业认证研究领域具有里程碑意义。其次,实践领域的高等工程教育专业认证开始初探。1985年11月到1986年11月,原国家教委选择机械制造工艺及设备专业、计算机及应用专业和供热通风与空调工程专业进行评估试点准备。虽然这种评估不符合现代意义的专业认证,但在试点工作中,对评估标准、评估办法的探索对我国大陆地区高等工程教育专业认证的起步均有极大的借鉴价值。

(二) 良好的开局阶段 (1992～1997年)

土木工程专业认证是我国工程学士学位专业中按照与国际通行的专门职业性专业认证接轨的制度进行认证的首例。从1992年开始,教育部即委托当时的建设部主持开展建筑学、城市规划等6个土建类专业的认证试点工作。第一届全国高等学校建筑工程专业教育评估委员会(NBCEA)成立于1993年,1995年正式开展专业评估。评估委员会的工作头几年开展得比较顺利,经过1995年和1997年两届评估,共有18所学校的土木工程专业点通过了评估。截至1997年,受建设部业务主管的6个专业中有4个建立了专业认证制度。这在中国大陆地区的各工业部门中是开创性的,为以后的全国工程专业认证工作奠定了基础。

1994年4月,中华人民共和国建设部以部令颁发了《高等学校建筑类专业教育评估暂行规定》。1995年国务院颁布了《中华人民共和国建筑师条例》,把专业教育评估工作作为执业注册建筑师(工程师)制度的重要组成部分。另外,土木工程专业认证从一开始就具有国际化视野，英国的土木工程师学会和结构工程师学会，以及它们的联合专业认证组织 JBM 的代表们基本上全过程参与了我国土木工程专业评估制度的建立，给予许多指导与帮助。这些互动与交流增进了双方的了解，为进一步专业互认合作奠定了基础。

（三）持续的探索阶段（1997~2006 年）

在良好开局的基础之上，中国大陆地区的工程教育专业认证本可顺势而为，将土木工程类专业认证的成功经验推而广之，从而建立我国完整的工程教育专业认证体系。然而，实际上我国大陆地区的工程专业认证在 1997 年以后的发展却未能如此，只有一贯重视专业评估的建设部，工作还有所进展。截至 2003 年，建设部领导的建筑学、土木工程、城市规划、工程管理、建筑环境与设备工程、给水排水工程 6 个专业的专业认证全部启动完毕。截至 2007 年，申请认证、通过认证的专业数在专业点总数中所占的比例仅维持在 10% 左右，在这一时期我国的工程教育专业认证领域存在局限，且专业认证数量远远不足。

近年来，我国工程教育专业认证在国际交流互认方面取得了一定成绩。1998 年 5 月，建设部人事教育劳动司与英国土木工程师学会共同签订了土木工程学士学位专业评估互认协议书。与此同时，中国注册结构工程师管理委员会与英国结构工程师学会也共同签署了名称和内容相仿的协议书。这两份协议的签订标志着我国大陆地区土木工程专业评估初步实现了国际接轨，并为我国工程学位获得国际教育界和工程界的认可打开了通道，为我国工程人才以正式专业资格走向世界迈出了重要的一步。

从 20 世纪末到 21 世纪初，本来开展得不算太晚的中国大陆工程专业认证在土建类工程专业认证方面进展缓慢，其他工程专业认证基本一片空白，远远落在日本、韩国、新加坡、中国台湾等起步较晚但发展迅速的国家与地区之后。2004 年，时任教育部副部长的吴启迪在第三届国际工程教育大会的讲话中指出，中国高等工程教育必须加快改革，调整工程教育的学科专业结构、层次结构和人才培养模式，并特别强调了工程教育的国际评估和工程师资格认证问题。

（四）我国高等工程教育专业认证发展及趋势展望（2006年至今）

2006年5月，我国参照《华盛顿协议》成员国的做法，成立了全国工程教育专业认证专家委员会，开始了专业认证工作。目前，我国基本确立了全国工程教育专业认证的组织体系，建立了全国工程教育专业认证专家委员会、部分专业领域认证分委员会、全国工程教育专业认证监督与仲裁委员会等，制订了一套工程教育专业认证的文件体系；在10个领域开展了80多项专业认证工作。

专业认证工作的开展，特别是我国加入《华盛顿协议》，意味着我国工程教育质量得到了国际权威标准的肯定；可以明确工程教育专业质量的国际标准和基本要求，促进高等院校和工科专业进一步办出特色和优势；可以促进改善教学条件，促进对教学经费的投入；可以促进"双师型"教师队伍的建设；还可以发现高校相关专业院系教学管理的薄弱环节，促进建立科学规范的教学质量管理和监控体系，提高教学管理水平。

1. 将专业认证纳入高等教育评估体系

在国际上，高等教育认证通常分为院校认证和专业认证。对高等教育评估体系而言，两者缺一不可。许多国家的专业认证都要求申请认证专业点所在的学校必须已经通过院校认证。我国之前在高等教育评估中偏重院校认证，专业认证被提及但未被重视，始终处于高等教育评估体系的边缘。2007年启动的"质量工程"明确将"专业结构调整与专业认证"作为六大任务之一。这表明国家层面已经充分认识到专业认证的地位与意义，准备将其全面纳入高等教育评估认证体系并着重发展，以完善我国高等教育评估体系。

2. 拓展与深化专业认证工作

我国工学21个专业领域尚有半数未加入认证行列。将这些专业领域纳入认证范畴是建设我国完整的工程教育专业认证体系所必需的环节。另外，土建类专业的认证工作目前仍归属建设部领导，将开展时间长、经验丰富、与国际联系紧密的土建类专业认证纳入全国高等工程教育专业认证体系，并加以学习借鉴，对于提高我国工程教育专业认证整体水平意义非凡。

另外，信息时代既需要攻克高尖技术的研究开发型人才，又需要从事实际操作的应用型人才。与工程领域实际需要相对应，工程教育与工程教育专业认证也要体现一定的层次结构。因此，未来我国高等工程教育专业认证应当丰富认证层次，不仅应当包括本科、研究生层次的专业认证，还应当有针对高职高专等较低层次的专业认证，以充分发挥认证的导向作用，从而促进我国多层次、多类别的高等工程教育体系的建立。

3. 制订与国际接轨且符合中国国情的专业认证标准

我国建立工程教育专业认证制度，一开始就要使认证标准和认证程序符合国际惯例，为进一步取得工程专业和工程师的国际互认创造条件。然而工程教育认证标准的制订并不只是工程教育内部的事情，而是整个国家高等教育质量保障体系的组成部分。从这一角度讲，即使在工程教育发展越来越国际化的今天，工程教育认证标准的制订仍然需要考虑本国实际，从而制订出既与国际接轨又符合中国国情的专业认证标准，最终实现国际互认和服务我国发展的双重目的。

4. 国际全面合作与区域重点合作并举

加入各种国际协议，实现工程学历的国际互认是发展我国工程教育认证的重要组成部分。《华盛顿协议》作为一项关于高等工程教育认证的重要协议，时至今日已经在世界范围内享有盛誉，在国际工程教育界和工业界都产生了重要影响。加入《华盛顿协议》无疑是我国工程教育国际化的必经之路。我国应该以已经成立的全国工程教育专业认证专家委员会为代表，全面参与工程教育领域的国际合作。同时，我国作为一个非英语的发展中国家，工程教育体系庞大但专业认证工作滞后，工程教育认证工作要积极寻求国际社会的帮助。新近加入工程教育《华盛顿协议》的新加坡、中国香港、中国台湾，与我国大陆使用相同的语言，拥有相似的教育与文化传统，因此与他们进行工程教育认证领域的区域重点合作，争取早日加入《华盛顿协议》，对我国大陆地区更具特殊意义。

5. 加快专业认证与注册工程师制度衔接

要将实施专业认证的政府意志转化为高等学校的自觉行动，就必须采取有效措施来调动高等学校的内在动力，而建立与工程教育专业认证相联系的注册工程师制度则是这一问题的关键。教育部《2003~2007年教育振兴行动计划》提出完成"规范和改进学科专业教学质量评估，逐步建立与人才资格认证和职业准入制度挂钩的专业评估制度"的任务。这一任务的提出及实行将极大改善中国大陆工程专业认证现状。在专业认证与注册制度的衔接方面，英美和其他发达国家的普遍做法是规定工程师注册的申请者必须从指定认证机构认证通过的工程专业毕业，另外，由于工程教育专业认证与工程师注册的密切关系，许多国家通过将两者同置于一个工程组织之下的两个部门来分工协作进行管理。《华盛顿协议》签约组织中有近一半是两者兼管的，这些做法将专业认证与工程师注册制度完美地衔接在一起，非常值得借鉴。

6. 我国高等工程教育专业认证的标准

建立工程教育专业认证制度的核心是建立认证标准，认证标准是工程教育的基本质量规范，是学校进行专业建设、自我评价以及专家审阅自评报告和实地视察的重要依据。开展工程教育专业认证，首要的问题就是设计一个科学、严格、客观的认证标准。表3-2列示了我国建议的评估认证标准。

表 3-2 评估认证标准（中国建议）

程序	认证标准	核心评估内容
计划	人才培养方案	方案由高校和企业共同制订，与人才培养目标一致；培养方案注重提高应用能力；培养过程注重工程实践
计划	课程体系建设	符合人才培养目标，建立与理论教学结合的实践教学体系；课程大纲科学、合理
执行	师资队伍建设	生师比、师资结构比例合理，师资质量达到要求；师资队伍建设科学合理
执行	教学条件	专业图书资料、实训设施、专业教学与建设经费都达到合理数量
执行	产学研合作	学术研究与校企联合
执行	教学质量管理	管理组织、队伍结构合理；教学管理及运行正常
评价	工程应用能力	重视工程师关键能力素质培养，毕业论文（设计）符合培养目标
评价	人才培养质量	必要的理论知识、工程应用能力与基本技能、职业综合能力与综合素质
评价	就业与社会声誉	学生评价、毕业生就业率、社会声誉
改善	教学改善	根据以上标准，建立一套反馈系统，发现并解决教学各方面的不足

第四章
高等工程教育质量保障的国际比较

随着17~18世纪工业、商业、航海业的相继发展,为了培养高素质的工程技术人才以促进工业化的进程,各国都相继建立了自己的高等工程教育质量保障体系以适应时代发展对工程技术人才的需求。由于各国发展高等工程教育理念和方法不尽相同,环境和条件也有所差别,其本科院校质量保障体系也展现出不同的特色。借鉴有代表性国家的高等工程教育质量保障体系的主要做法和经验,对完善和创新我国地方高校高等工程教育质量保障体系,具有积极的意义。

一 美国:专业认证和工程化

美国高等教育中也包括工程教育独特的、多样的和专业的庞大体系,并培养出了世界一流人才。美国高等工程教育取得的这些成就,是与其长期以来形成的专业认证制度以及实践能力的培养模式密不可分的。

(一)专业认证制度

美国的工程教育专业认证体系起步较早,其认证的规模较大,产生的影响较为深远，认证制度也发展得比较完备和成熟。可以说，美国工程教育专业认证制度的建立使得美国工程教育的质量得到一定程度的保证和提高，同时也对世界高等工程教育的改革与发展产生了非常重要的影响。

1. 专业认证制度的起源与发展

美国工程教育专业的认证是由美国工程与技术鉴定委员会（Accreditation Board for Engineering and Technology，简称 ABET）这一具有权威性的行业协会的中介组织承担的。ABET 的前身是工程师专业发展理事会（ECPD），于 1932 年在纽约创办，最初是由美国土木工程师协会、美国机械工程师协会和美国电气工程师协会等 7 个协会组成的，在 1936 年进行了首次工程专业认证，第一批获得认证的有哥伦比亚大学、康奈尔大学等高校的相关工程专业。经过 80 余年的不断改革和发展，现已发展成为由 31 个专业和技术性协会组成的联盟。目前，ABET 主要是在工程、技术、计算机、应用科学四大领域的学术机构工程及技术教育方面进行专业认证。ABET 是一个非官方的中介性、非营利认证机构，但其仍然具有公正性与权威性，其专业的鉴定得到了美国教育部、各州专业工程师注册机构以及全美高等教育鉴定机构的民间领导组织——高等教育鉴定委员会（Council for Higher Education Accreditation，CHEA）的双重认可。所以，可以说 ABET 是得到美国官方和非官方机构的承认，得到美国高教界和工程界的广泛认可和支持的全国唯一的工程教育专业鉴定机构。ABET 又是发起《华盛顿协议》的六个工程组织之一，这意味着它的专业鉴定已获得广泛的国际承认。

美国 ABET 的主要职能是评估并开发与学历教育相关的工程专业课程，改善工程教学质量。具体评估标准分为基础层次计划的共同标准、高级层次计划的共同标准和专业计划的标准三个部分。其中，基础层次的共同标准是针对大学本科教育制订的，而高级层次计划的共同标准是针对研究生教育而制订的。基础计划的共同标准有 8 个方面，主要评估学生、教师、设备、教学投入、教学目标和计划等。高级层次计划的共同标准与基础层次的类似，要求有 1 年时间进行高于基础层次的工程课题或研究活动。专业计划标准主要针对教师和课程按 15 个领域分别提出。

ABET 从 2001 年起开始实施 2000 工程评价标准（EC2000），其意义在于促使评估除了关注课程本身及执行状况外，更加注重工程教育的结果。由此教学计划的重点不再是细化课程标准，而是注重教学目标的完成度，即教学成果的量化。ABET 对工程教育的结果的重视顺应了现代工程发展的需要，对国际高等工程教育评估产生了积极的影响。

2. 专业认证的组织架构[①]

ABET 工程教育专业认证的组织架构是一个会员制机构，会员大多来自工程实务界，分为正式会员单位和准会员单位。正式会员单位由美国主要的工程师学会组成，负责对工程有关学科专业进行认证；准会员单位是由对 ABET 的工作有所支持和对教育感兴趣并负责相关专业认证的学会组成。ABET 由所有加盟学会代表和公众代表组成最高董事会，全面负责 ABET 的正常运作，包括拟定和修改章程、政策、认证标准和程序等工作。按职能分工的不同，最高董事会下设工程认证委员会（EAC）、技术认证委员会（TAC）、计算机科学认证委员会（CAC）、应用科学认证委员会（ASAC）4 个认证委员会，认证理事会（AC）、工程咨询理事会（IAC）、国际事务理事会（INTAC）3 个理事会和选举委员会、财务委员会、审计委员会等多个特别委员会。其中，认证委员会负责根据各自制定的专业标准、政策和程序开展评估认证活动，理事会负责就 ABET 的相关政策提供建议；特别委员会负责董事会的日常运作及对外联系工作。其组织结构如下图。

[①] 罗尧：《关于美国高等工程教育专业认证制度的分析与思考》，《长春工业大学学报（高教研究版）》2010 年第 1 期。

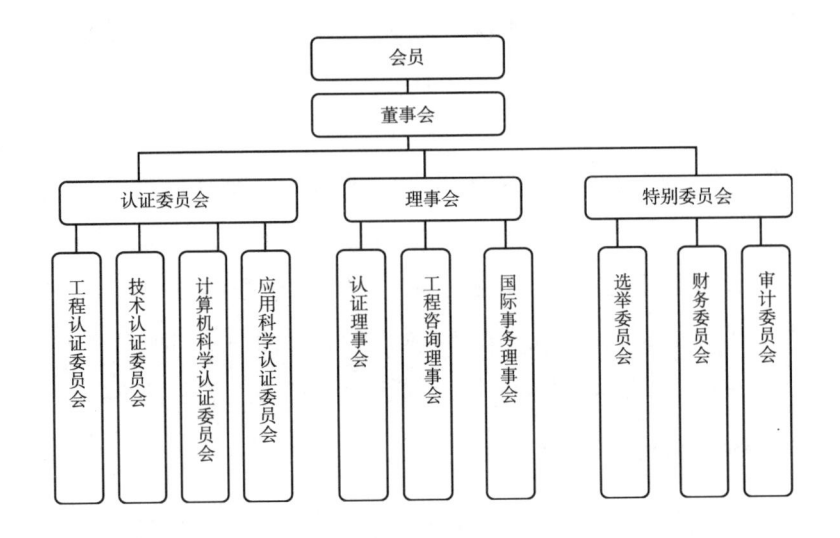

```
                    会员
                    董事会
    ┌───────────────┼───────────────┐
  认证委员会        理事会         特别委员会
  ┌─┬─┬─┐        ┌─┬─┬─┐        ┌─┬─┬─┐
  工 技 计 应      认 工 国         选 财 审
  程 术 算 用      证 程 际         举 务 计
  认 认 机 科      理 咨 事         委 委 委
  证 证 科 学      事 询 务         员 员 员
  委 委 学 认      会 理 理         会 会 会
  员 员 认 证         事 事
  会 会 证 委         会 会
         委 员
         员 会
         会
```

3. 专业认证的程序

美国 ABET 工程教育专业认证的操作程序。ABET 工程教育专业认证 6 年为一个评估周期，其操作程序主要包括自我评估、现场考察、评估报告和认证结论 4 个步骤。认证的典型步骤如下。

（1）自我评估阶段。高校在规定日期前向 ABET 提出某个或某些专业点的认证申请，一旦申请被 ABET 接受，高校便按照相关格式准备各种数据，起草自我评估报告，进行专业自评。其中评估标准有三个：一般水平的总体标准、高水平的总体标准和专业标准。高校可以根据本校专业的水平进行评估，一般从学生、专业的培养目标、专业的基本要求和评价、专业知识的构成、教职员、教学设施、校方支持、资金来源、专业标准等方面进行评估。

（2）现场考察阶段。ABET 遴选出高校现场访问专家组进行访问和现场勘查，详细考察高校的组织架构、学位授予、教学设备、教学环境、毕业生就业情况等，主要是对高校无法在书面自评报告中表述的因素进行定性评估以及帮助高校评价其优势和劣势。

（3）撰写评估报告阶段。评估专家组在实地考察的基础上起草评估报告，并送交被评高校进行核对。被评高校对其错误之处可以进行改正，在必要的时候也可向 ABET 递交补充报告反馈意见。评估专家组再根据高校的反馈意见对评估报告中的错误进行修改并形成最终报告。

（4）认证结论阶段。在形成认证结论阶段，ABET 认证委员会召开会议，根据评估专家组递交的最终评估报告和高校的反馈意见做出认证结论，之后向申请认证的高校通告评估结果，整个认证过程宣告结束。

（二）工程化的实践模式

综观美国高等工程教育的发展历程，其中一个的特点就是"工程化"。工程化就是要求工程教育应该更加重视工程的系统性及其实践特征。美国高等工程教育基于广阔而深厚的工程背景，在大学生工程实践能力培养上有其独特的方法，积累了丰富的经验。

美国最初的工程教育模式是刻板的。为改变这种刻板的工程教育模式，20 世纪 90 年代初，美国开始大胆探索一些全新的综合的工程教育模式。其改革的方向和侧重点都非常明确，即在继续保持数理基础的前提下，着重强调"加强工程实践训练，加强各种能力的培养"，强调"综合与集成，自然科学与人文社会科学的结合，工程与经济管理的结合"。[①]

美国这种培养学生实践能力的模式主要有两种，一种是将实践教学作为重要环节纳入教学课程体系，另一种是通过校企合作来提高学生的实践能力。

（三）将实践教学作为重要环节纳入教学课程体系

美国大学中的实践教学的模式多种多样，有讨论课、辅导课、演讲课、个案研究、实验课、项目研究等。这些课程大多是需要通过小组合

---

① 田逸：《美国大学生工程实践能力培养及其对我国的启示》，湖南师范大学硕士学位论文，2007。

作的形式来完成的。在小组中，每个人可以根据自己的特点和喜好，来选择自己喜欢的角色和工作任务。美国许多大学的专业课中都含有重要的实验内容，题目一般由学生与导师协商确定，可参与学校的学术研究或科研项目，也可通过与公司、研究机构合作，参加公司的工作或研究实践。这样的教育模式可以调动学生的积极性，让学生主动地参与进来并处于中心地位。像案例分析这样的模式，通过现实生活中一些真实的例子假设未来可能面临的问题，让学生独立地思考并通过老师的引导，最终解决问题。在这样的一个过程中，有利于培养学生综合分析问题的能力、团队合作的能力以及大胆创新的能力。有的课程在教室内采用边讲、边实验、边讨论的灵活方式，让学生也成为课堂上的"主动者"。有的还将过去传统的模型实验改为与工业实际联网的模拟仿真实验，更接近于复杂多变的工业实际考虑的问题，更综合、更深化。

（四）通过校企合作提高学生的实践能力

在美国，校外实践的主要方式是产学结合，即大学和企业合作，并由企业提供资金和课题项目，大学提供研究人员进行开发研究，产生的科技成果及时投入到生产领域。在此过程中，企业与大学呈现出"双赢"的局面。企业解决了自己难于应对的技术难题，大学也在得到了更多科研经费的同时，提高了科研能力，并培养了学生的实践和应用能力。在美国教育发展史上，有着以辛辛那提大学为代表和以安提亚克大学为代表的两种基本实施模式，虽然他们的做法有所不同，但是他们都强调学生应该到企业中进行社会实践。安提亚克大学在实施合作教育的70年内，始终不渝地要求在校的每个学生都必须采取"学习—工作—学习"的方式来完成学业。安提亚克大学提倡并实施的是"全人教育"，而合作教育又被看成是培养"全人"的最有效的方式。在安提亚克人眼里，缺乏工作和社会实践经历的人，不可能获得较全面的发展，因而，他们要求每个毕业生都应当具有在多个社会生产领域和部门工作的经验。

二 俄罗斯：变革和多规格

在 18 世纪，随着其工商业及航海业的发展，俄罗斯也逐步建立了自己的高等工科教育体系，出现了独立的工科学院和专业学院。由于时代的局限，这时期的高等工程教育发展比较缓慢。十月革命后至解体前，苏联为了尽快实现国民经济社会主义工业化，加快了高等工程教育的发展步伐。苏联在工业、核技术及航空等很多科学技术领域也取得了举世瞩目的成就，这都归因于其正确的高等工程教育措施。苏联解体后，俄罗斯联邦高等工程教育受到了向市场经济转型的冲击，陷入层层危机之中。但从 20 世纪 90 年代后期开始，俄罗斯又将教育的关注焦点转到高等工程教育上来，力图通过发展高等工程教育培养高素质的专业人才，以使俄罗斯再度步入世界科技强国之列。所以，经过一系列的发展变革，俄罗斯形成了一套自己的高等工程教育质量保障体系。

（一）高等工程教育质量保障的变革

1. 苏联时期的评估制度

由于苏联建立了一套比较完善的高等教育质量评估制度，这一套评估体系在高等工程教育的质量保障方面发挥了巨大的作用，所以苏联的高等工程教育取得了巨大的成功。

苏联的高等教育评估制度主要从两个方面进行评估。一是从国家的角度，即国家评价制度。苏联建立初期，就开始建立了高等教育的监督、检查、评估系统。这种制度的执行机构是苏联高等教育部（简称高教部）。这个机构采用总的领导方式对全国所有高等学校的教学、科研等工作进行国家检查评估。1966 年，苏共中央和苏联部长会议决定在高教部设立"高等学校国家检查局"，并自上而下地建立相应的机构,达到分工明确,以使评估能够顺利进行。一般检查有两种:近期检查和长期检查。近期检查是一年一次,长期检查则是五年一次。二是从学校内部的角度形成的高等学校自我评估制度。1976年,自我评估制度首次在高等学校实施。为此,苏联高教部成立了"组织和方法监督委员会",其主要工作是研究高等学校监督、检查、评估系统的组织结构和标准条例是否合理。1979年高教部颁布了《高等学校监督示范条例》,明文规定了高等学校的自我检查、评估的主要内容:执行国家下达的决议与建议执行情况;教师执行教学计划、完成教学与科研工作的情况;执行校务委员会、校长办公室会议、党务委员会的指示和命令情况;等等。每个高等学校根据这些内容,结合各校自身的情况,拟定自查计划,并分析可能得出的结果,提出可以改进的意见。学校自评活动跟国家评价制度的时间一样,也是每年进行一次小检查,每五年进行一次大检查。

通过这种教育质量评估制度,加强了国家对高等学校的统一指导与管理,提高了高等学校的办学质量,促进了各高校之间的竞争能力,在当时的计划经济体制下对苏联的高等教育起到了积极的作用。

2. 苏联解体后的全面质量管理体系

1991年苏联解体,这对俄罗斯高等工程教育的发展带来了严重的冲击。经过这次阵痛以及十几年的发展探索,俄罗斯逐渐意识到高等工程教育对俄罗斯的迅速崛起及其经济发展的重要作用。随着高等教育的普及,工程教育质量的问题日益引起人们的关注。俄罗斯高等工程教育的质量保障引进了 ISO 9000 – 2000 和全面质量管理体系。为了着力提高与改善俄罗斯高等工程教育的质量,俄罗斯制订了工程教育专业学士与硕士的国家教育标准,并于2002年在俄罗斯工程教育协会的倡议下,建立了技术工艺领域的教育计划职业认证体系。其认证工作主要由俄罗斯工程教育协会下属的认证中心来承担,这是俄罗斯高等工程教育质量保障体系的一个重要组成部分。

（二）高等工程教育的人才培养模式

高等工程教育的人才培养模式由培养精专人才转向培养多规格人才，具体表现在以下两个方面。

1. 专业设置——从精而窄转向厚基础、宽口径

20世纪30年代初，苏联高等工程教育形成了专业数目过多、专业面狭窄的高峰期局面，其所培养出来的专家只能在某一特定领域内工作。虽然在苏联时期国家已经意识到这个问题，并且在1932年进行了第一次大调整，专业数目减少到270多个，后又增加到660多个；1956年进行了第二次专业调整，结果减到272个，此后又不断增加；1987年进行了第三次专业调整，减少到299个，但专业数目就在这种来来回回中反弹。这三次大调整并未改变专业设置过精过窄的实质性问题。1991年苏联解体后，俄罗斯采用新旧并存的方法对高等教育的专业设置进行了变革。俄罗斯国家高等教育委员会于1994年3月5日正式公布了新的培养方向与专业目录。新批准的培养方向89个，专业共计420个。但是国家规定所有学校仍照老办法招生，如果要招收按新方向培养的学士、硕士，则需要校学术委员会讨论上报备案、批准。2000年俄罗斯公布的新的高等职业教育的培养方向与专业目录总数为194个，与1994年的相比，培养方向与专业数的总数在进一步压缩，专业面得以进一步扩展，尤其是技术类（包括工科类），无论是学士、硕士还是文凭专家的培养都不再是窄方向的专业，而是有着更为宽泛的培养方向和专业设置。[①] 俄罗斯联邦高教委员会陆续制订了每个学士培养方向的国家教育标准。

2. 课程模式——从统一化向多样化、实践性转变，注重人文学科

随着经济全球化和劳动力市场化，对人才提出了更高的要求，以

---

① 韩琳：《俄罗斯高等工程教育历史变革研究》，重庆大学硕士学位论文，2007。

前的课程模式不再能够适应这种人才多样化的需求。在课程模式上，俄罗斯逐渐改变以前旧的专业化模式，开始注重"以人为本"，培养人的全面性。苏联时期高等学校一律按统一的教学大纲、统一的教科书、教学内容开展教学活动，培养出来的学生都是相似的，缺乏个性和灵活性。显然，这种刻板的模式不再适应市场经济条件下社会对人才的多样化的需求。2000年，俄罗斯教学法联合会（YMO）按照国家教育标准制订了示范性教学计划，以供各高等学校制订教学计划时参考。当然，高等工程教育也是如此。这样一来，各高等学校可以依据自身的特点和地区的需要制定教学计划，从而打破了过去统一的教学模式，使相应的课程设置具有多样化和灵活性的特点。

在俄罗斯的高等工程教育国家示范性教育计划中，任何一个培养方向的课程都由五大部分组成，即国家考试类基础课程、数学和自然科学性基础课程、职业基础性课程、专业课程和选修课程。前三类又分别纵向分成联邦级、地区级和学生自由选择三个层次的课程板块。本文以土木工程培养方向的四年制学士培养阶段为例来分析其课程设置的情况。

在土木工程培养方向的五类课程中，考试类（A类）基础课程占课时总数的24%，数学和自然科学性基础课程（B类）占总课程的26%，职业基础性课程（C类）占27%，专业课程（D类）占17%，选修课程（E类）占6%。

A类课程包括联邦级、地区级、根据学生选择开设的公共人文及社会经济基础学科三个层次的课程板块。根据国家示范性教学计划规定，联邦一级的课程包括体育、国家史、外语、文化学、政治学、社会学、心理学及教育学、俄语与语言文化、法学、经济学、哲学11门课程。其中明确规定了外语、体育、国家史、法学、哲学、经济学课程的开设时间，其他课程则可根据学校情况选择合适的时间进行安排；地区级和根据学生选择设置的课程属于学校自主设立课程部分，占该类课程学时总数的30%。

B类为自然科学基础性课程，亦分为联邦级、地区级和根据学生选择开设三层次。其中联邦级课程包括物理、信息学、数学、化学、生态学5门，皆必须按规定时间开设；地区级的和根据学生的选择设置的课程由学校自行确定，占该类课程的15%。

C类为职业基础性课程，同样分为三级，其中地区级的和根据学生选择设置的课程占该类课程的约10%。

D类和E类分别是专业课程和选修课程，与前三类课程相比，其在总课程中所占比重较小，尤其是独立分类的选修课只占总课时的6%。但如果将A、B、C类中的按学生选择设置的课程都划为学校或学生可自主确定的课程的话，则学校在课程设置方面已经有了相当大的自由空间。[1]

从航海制造培养方向的课程体系可以看出，目前，高等工科大学正在逐渐转变传统的"窄口径"的专业性教育，进而强调基础科学、基础理论、专业基础知识的基础性教育以及通识教育。在课程的设置上，也将人文学科列入比较重要的地位，内容也相对增多，从而为人才的多样性打下了一个良好的基础。

三 德国：个性差异化与合作

德国高等工程教育的起步与英法等其他欧洲国家相比虽说相对较晚，但是由于受到当时多方面教育思想的影响，同时吸收借鉴当时德国巴黎理工学院的成功做法，使得德国高等工程教育于19世纪下半期迅速崛起。经过20世纪第一次世界大战、第二次世界大战战事的催生和强化，以及1945年后的大力发展，德国高等工程教育有了其独特的特色，被称为德国模式。

---

[1] 韩琳：《俄罗斯高等工程教育历史变革研究》，重庆大学硕士学位论文，2007。

（一）办学形式的质量保障——产与学的结合

德国高等工程教育的办学形式是产学结合。产学结合指理工类的大学采用与企业界、工业界的密切合作，把学生送到企业中，让他们进行一些实际的操作。这种模式使学生能更好地了解工程领域的科研方法，掌握相关产业的最新动态，并结合自己的理论知识和实践经验来面对以后可能出现的问题，同时也培养了学生的综合动手能力。因此产学合作不但是高等工程教育和工程人才的实际需求，也是区别其他类别教育的关键所在。产学结合使直接参与的双方实现利益双赢——对高等工程院校来说，在合作过程中可以用发展的眼光了解社会所需的人才，并把企业的最新成果、技术和工艺引入学校，从而保证学校教育内容能够跟上时代的步伐；对产业界而言，通过产学合作可以为企业的发展注入新鲜的血液，这不但会为企业带来利润，又可提升企业的竞争力。

德国高等工程院校产学合作主要是通过两种方式来进行。一种方式是产学双方人员的交流。德国工科大学会聘请在企业界和工业界具有一定工作经历与经验的高级工程师担任名誉教授。由于这样的教授是一种荣誉和影响力的象征，所以有很多工程师乐意来应聘。并且双方往往会达成一致意见——为了名誉教授头衔不被摘掉，他们必须免费在大学为学生上课。例如亚琛工业大学机械工程系就有 12 名来自各行业的教授。除了在学校内学习理论知识和参加部分实习外，德国工科大学的学生一般还要到校外企业进行为期 3～6 个月的生产实践活动。学生常常利用假期进入企业中参与其科研开发与研究项目，也有很多学生的毕业设计源于企业实践活动。德国企业界把对工程师后备力量的培养当作企业的一种社会责任与义务，所以也较乐意接纳学生参与企业的实践活动。德国高等工程教育产学结合的另一种途径是校企双方建立共同的研究所和实验室。这些机构的人员中，企业界人士占大多数，他们的工资一般都不由学校支付。合作建立研究所、实验室的方式对大学的好处显而易见，对企业也一样，从表面上看好像企业是在无偿为学校服务，但这一过程是企业工程师再学习的过程，无形之中增加了他们从大学获取信息的机会和增强了科研的能力。此外，凭借工程师的在校教学，可直接为企业进行宣传和吸纳其优秀毕业生，同时还可提高企业的知名度。

（二）课程设置的质量保障——理论与实践结合

从课程设置上，德国高等工程教育通过对企业现状、技术与产品未来发展趋势的分析来制订课程，并邀请一定企业界人士共同参与，这也是德国高等工程教育与其他教育系列的区别所在。德国高等工程教育的课程设置一般包括基础学习和专业学习两个阶段，其中专业学习阶段包括实践环节，而实践的内容、方式和考核是由学校和行业共同完成的。基础学习阶段的时间通常是2.5~3年，主要是丰富学生的科学基础知识，学习的内容主要包括数学、自然科学和与今后专业相关的社会与经管知识。只有通过前期考试，才可成为"准硕士"。这并不是一种文凭，而仅仅是进入专业学习阶段的通行证。专业学习阶段主要包括专业课、小组课程设计、实验室工作和毕业设计等内容，在这一阶段实践环节占的比重很大。学生只有圆满完成这两个阶段才能被认为受到了理论及实践两方面的完善教育。德国工科大学明确规定，学生在校期间必须完成一定周时的生产实习。不同的学校或者专业的实习期限有所不同，但有一点是肯定的：只有实习合格，才能参加毕业考试。许多德国工业大学对实践课程都进行了量化要求与规定，从而保证实践性环节的比重，如亚琛工业大学课程设计的学时数为400，实验占总学时的比例为15%（我国清华大学分别为210和8%，仅是前者的一半），这充分体现出德国高等工程教育重视实践环节的程度。[1] 重视实践环节的德国高等工程教育培养出的工程师不但具有扎实的理论基础，同时也兼备熟练和超强的技术执行能力。

---

[1] 张新科：《德国高等工程教育的发展轨迹和模式特征》，《继续教育》2006年第7期。

（三）师资队伍的质量保障——教师与工程师的结合

德国高等工程教育中产学结合的方法之一就是产学双方人员的交流。随着社会的发展和需求的变化，企业对工程人才的要求不断提高，不仅要求其具有系统的理论知识，还要具有实践经历。所以这也对学校教师提出了更高的要求：必须是"双师型"教师（既是教师又是工程师）。这是德国高等工程教育，尤其是应用技术大学对师资的具体和严格的要求。只有这样，才能真正培养出市场需要、企业欢迎的现代工程师。德国高等工程教育的培养目标是培养未来的工程师，这就决定了其人才培养是面向实际工程技术的。这样的培养目标对德国高等工程教育教师的自身素质结构提出了两方面的要求。这种双向要求首先体现在对新教师的聘任上。如上所述，德国工科大学高度重视应聘者在工程技术一线和企业的工作经历（应用技术大学聘请的教授还必须有至少 5 年的企业工作经历）。德国工科大学经常为在校的大学教授和教学科研人员提供与工厂企业界、行业界交流沟通的机会，鼓励他们到项目与生产第一线去了解调查。其次，德国的许多工科大学经常邀请著名的企业到大学来，为其提供场所去推介他们的产品并与之合作科研。还有许多德国工科大学支持与鼓励大学教师在企业中任职，如可以做企业的顾问、咨询专家和董事会成员等。这些大学教授通过直接参与企业的生产活动，可以得到一些实际经验，为他们在课堂上授课带来更深的见解，同时也为培养未来的应用型工程师提供了极大的帮助。

（四）高等工程教育的认证制度[①]

1856 年，德国成立了工程技术权威机构 VDI（Association of Engineers）。VDI 是德国最大的工程师协会和工程技术的权威机构，也是欧洲最重要的工程与工程师组织之一。1999 年，德国工科专业认证

---

① 赵宇新、章建石：《德国工程教育体系及其认证制度》，《科学时报》2007 年 6 月 5 日。

机构（the Accreditation of Bachelor's and Master's Study Programs in Engineering, Informatics, Natural Sciences and Mathematics，简称ASIIN）是在VDI的倡导下，由各大学（应用科技类）、权威的科技协会、专业教育和进修联合会以及重要的工商业组织共同参与建立的非营利机构。2000年制订了认证准则和程序，并获得德国认证委员会的资格认可。2003年建立专家库，并在国际上获得《华盛顿协议》预备组织资格。2004年推行欧洲认证工程项目（European Accredited Engineering Project，EUR-ACE）。EUR-ACE是实现欧洲高等教育区的重要措施之一，目的是建立欧洲体系的工程教育认证。经过ASIIN认证的专业点的毕业生可以获得"欧洲工程师"的头衔。

ASIIN的认证标准主要涉及开设课程的原因、课程、师资和物质保障、质量保障措施、与教学相关的合作项目等。认证标准的制订是基于德国各界人士对于工程教育的期望与要求以及国际工程教育的基本发展趋势。

德国专业认证委员会由工业企业界人士、高专成员和大学成员三个部分组成，这样，就能比较有效地把教育的相关者组织到一起，共同讨论教学和学生培养问题，从而使大学和社会有更为真切的联系，培养出来的人才能更好地满足社会发展的需求。认证过程是有一定的准入标准的。认证委员会的专家会对某个专业的学科基础师资力量和实践环节提出非常具体的意见。譬如，某个教育项目中基础知识的课程设置是否合理，实践学习的时间安排是否合理，等等。讨论意见会反馈给相关部门和人员，并要求该教育项目在规定的时间内达到委员会提出的要求，否则不予认证。这对于教育项目的质量得到基本保障具有重要意义。

四　法国：多元协调化与国际化

在拿破仑时代，法国建立了高等工程教育体系，至今已有200多年的历史。从 18 世纪开始，法国开始出现了工程师学校，并迅速发展起来，最终超越了大学在工程教育领域的地位。而且法国社会对工程师学校毕业生的认可程度很高。法国精英化的高等工程教育体系属于高等教育体系，但又独立于综合性大学的教育体系。高等专业学院在法国高等教育中占有重要地位，其毕业生在法国具有较高的就业率。随着时代的进步和社会的发展，人们更加关注高等工程教育的质量保障。

（一）竞试选拔

当前，法国高等工程教育包括四种类型和层次：大专生、本科生、研究生和继续工程教育。大专层次的教育一般由高级技术员班和短期技术学院承担，本科生和研究生教育主要在高等专业学院进行，继续工程教育由专门的继续教育机构负责实施。[①] 法国高等工程教育的主要目的是培养工程专业人才，其培养类型分两种：一种是培养高级技术员，这是由大学技术学院和高级技术员班负责培养；另一种是培养文凭工程师和工程博士，是由大学负责培养。前者是一种学制两年的短期高等工程教育。后者的种类很多，学制和招生方式不完全相同。一般而言，文凭工程师的培养需要 2~3 年的预备班和 3 年的本科时间；工程博士的培养至少需要 3 年。

法国的高等工程教育是一种精英式的教育，其招生方式必定带有"选拔"和"择优"的性质。其招生途径通常有三种：（1）大学预备班的学生通过选拔考试入学；（2）高中会考毕业生经档案审查和面试入学；（3）短期高等教育毕业生经档案审查入学。[②] 其中第一类的选拔考试最为严格。由于预科班的课程多，学时长，学生要经过两年时间的精心准备来参加大学的入学考试。这种考试由于难度大、竞争强，因此被形象地称为"竞试"。"竞试"由多校联合举行或者学校单独进行，

[①] 张华：《法国高等工程教育的现状分析》，《中国教师》2007 年第 S2 期。
[②] 张华：《法国高等工程教育的现状分析》，《中国教师》2007 年第 S2 期。

最后择优录取。也有部分大学直接招收高中毕业生，如国立应用科学学院，不过入学条件亦相当苛刻，除了查看高中后两年的学习成绩和毕业会考的考试成绩外，考生还必须同学校招生委员会的教师或工程师"面谈"，最终合格者才可被录取，但真正通过"竞试"的幸运者也只占高中毕业生的10%左右。总之，大学一开始就对入学学生的质量进行严格把控，为今后工程师的培养奠定了扎实和良好的基础。

（二）多样化的课程设置

法国大学的工程教育中课程内容具有多样性。大学的课程包括基础和专业理论课、实践课、外语和社会学课三种类型。理论课和实践课的学习一般是在前两年中进行，各占总课时的40%左右，第三年要继续学习少数专业理论知识，另外还要准备毕业设计，并要通过最后的论文答辩。另外大学教育的内容十分重视对外语、法律、经济等方面知识的学习，约占课时总数的20%。除此之外，大学也比较重视学生的体能锻炼。如巴黎理工学校新生入学的考试中还包括体育，学生在校期间会接受400~500个小时的体育课训练。[①] 这里以巴黎理工学校为例来加以说明。巴黎理工学校是一所综合技术学校，隶属国防部。它招收预备班学生，学期3年。第一学年进行军事训练，学生到军营和有关军事技术学校接受训练和预备军官实习。后两年学习科学基础和应用科学，以及人文和社会科学、外语、体育等学科。

如果说巴黎理工学校的教学比较典型，那么，高等电力学校的教学就更具大众性。该校第一年让全体学生共同学习基本理论课程，为预备班学习科学基础打下坚实的基础。第二年分系进行教学组织。第三年更进一步分专业学习。其具体教学计划如下。

第一年共同基础课程有：数学、计算机应用、逻辑组合与布尔代数、物理、应用科学与技术、宏观经济学与微观经济学入门、工程师职

---

① 张华：《法国高等工程教育的现状分析》，《中国教师》2007年第S2期。

业入门研讨、外语。其中应用科学与技术课作为实践教学，学生需要到企业实习。

第二年因为已经分系，所以以能源与控制系为例，该系的课程有：概率与统计、信号理论、固体电子物理、线性系统、电子学、能源、电机与电子的量测及仪器、经济与企业管理、电机安装与安全、外语。其中量测课程需要到企业实习，内容包括仪器、固体物理、线性系统、信号理论、电子与逻辑。

第三年专业划分更细，以电机专业为例，课程有：电机的环境（被动组成部分的材料、主动组成部分、放电与电弧、电弧与接触、超导、机器的计算与构造）；工业应用（转换机器的组装研究、设备、分级—静电补偿、感应发热、机器的数字控制）；变压器（变压器、变电变压器—感应、机器的计算与构造）；机器（常流机器与附件、常流机器的瞬态、专门机器）；同步机器（同步机器、同步机器与电动机）；自动化—电子—资料处理（自动化、微处理机与自动程序、逻辑系列、电机计算的方法与模拟、资料处理中的仪器和量测、电机量测、电子）；不同步机器（不同步机器及附件、线性电动机、不同步机器的波动与控制、不同步机器的计算与构造）；电机设备；外语。其中机器操作、工业电子和机器控制需要到电力和电子企业实习，调整、非线性系统与量测、微计算机到自动化企业实习；电子波动、测温、伸张仪、收集研究需要到量测企业实习。设计工作穿插在这一年中，课题应与实际问题相结合，同时完成书面报告；与工业相关的毕业研究工作，可由两个学生共同开展一项工业研究，到工业企业的实习时间至少要9周。

可以看出，上述两所学校的工程教育的培养模式是：课程较多，任务繁重，多次实习。一年级主要是科学基础课，采用大小班和辅导等教学方式，二年级多为技术基础课，三年级则多为工程技术课。同时，经济、人文和社会科学、外语、体育等教学也占有重要位置，这种课程设置的多样性，保障了学生的基础知识以及以后的实践能力的提高。

(三) 校企合作的实践能力培养模式

工程类的学生走向社会后具有竞争力、不会被社会所淘汰，主要是因为他们具有的能力能够适应现代企业和劳动力市场的需求，而他们具有的能力与学校的教育模式密不可分。工程类的学生最主要的能力是实践能力。在法国，它的高等工程学校与企业保持着密切的联系。学校与企业联系的基本形式为：（1）企业高级管理人员参与学校管理，他们通常占学校管理委员会人员的一半左右，并且他们可以参与学校人才培养方针的制订，讨论课程计划的安排，预测学生毕业的出路等。（2）双方的人员相互交流，学校聘请企业工程师到学校任课，学校教师去企业讲学和举办讲座等；企业为师生们提供实习基地，企业专业科技人员来学校参加研究工作。所有这些都本着相互参与、共同受益、共同发展的原则，调动了产学双方的积极性。（3）企业为学校提供大量经费支持，或是出借、赠送可供教学使用的生产设备，帮助学校开展基础研究和应用基础。（4）学校通过与企业签订科研合同，或是通过技术转让，为企业承担科研任务。[①]

法国高等工程教育的这种产学结合的教学模式，使双方增加了相互了解的机会，也使彼此更加协调，促进了彼此的发展。不过，受益最大的还是学生，这种模式使学生的眼界更加开阔，头脑更加充实，也为他们以后的就业生涯增加了适应性和竞争力。

(四) 高等工程教育的国际化

随着全球一体化趋势的日益加快，教育国际化不仅得到了世界各国高等教育界的接受，同时也受到了法国高等工程教育的关注。法国人认为，运用国际化的观点进行教育改革与国家存亡和未来发展密切相关，当前高等工程教育所培养的人才必须能够主动地、有效地适应当今世界

---

① 张华：《法国高等工程教育的现状分析》，《中国教师》2007年第S2期。

各种变化。因此，法国的高等工程学校经常会接受外国留学生到本校学习，还邀请外国学者来本校进行讲学与学术交流。同时学校也为本国教师提供了更多的去国外讲学的机会，学生出国进修、留学也更方便。通过这种方式，可以学习彼此的文化以及吸收世界上先进的技术，为本国的发展注入新鲜的血液，也使国家工程教育能够与时俱进，同时也使得法国的高等工程教育与世界上各国的工程教育保持了良好的校际关系，还使得在外求学的学生不知不觉中学会了用国际化的视角关注周围的人和事，外语沟通能力也得到了增强。

五 主要特点及启示

（一）各国高等工程教育质量保障的主要特点

1. 世界各国的高等工程人才定位的方向逐渐趋同

虽然世界各国的高等工程质量保障体系各有其独特的一面，但是在人才定位的方向上逐渐趋同。每个国家都有其独特的教育体系，并且各国的经济发展水平也不同，所以各个国家的高等工程教育质量保障体系也会不同；但是随着经济一体化和文化的逐渐融合，他们对人才培养的定位开始趋同。美国人才培养的定位为研发型、技工型、管理型人才，俄罗斯人才培养的定位为研发型、技工型人才；德国人才培养的定位为研发型、技术型兼管理型人才；法国人才培养的定位为项目管理型、企业开创者及管理者、产品研发型人才。

2. 各国工程教育逐渐回归实践性、综合性

以前偏重科学或技术的观念给工程教育造成了缺陷，使得各国工程教育的质量保障必须回归到其应有的实践性、综合性和人文化的要求上来。美国工程界和科学界是最先提出"回归工程"的，由此教育界更加关注德国的严格规范工程师培养的务实工程教育做法和法国的工程师学历教育模式。由于经济的快速发展，对工程教育有了更高的要求，要求人才全面发展，实践能力更加突出，也强调个性化的发展。所以各国的课程设置更加多样化，有的还可以选修一些课程，坚持以人为本。在实践性培养方面，世界各国都很重视工程教育的实践性，大多是采用与企业紧密合作，实现校企合作的协同化，以更好地促进工程教育的发展。如美国的以学校为主的校企合作教育计划、苏联的学校—基地企业培训计划、德国在20世纪60年代末兴起的职业学院模式、英国的工读交替式培训等，他们都是利用企业和社会资源，开展多层次的海内外实习训练，提高学生实践能力和解决实际工程问题的能力。

3. 各国相继建立了各自的认证委员会

对工程人才培养质量的保证与监督是各国教育实施机构以及教育主管部门和社会关注的焦点，为了实现对高等工程教育的人才质量的保障与监督，各个国家相继建立各自的认证委员会。如美国的美国工程与技术认证委员会、英国的英国工程委员会、德国的工科专业认证机构、法国的工程师职衔委员会等。这样的认证制度越来越受到世界的认可，并且在各个国家的高等工程质量保障方面作出了巨大贡献。

4. 各国高等工程教育向国际化发展

高等工程教育国际化是最为突出的一个发展趋势。随着经济全球化的不断发展，各国的高等工程教育也呈现出国际化的特征。高等工程教育的国际化不仅包括教育理念的国际化，还包括教育实施的国际化。教育理念国际化是指在教育培养战略和目标上就把国际化作为现代高等工程教育的重要组成部分，以培养具有国际竞争力的高端人才为目标。教育实施的国际化主要是指在教育模式、教学内容等实际操作的层面上把对学生国际视野和国际开放性的培养作为重点。高等工程教育国际化有很多的解释，如工程师人才培养需要有国际化定位与布局、按照国际标准培养工程人才、保证工程教育质量和获得国际资质机构的认可等。美国、俄罗斯、德国和法国这四个国家的做法更加偏重于后者,所以他们采用了世界上被大多数国家认可的通用标准。欧美等国在课程的国际化方面起步较早,到1998年美国77%的四年制大学已在普通教育课程中开设了至少一门含有国际内容的课程。

(二) 国外高等工程教育质量保障的启示

1. 应重视发挥工程教育专业认证制度的作用

通过专业认证等措施促进高等工程教育质量的提高,是世界各国高等工程质量教育的共同经验。近年来,我国开始着手高等工程教育的专业认证工作。然而我国高等工程教育专业认证工作还处于起步阶段,目前我国对工程教育专业认证的研究还存在很多的不足。如我国高等工程教育体制在某些方面与发展社会主义市场经济还不相协调,与实现高等教育大众化的要求更是不相适应,阻碍了我国高等工程教育的进一步发展。因此,进一步提高我国工程教育质量,使我国培养的工程师得到国际的认可,已经成为我国高等工程教育发展的首要任务。从各国高等工程教育的质量保障体系来看,我国工程教育全面、协调、可持续的发展需要建立国际等效性的工程教育专业认证制度。

从国际经验来看,我国应尽快建立与国际接轨的工程专业评估和专业认证制度。为确保我国培养的工程技术者获得国际认可,有必要建立一套与国际接轨的工程专业评估制度和保持独立客观立场的评估机构。我们需要各方以自觉的精神,选择恰当的方式,召集有相关责任和有权威性的部门,以工程学者为代表,组成一个评估小组,并且这个小组应该得到中央政府的授权,把工程专业评估机构组建起来,自上而下,有规划、有目标、有步骤地展开工程教育评估工作。

2. 校企联合是提高学生工程实践能力的重要途径

实践能力的培养是提高高等工程教育质量的关键,而校企联合是提高学生工程实践能力的重要途径。国际经验表明,高等工程教育应该更加注重学生工程实践能力的培养，然而这种能力的培养需要通过校企合作的方式来进行。只有在高校和工业企业界的紧密合作、互相配合、共同实施中，才能培养出既有基础理论知识，又具有较强工程应用能力的人才。

对照我国的情况，高等工程教育在对学生的工程实践能力的培养方面严重不足。一些学校很少开展工程训练甚至无此环节是导致学生工程实践能力欠缺的重要原因。长期以来，我国高等工程学校与企业界没能形成一种互相合作、相互依存、协调发展的产学研结合的有效机制。此外我国高等学校的办学经费紧缺，导致投入过少，教师的工程实践能力不足，校内工程训练基地建设水平较低等因素，使学生的工程训练大多局限在课堂和实验室，有时在实验室也只能进行虚拟操作，脱离社会生产实际，学生的工程实践能力得不到应有的提高。我国的工程人才大多缺乏实践能力，所以我们应该借鉴其他国家的经验，通过与一些大的企业合作，让学生参与到实践当中，锻炼学生多方面的能力，这是提高我国高等工程教育质量的必由之路。

3. 高等工程教育日益呈现出强劲的国际化趋势

近年来，各国的经济发展呈现出强劲的国际化趋势，高等工程教育质量保障体系的构建也顺应这一潮流。目前，在世界范围内工程领域的发展正逐步形成工程综合化（多学科的综合）、工程一体化（从规划设计到制造服务环环相扣）、工程国际化（竞争和合作的国家化）的特征，加之经济和市场全球化的趋势，要求我们必须积极学习国外先进的高等工程教育经验，提高我们高等工程教育国际化的水平。任何一个国家的发展都不可能是孤立进行的，都需要相互借鉴。"学习先进"在开始时可能就是一种模仿，但很多时候我们就是在模仿中逐步创新的。创新有突破性创新和渐进性创新之分。突破性创新需要有突破性技术的产生，而且往往是建立在渐进性创新的基础上的。所以，我们完全可以在很多方面模仿德国、美国等发达国家的高等工程教育中的先进做法，如引入 ABET 认证体系、引入双元制对校企合作的法律规定等，并使它们能够适应我国发展的体系，最后再在模仿中进行自己的创新，提高国际化水平。同时，要加强国内高等工程院校同发达国家的工程教育的交流与合作，不仅要尝试进行师资、学生的交流与学习，也要进行课程共建、共同办学等方面的尝试，使我们从院校管理、专业建设、课程设置、实习、实验室建设、实训等各方面对发达国家的高等工程教育进行全方位的了解，在充分了解和理智比较的基础上，摸索符合中国国情的高等工程教育改革与发展的方略和思路，也可吸收和引进国外留学生，以更好地提高我们的国际化水平，从而保证我国高等工程教育的质量。

第五章

地方高校高等工程教育质量保障的前提和基础

地方高等院校承担着为促进地方经济社会发展、全面建成小康社会而培养人才的重要任务。随着地方经济社会的持续发展和人民群众接受高等教育需求的不断增长，地方高等工程教育进入了大发展的黄金时期。正确认识地方高校办学的基本定位，系统分析影响高等工程教育质量的因素，科学界定高等工程教育质量保障的内涵及构成，是研究高等工程教育质量保障的前提和基础。

一 地方高校办学的基本定位

高等学校的办学定位是指一所高校根据社会政治、经济和文化发展的需要及自身条件和所处的环境，从学校的办学传统与自身条件出发，在明确自身优势和不足的基础上，确定学校在整个高等教育体系中的战略地位和发展方向。办学定位解决"办怎样的高校"和"怎样办好学校"的问题，对高校的建设与发展具有统领和引导作用，它不仅从宏观上概括学校的办学指导思想、办学理念、治校理念等，而且还对学校的办学规模、办学层次与形式、办学类型与类别等做出方向性选择，引导着学校的改革与发展方向。

我们以为，地方高等院校的办学定位需要把握三个要点：专注性、务实性、本土性。

（一）专注性：以服务地方经济社会发展为己任

目标定位是对学校未来发展趋势、发展方向的科学决策和创新性思考，它要确定高校在高等教育系统中所处的位置。办学目标的确定要根据外部环境与自身特点做出准确的分析。由于我国地域辽阔以及各种历史和现实的原因，经济和文化发展存在较大的不平衡性。这种不平衡性必然造成区域经济社会发展对高等教育存在不同需求。面向地方需求是激活地方高等院校活力的根本所在。因此，地方高等学校首先必须明确服务方向，紧密结合区域经济发展需要和社会需求，认真研究高等工程教育的现实需要，合理定位，找到学校发展和现实需要的结合点，创造出学校自身特色，在人才市场上找准自己的位置。

作为地方本科院校，无论就其历史、现实或其未来发展而言，都与地方区域经济社会的发展具有千丝万缕的联系。它代表了当地文化和科技发展的先进水平，肩负着为地方发展提供人才培养、科技创新、社会服务、文化传承等多项支持的职能。同时，按照我国的现有体制与国情，地方高校直接受地方政府管理，其主要办学经费来自地方支持，其主要的教育市场在于地方。"地方性"决定了它在全国高等院校体系中的地位与"985工程"、"211工程"院校的区别。因此，地方高校在确定自己的办学定位时，既要从整个国家发展战略全局及高等教育布局出发，确定自身在国家经济社会发展中的位置，更要紧密结合地方性特点，确定自身在地方经济社会发展中的地位与作用。在办学方向定位上，要始终坚持以地方或区域经济建设和社会发展为主的服务方向，积极为地方的政治、经济和文化服务，实现学校与地方的双向互动，处理好自身发展与地方发展的关系。只有面向地方，服务地方，把学校的发展与地方的经济、社会、文化等方面紧密结合起来，学校才能得到地方政府和人民更多的支持，学校自身也才能增强活力。

（二）务实性：总体定位于教学型高校

教育的发展必须与社会政治、经济、文化相适应。这个适应是多方面的，包括高等教育结构、现代经济与社会发展的人才结构。高等教育的目的是培养人才，培养人才的结构必须和社会发展对人才需求的结构相同（为什么必须相同？因为经济社会发展对人才的需求是多层次、多类型的），只有这样，高等教育才能更好地发展。[①]

大学的职能涉及四个领域：人才培养、科学研究、社会服务和文化传承。但这四个方面并非所有的高校都能做得到并做得好。因此，根据高校职能的不同，分为研究型大学、研究教学型大学、教学研究型大学、教学型大学。不同类型的大学之间没有优劣之分。类型的区别不是层次高低的区别，而是互补的关系。因此每一个高校在自己所属的类型中都有可能建成一流大学。学校类型的划分正是为了高校之间更合理地分工。

近年来，高校的功能已经分化，有实力的名校可以在教育教学、科学研究和社会服务等方面同时都做得很好，而大多数的地方高校则只能偏重其中的一方面或两方面。近年来，一些地方高校在办学定位上存在着误区，出现了"盲目求大"、"盲目追高"的风气，找不到自身的定位，出现了办学目标趋同化问题。有些学校不管自身实际条件，盲目追求高层次、综合性，攀比升格。一些学校从专科升格为本科院校以后，不是谋求如何提高办学质量，如何把学校办出特色，而是把"申硕"作为首选目标，刚成为本科院校的就要争取成为硕士学位授权单位。还有一些学校以创办综合性大学为目标，不顾自身的历史背景、学科特色及资源结构等实际情况，片面追求专业数量，盲目开办新专

---

① 潘懋元：《我看应用型本科院校定位问题》，《教育发展研究》2007年第Z1期。

业，向综合性、研究型大学靠拢。而社会现实是，由于社会经济的高速发展和技术人才状况的变化，社会急需大量的技术应用型人才。这种人才具有较高的知识层次、较强的技术创新能力，掌握熟练的心智技能，是既能动脑又能动手的应用型人才。地方高校在类型定位上应该更加务实，以办好高质量的教学型大学作为办学目标，以培养应用型人才作为主要任务，在人才的知识结构和能力等方面创造品牌，在竞争激烈的人才市场上取得主动。地方高校的科学研究也要立足于地方的特殊资源和需求。当然，这并不排除一些地方高校个别学科专业在全国领先。有条件的院校也可以举办研究生教育。

（三）本土性：努力创造自身优势与特色

"特色是在长期办学过程中积淀形成的、本校特有的、优于其他学校的独特优质风貌。特色应当对优化人才培养过程、提高教学质量作用大，效果显著。特色有一定的稳定性并应在社会上有一定影响及得到公认。"办学特色是体现一所大学办学水平的标志，它有利于树立学校良好的公众形象，有利于高校在激烈的市场竞争中站稳脚跟并求得发展。

地方高校应结合自身实际，寻求地方需求、地方特色、地方优势，先集中人力、物力和财力发展一些相对强势的学科和专业，再以此带动相关学科和专业的发展，实现特色发展之路。要认真研究区域或行业经济发展对学校在人才培养、科学研究和社会服务等方面提出的要求，紧密结合学校的师资力量、学科专业、管理水平等实际情况，根据地方经济、产业结构和文化资源筹划学科和专业建设及专业设置。在学科建设、专业设置、人才培养方案和课程体系建设等方面，办出地方特色，这是地方高校发挥作用的基础。

地方高校培育和创造特色的主要途径有三个方面。一是通过人才培养打造自身特色。根据地方人才市场的需求，调整专业结构，增设地方经济社会发展急需的新专业，淘汰不符合社会需要的，或已老化的旧专业，着力办好品牌专业，实施课程体系和教学内容改革，强化实践教学环节，并利用资源优势建立长期的实验、实习基地，培养学生的工程实践能力和综合素质。要建立高等工程教育发展与地方社会经济发展之间的密切关系，即工程教育要与地方产业结构调整、社会人才需求和就业方式的转变密切相关，把社会对工程人才的需求转化为对高等教育的需求。二是通过科学研究形成自身特色。地方高校要瞄准地方经济建设主战场，与地方政府及相关部门积极沟通，承接科技攻关课题，并与企业一道，把科技成果快速转化成产品，推动经济的快速发展。三是通过社会服务形成自身特色。服务地方是地方高校最基本的职责和功能，也是高校自身发展的需要。服务社会的过程，也是地方高校自我提升的过程。地方高校要坚持"立足地方，服务社会"的办学思路，主动适应地方经济社会发展需要，积极参与地方的各项经济建设工作，实现与地方的双向互动，为地方政府决策发挥智库作用，为区域经济社会发展发挥助推作用。

二 影响高等工程教育质量的因素分析

这里将影响高等工程教育质量的因素分为投入因素、过程管理因素、环境与政策因素来分析。

（一）影响高等工程教育质量的投入因素

教育输入即产出条件，包括办学方向、培养目标、师资队伍质量和数量、生源质量、教学条件与管理制度等。投入条件是学校实现预先设计的产出质量目标的必要条件，同时也是产出过程能否顺利运行的关键所在。投入条件主要包含下列因素。

1. 人力资源投入

人力资源投入包括生源质量和师资队伍质量。

（1）生源质量。生源质量直接影响培养过程和毕业生质量，是建立高等工程教育质量保障体系需要考虑的一个重要因素。在录取学生时，除了智力因素外，还应该重视学生的非智力因素，以保证生源的质量。

（2）师资队伍质量。师资队伍的质量包括教师的年龄、学历、学缘、职称结构等。要办好一所高校，必须有一支数量充足、结构合理、素质优良的师资队伍。

政府主管部门为了确保教育教学质量，规定了师生比应达到的标准，1∶14为优秀，1∶16为良好，1∶18为合格，超过这一比例的就要给予黄牌警告，限制其招生等。在师资队伍结构上，要求专任教师中具有硕士学位、博士学位的比例≥50%；在编的主讲教师中90%以上具有讲师及以上专业技术职务或具有硕士、博士学位，并通过岗前培训。此外，还要求各专业的教师数量满足本专业教学需要；合理控制班级授课规模，有足够数量的教师参与学生学习辅导。

2. 物力资源投入

物力资源投入包括校舍、设备、其他办学条件等基础设施。教学设备的数量、先进程度、完好率及现代教育技术的应用，关系教学手段的现代化水平及高等院校实践教学的质量。同时，还要有与之相配套的规章制度，保障教学基本设施的合理使用与及时维修，保障教学经费的正常运行与利用。

3. 财力资源投入

高等院校的工科专业具有办学成本高、建设周期长等特征，其教育教学体系的运转需要较大规模的资金投入。学校要保证教学经费在全校总经费中占有合理的比例。要用好有限的教育经费，有计划、有重点、分步骤地加强教学基础设施建设，改善办学条件。[①] 要保证教育教学质量，专业教学和建设经费应达到或高于教育部标准，学校有专项经费投

[①] 《高等学校教学管理要点》，教高司〔1998〕33号。

入专业建设，专业要有一定的自筹经费能力。如果没有一定的经费保障，会直接影响教育教学质量。

4. 信息或技术资源投入

包括图书、课程、教材、教学资料、网络、媒体、教学手段等。教材及教学参考资料方面，要开发既传授理论又培养能力的双功能的、突出知识应用结构体系的教材。要求有相当数量的可利用的专业图书，有相当先进的现代教育设备，电子阅览室和教室能充分满足专业教学需求。

5. 实践教学基地建设投入

实践教学基地包括校内实验、实习、实训基地和校外实习基地。要坚持校内外结合，做好全面规划。实验室建设一定要与学科专业建设、课程建设相匹配，防止分散配置、分散管理、局部使用、低水平重复的低效益建设方式，注意集中力量与条件建设好公共基础性实验室；做好实验室的计划管理、技术管理、固定资产管理和经费管理，改进分配和设备投资办法，提高投资效益，提高设备利用率；组织实验室建设的检查验收。校内实习基地的建设，要突破仅限于感性认识、技能训练的旧模式，使之成为可模拟工业、社会等环境，进行综合教育训练的课内外实践教学基地，同时要改善实习条件，健全实习管理规章制度。建设相对稳定的校外实习基地，努力把实习与承担实习单位的实际工作任务结合起来，做到互利互惠，以取得校外实习单位的支持。[①]

为了保障工程教育的需要，校内应有较为充足的实验实训基地、工程中心、实验室和校办产业资源，其设施先进，技术含量高，具有真实或仿真的工程训练氛围，能满足学生工程能力训练的需要。有一定数量的能满足学生顶岗实训要求的校外实习基地，与基地之间签订有合作协议，制订有年度计划，基地实习指导教师的数量、素质满足实训要求。

---

① 《高等学校教学管理要点》，教高司〔1998〕33号。

（二）影响高等工程教育质量的过程管理因素

教育教学质量保障的重点是强化过程管理。通过制订完善的质量控制流程，以过程保障结果，并通过严格的过程来控制各环节及其最终的输出质量；以量化的指标体系加强过程监控，保证过程管理有章、有序、有理、有据、有果。[①] 过程质量包括学校工程教育的目标定位、教育教学内容的选择、课程体系与培养方案的设计、教育教学计划的安排与执行、教学各环节（课堂教学、实验、实习实训、考核等）的组织、教育教学过程监控、教育教学结果反馈与工作改进等。过程管理因素可分为六个部分。

1. 专业设置与专业建设

专业建设是高等学校的一项教学基本建设，它是指按照既定的专业培养目标和人才培养规格，在师资、课程、教材、实践教学、教学方法等诸多方面进行的建设。[②] 专业建设是教学内涵建设的核心内容，对人才培养质量具有决定性作用。专业设置与建设工作是学校教学活动的起点。高等学校的专业设置应符合经济社会对人才的需求，专业设置数量要适当，专业设置要考虑可行性和前瞻性。

2. 人才培养方案的制订与修订

人才培养方案是学校保障教学质量和人才培养规格的重要文件，是组织教学过程、安排教学任务、确定教学编制的基本依据。它是在国家教委宏观指导下，由各校组织专家自主制订的，它既要符合教学规律，保持一定的稳定性，又要不断根据社会、经济和科学技术的新发展，适时地进行调整和修订。教学计划一经确定，必须认真组织实施。[③] 就工

[①] 廖庆喜等：《高等农业院校工程技术类研究生教育质量保障体系的研究》，《华中农业大学学报》（社会科学版）2007年第3期。

[②] 彭春生、顾松明：《影响高校教学质量的因素分析》，《扬州大学学报》（高教研究版）2004年第6期。

[③] 《高等学校教学管理要点》，教高司〔1998〕33号。

程专业来说，人才培养方案的制订应密切结合现代工程技术发展和企业实际需要，以培养学生的工程应用能力为主线，要以"大工程观"为指导，优化课程体系，不断完善学生的知识、能力、素质结构。

3. 教学方法与内容

教学方法与内容是教育教学质量保障的基本要素。工程类各学科专业具有较强的应用性、实践性和技术性。要研究如何遵循工程集成的要求，推进教学方法的改革和创新，推动探究式学习、基于问题的学习、基于项目的学习、案例教学法等多种教学方式，并实行多样化的、与培养目标相适应的学习效果评价方式，提高学生发现、分析和解决实际工程问题的能力。只有树立以教师为主导、以学生为主体的教学理念，大力改革教学方法、教学手段，才能较充分地调动学生的主动性和自觉性，为学生提供能产生创新思维的良好教育环境。

4. 产学研结合与实践教学

产学合作的程度是影响工程教育教学质量的一个关键因素。高等工程人才培养的实践教学体系要在原来的实践教学基础上，增加企业工程训练，突出实践能力培养和运用理论解决实际问题的能力，积极构建以工程项目为驱动，以实际操作技能训练为基础，以毕业设计（论文）为主线，以提高学生的学习能力、工程实践能力、系统思考和研究能力、团队合作能力、交流能力为目标的实践教学体系。校外实践教学是改革的重点，要采取切实措施，加强教学过程管理，确保学生累计在企业学习一年以上时间的质量。

5. 教育教学管理

教育教学管理是管理者通过一定的管理手段，使教育教学活动达到学校既定的人才培养目标的过程。高校的根本任务是培养人才，这就决定了教育教学管理是影响地方高校教育质量的重要因素，在学校的管理工作中占有重要地位。

影响教学管理质量的因素有：管理人员的素质及管理手段的现代化

水平，管理制度的完善、规范化水平及实施效果等。在教学管理制度建设方面，要制订并完备教学基本文件，包括人才培养方案、教学大纲、学期进程计划、教学日历、课程表、学期教学总结等。要建立必要的工作制度：包括学籍管理、成绩考核管理、实验室管理、排课与调课、教学档案保管等制度以及教师和教学管理人员岗位责任制及奖惩制度；学生守则、课堂守则、课外活动规则等学生管理制度。在教学管理队伍建设方面，应健全教育教学管理组织体系，建立一支专兼职结合、素质较高、相对稳定的教学管理干部队伍。要有计划地安排教学管理干部的岗位培训和在职学习，掌握教学管理科学的基本理论和专门知识，提高管理素质和水平。要结合工作实际，有组织地开展教育科学研究与实验。要创造条件，开展国内外高等学校教学管理人员的相互考察、交流和研修，以便适应管理科学化、现代化的要求。① 在质量控制方面，建立完善的教育教学质量监控系统，包括教学督导组织、教育教学信息反馈系统、教学评估系统、毕业生跟踪调查制度等，实现预防为主、强化人才培养全过程的质量控制目标。

6. 教风与学风

教风是教师的世界观、人生观、价值观、道德修养、知识水平、文化水准、精神面貌的体现，是教师德与才的统一性表现。教风是教师整体素质的核心，它表现在日常教育教学活动中，主要反映在课堂教学、科学研究、人格魅力、敬业精神和教书育人等方面。它要求教师要有全身心投入的教学态度、先进的教学方法。教师要关心爱护学生，在传授专业知识的同时，以自身的道德行为和人格魅力言传身教。

学风是学生在校学习生活过程中表现出来的精神面貌，是学生在校园中经过长期教育和影响逐步形成的行为风尚。学风是一种无形力量，它通过潜移默化的作用方式，对人才培养质量起着重要作用。学风主要体现在校园氛围、学生管理、教育载体、形象表现几个方面。它要求学

---

① 《高等学校教学管理要点》，教高司〔1998〕33号。

生遵守校规校纪，考风良好，主动学习，勤奋进取；以提高创新意识、实践能力和人文素质为目的的各项科技文化活动的参加人数多，效果好。当前，一些地方高校存在学风不够浓厚、学生刻苦钻研和自主学习能力不足等问题。高等工程教育要着力培养学生对国家和社会的责任感，加强对学生献身工程的思想教育，重视对学生团队精神、协作精神和奉献精神的培养。

（三）影响高等工程教育质量的环境与政策因素

环境与政策因素包括政府出台的相关政策与法规、高等教育管理体制、促进产学研合作的政策、社会对高等工程教育的支持等方面。

1. 政府的政策与法规

从国家层面分析，国家制定的有关政策、法规是否适应高等工程教育发展，将直接影响高等工程教育质量。宏观政策要充分体现教育权利平等、教育机会均等、教育规模适度、教育结构合理、教育制度公平，努力缩小地区之间高等教育发展的差距。从地方层面分析，地方政府应确保高等工程教育资源在学校之间、受教育群体之间有效地均衡配置，特别是在学校公用经费、生均经费、教学仪器、图书资料等硬性资源方面，政府应重点投入、优先配置；在师资队伍建设等软性资源方面，地方政府要提供政策支持，为高等院校充分利用国家政策，多渠道、多路径自主培养和智力引进创造条件。

在教育投入政策上，地方政府能否从落实教育优先发展战略，发挥教育的基础性、先导性作用的高度，解决高等教育办学经费的问题，是保证地方高校经费投入的关键。地方政府要从政策制度安排上和财政拨款制度上进行系统设计，在财政预算中留出足够的资金，切实根据各个时期实际的高等教育成本来确立高等教育事业费。并建立起保障教育经费稳定增长的机制，使其不因人为因素而变化。

2. 高等教育管理体制

在教育体制改革不断深化的背景下，如何理顺高校、地方政府、中央政府三者之间的关系，寻求一种有利于宏观管理、分工负责、自主办学的有效机制，对高等教育运行效率具有重要的影响。政府要切实转变职能、政事分开，并建立有效的主导机制。《国家中长期教育改革和发展规划纲要（2010~2020年）》对政府教育管理职能有明确的要求。政府对高等教育质量保障的主导作用，是通过立法、制订标准、统筹规划、拨款资助、过程监控、结果认可等有效机制，对评估活动进行宏观管理、协调和监督。关键是要切实转变职能和实行政事分开，要研究如何利用各方面力量进行宏观管理。将行业能管的交给行业，促进管、办、评分离。一方面，国家教育部和省级教育行政部门要根据"分级管理"的原则，分化、调整对高等教育的职权，分工负责把好高等院校的"入门关"。另一方面，地方政府要切实转变职能，运用立法、拨款、评估等手段进行宏观管理，根据教育部有关规定制订质量标准细则，指导、统筹、协调、检查高等工程教育质量保障活动。

3. 促进产学研合作的政策环境

企业与学校在产学研的相互合作中，可以产生双向受益效应。企业从学校获得智力、技术的强力支持，学校的科研成果可以转化为企业的现实生产力，提升企业的发展水平。学校可以解决实习场地，改善办学条件，获得更多的科研课题项目，丰富教学素材。因此，应建立起学校与企业双向受益的产学研合作机制。目前，高等教育中的产学研合作几乎只是各个高等学校与企事业单位的自发行为，甚至可以说相当多的合作是行业内长期联系的结果，例如某个学院或某个人关系的结果，尚未形成长效机制。

4. 社会对高等工程教育的支持

从一些市场经济比较发达的国家的经验来看，社会力量的参与对高等工程教育的质量保障具有十分重要的意义。作为"政府宏观管理、学校面向社会自主办学"体制的重要组成部分，政府和高等学校都应当高度重视、支持高等教育产出质量的社会保障主体如社会中介机构、行业协会、社会学术团体组织等的发展。强化社会舆论的宣传引导作用，使全民牢固树立支持高等工程教育的大理念并能自觉践行之。通过广泛的舆论宣传，使政府、企事业单位、社会团体、家庭和受教育者充分认识到各自在高等工程教育中扮演的角色和应发挥的作用。让家庭和学生认识到市场经济条件下高等教育的受益者是教育成本的分摊者、投资者，更要让他们认识到教育成本将随时代发展而不断增长。引导和鼓励民间机构、社会团体和个人向高等教育捐资。

三 地方高校高等工程教育实施质量保障的必要性与可行性

（一）地方高校高等工程教育实施质量保障的必要性

质量是大学的生命，提高教育教学质量是高校全部工作的出发点和归宿。地方本科高校构建和完善教育质量保障机制，不仅是高校落实科学发展观，认真贯彻教育部深化本科教学改革，提高教育教学质量系列文件精神的要求，同时也是高校加快自身发展的迫切需要。

1. 是适应社会发展、服务地方经济建设的需要

《国家中长期人才发展规划纲要（2010～2020年）》和《国家中长期教育改革和发展规划纲要（2010～2020年）》等国家纲领性文件，制定了科教兴国、人才强国，以及建设创新性国家，实现中华民族伟大复兴的战略目标。地方高校坚持立足于本地、面向全省、辐射全国，主动为地方经济建设和社会发展服务的地方性办学性质，理应把适应社会发展、服务地方经济建设与推动自身发展有机结合起来，以优良的社会服务争取地方支持，把学校建设成为区域应用型人才培养的重要基地及创新体系建设的重要力量和科技文化信息交流的重要平台。

自改革开放以来，我国综合实力逐步提高，经济建设稳步上升，区域性经济健康快速发展是国家整体经济发展的重要保障。另外,区域性经济发展对应用型人才的需求越来越多,对人才培养质量的要求也越来越高。地方高校为适应这一需求,建立富有特色的教育质量保障体系自然就成为顺应社会潮流的重要举措。

2. 是地方高校应对环境变化与竞争的正确选择

21世纪以来,我国高校面临的国内外环境发生了较大的变化。从国外环境看,高等教育国际化局势将会进一步发展,我国高校与国外高校围绕着人才培养质量、科学研究水平进行的竞争也会愈演愈烈;从国内环境看,自2008年以后,由于我国高中毕业生人数的逐年递减,高校之间围绕优质生源、教学质量、毕业生就业质量、社会声誉等方面的竞争也日趋激烈。因此,地方高校在这种优胜劣汰的激烈竞争中,面临着不进则退的巨大压力。如何在压力中求生存、求发展,是地方高校教学管理者必须思考和解决的问题。而通过构建或完善教育质量保障体系,提高教学管理水平,保障教育教学及人才培养质量,无疑是地方高校的正确选择。

3. 是地方高校提高教学质量的必须

1998年以来,我国高等教育事业迅猛发展,高等教育规模迅速扩大,到2004年毛入学率超过19%,由精英教育阶段进入了大众化教育阶段。之后,仍以强劲的势头实现跨越式发展。2012年9月,教育部在其官方网站发布《2011年全国教育事业发展统计公报》。该公报指出,2011年,全国各类高等教育总规模达到3167万人,位居世界第一,高等教育毛入学率为26.9%。这一了不起的成绩令世界瞩目。但在肯定成绩的同时,还应看到持续扩招所带来的问题。由于教育资源不充分,不少高校尤其地方高校,由于财力、人力等因素的局限,持续扩招致使其办学基本条件下降。因此,如何在高等教育大众化的形势下保障教育质量,做到教育规模与质量的协调发展,已成为地方高校必须解决的问题。

《教育部关于全面提高高等教育质量的若干意见》(教高〔2012〕4

号）从总体要求、政策措施、高校四大功能、体制机制改革、教师队伍和教育经费保障等六大方面，分30条对全面提高高等教育质量提出了意见和要求。其中第十一条强调，"健全教育质量评估制度"。为此，教育部于2011年10月，发布了《教育部关于普通高等学校本科教学评估工作的意见（教高〔2011〕9号）》。教育部高等教育教学评估中心主任季平在研讨会上强调指出："这一新方案，不是为了评估而评估，而是为了建立健全质量保障体系。"因此地方高校为顺利通过教育部合格评估，就必须构建学校内部的教学质量保障机制，并不断完善其教学质量保障体系。

4. 是地方高校自身可持续发展的必须

高校具有人才培养、科学研究、社会服务、文化传承与创新四大职能。其功能可分三个层次：核心功能、基本功能以及扩大功能。人才培养和科学研究，是高校的基本功能，集中反映高校教育的本质特征。高校的核心功能需要通过其基本功能以及以服务社会、文化传承与创新为内容的扩大功能加以体现。因此，必须高度重视人才培养这一基本功能，它是高校的根本任务。再者，人才培养质量直接影响一所高校的社会声誉及生源质量，生源质量反过来又影响人才培养质量，三者构成一个循环。从一定意义上讲，人才培养质量与高校的生存和可持续发展密切相关。在高等教育大众化的趋势下，在高校办学竞争日益加剧的形势下，人才培养质量将决定着一所高校的生存和发展。高校尤其是地方高校要适应以上变化，提高竞争力，就必须牢牢抓住教学这一根基，长期坚持教学中心地位不动摇。这就需要各校根据自己的实际情况完善和创新教学质量保障的长效机制，从制度上加以约束，从理论和实践层面上做好教学质量保障工作。

（二）地方高校高等工程教育实施质量保障的可行性

1. 高等学校教育教学质量工作具有良好的工作基础

近年来，教育部就我国高等教育的发展出台了一系列措施和规划，并对高校的教育教学工作提出了具体要求,明确了高校质量保障建设工作的重点和任务。

《国家中长期教育改革和发展规划纲要（2010－2020年）》明确提出：提高质量是未来十年我国高等教育改革发展的核心任务。为实现这一任务,它对高等教育质量保障与评估工作提出了以下要求:"制定教育质量国家标准,建立健全质量保障体系";"健全教学质量保障体系,改进高校教学评估";"改进教育教学评价。根据培养目标和人才理念,建立科学、多样的评价标准。开展由政府、学校、家长及社会各方面参与的教育质量评价活动";"推进专业评价。鼓励专门机构和社会中介机构对高等学校学科、专业、课程等水平和质量进行评估。建立科学、规范的评估制度。探索与国际高水平教育评价机构合作,形成中国特色学校评价模式。建立高等学校质量年度报告发布制度"。

《教育部关于普通高等学校本科教学评估工作的意见（教高〔2011〕9号）》指出：人才培养是高等学校的根本任务。提高人才培养质量的重点是提高教学质量。近年来,本科教学工作水平评估促进了高等学校质量保障水平的不断提高。教学评估是评价、监督、保障和提高教学质量的重要举措,是我国高等教育质量保障体系的重要组成部分。合格评估要强化高等学校质量保障的主体意识,完善校内自我评估制度,建立健全校内质量保障体系。合格评估的重点是考察学校基本办学条件、基本教学管理和基本教学质量,学校服务地方经济社会发展的能力和应用型人才培养的能力,学校教学改革和内部质量保障体系建设和运行的情况。审核评估重点考察学校办学条件、本科教学质量与办学定位、人才培养目标的符合程度,学校内部质量保障体系建设及运行状况,学校深化本科教学改革的措施及成效。所有经历过本科教学评估的学校都具有良好的工作基础。

2. 地方本科的发展为实施教育质量保障提供了必要条件

通过对河南省地方高校（包括河南工业大学、中原工学院、南阳理工学院、河南工程学院、黄淮学院、新乡学院、黄河科技学院等）

的调查情况看，这些学校具有以下共同特点：办学定位明确；各级领导班子能遵循高等教育教学规律；有以提高教学质量为核心、落实教学工作地位的政策与措施；有一定规模的师资队伍和在校学生；有基本满足学生学习生活所需的校舍、教室、运动场所、图书等硬件设施；均有20年以上的办学历史，形成了一套适合自己的教学管理经验。以上这些特点为地方高校构建或完善教育质量保障体系提供了良好的条件。

四 高等教育质量保障的内涵及构成

（一）高等教育质量保障的内涵

高校教育质量，从宏观层面来看，是指教育任务完成的优劣程度，它包含了受教育者各个方面素质的提高；从微观层面来看，高校教育质量具体表现在学生的学习质量上，如学生的思想、文化科学知识、身体素质以及心理素质变化的程度，最根本的是体现在学生是否能满足社会的需要。影响教育质量的因素是多方面的，包括教师业务水平、教学态度和教学方法，学生的入学基础、智力水平和学习态度，学校教学环境、实验设备等教学条件，教学管理水平，等等。因此，教育质量的达成需要有一个复杂的高等教育活动过程。该过程应包括从招生到培养、从学科专业建设到师资队伍建设、从教育管理到课堂教学质量评价与信息反馈等诸多环节，所以，要提高教育质量，就必须全面考虑影响教育质量的诸多要素，建立和完善一套全面、科学、高效的教育质量保障体系。

教育质量保障体系来源于工商业的全面质量管理思想，即通过对企业生产活动的全过程、全方位和全员参加的质量管理活动，从企业工作的各个方面、各个环节保障产品质量达到或超过顾客满意标准的系统的质量保障方法。质量保障是为了使人们相信某一种产品或服务能够满足既定需要的全部有计划、有组织的活动。对教育质量保障的理解，由于每个学者的研究角度不同，形成了不同的诠释，或从教育质量保障结构方面、或从教育质量保障形态方面、或从教育质量保障运行方面、或从教育质量保障控制等方面去理解教育质量保障的内涵，因而对教育质量保障概念的解释相差较大。如有的学者认为教育质量保障涉及教学决策、标准、评估、培训、政策和执行等，是建立在"教育质量是学校的生命线"这一共识基础上的一整套制度和开展的一系列活动。我们认为，教育质量保障一般有两种含义，一种是动态的，就是有目的的动态管理过程；另一种是静态的，就是按照一定的目标建立起来的教育质量保障的各个子系统，其基本单位就是由输入、过程、输出三个基本要素构成。

高校教育质量保障体系是建立在高等教育质量保障活动和高等教育质量保障机构基础之上的。一套完整的质量保障体系一般可分为外部保障和内部保障两个体系。外部保障体系是指全国性或区域性的专门机构，其成员包括高等教育界与高教界之外的专家，这些机构的主要任务是领导、组织、实施、协调高等教育质量鉴定活动与监督高等教育机构内部质量保障活动；内部保障体系是学校为提高自身教育教学质量与配合外部质量保障活动而建立的组织管理系统，它是以现代人才质量观为指导，以不断变化的社会人才质量要求为标准，以提高教育质量为核心，以培养具有创新精神和实践能力的高素质人才为目标，将教育教学工作的各个环节和各个部门的职能及具体活动，按照职责明确、相互协调、相互促进的要求，合理组织起来，形成一个行之有效、便于操作的科学系统。其中涉及教育质量保障体系的外部环境（信息输入）、教育质量保障的指挥系统（信息输出）、教育质量信息的收集、处理、评估（信息处理过程）和信息的反馈（信息输入）等。内部保障体系主要负责高校内部的教育质量保障活动。高等教育质量的外部保障体系和内部保障体系相互作用，共同实现对高等教育质量予以保障的功能。

所谓高等学校内部质量保障体系，是把分散在高校各有关部门的质量管理职能纳入到一个统一的质量管理系统，在把高校各部门、各环节的工作质量和人才培养质量系统地联系起来的同时，把高校校内质量管理活动和流通领域（人才市场）、使用过程的质量信息反馈沟通起来，从而使得质量管理工作制度化、标准化、系统化，有效地保证人才培养质量，保证高等学校长期、稳定地培养和输送适应经济、科技发展和社会需求的人才，提高高等教育资源的利用效率。

一个有效的教育质量保障体系的构成要素应包括办学的目标定位系统、教育质量的决策与执行系统、教育信息管理系统、教育质量信息反馈系统、教育质量的评价与诊断系统以及质量文化建设等一系列相对独立的要素。

（二）高等教育质量保障体系的构成要素

按照系统论的观点，高等教育质量保障体系是由相互联系和相互作用、具有特定功能的若干要素结合而成的有机整体。构成高等教育质量保障体系的要素包括：保障目标、保障主体、保障客体、保障方法和保障实施载体。

1. 保障目标

保障目标解决"为什么保障"问题。高等教育质量保障的目标是保证和提高高等教育质量，使高等教育满足国家和经济社会对高等教育的需要。高等教育质量保障体系的保障目标应该定位于通过指导、监督、调控高等学校的人才培养、科学研究、社会服务等工作的开展，促使高等教育最大程度地满足国家的政治、经济、文化、科技等方面的需求，并把高等教育对社会经济发展、文化繁荣、科技进步所作的贡献作为衡量的指标。

2. 保障主体

保障主体解决"谁来保障"问题。保障主体是高等教育质量保障活动的组织者和实施者。高等教育质量的保障主体是政府、高等学校和社会。当前,保障主体已经向多元化发展,政府、高校、社会作为保障主体有机结合,共同参与高等教育质量保障。高等学校在质量保障体系中处于基础地位,其提高质量的动机是内在的;而其他保障主体的作用是为高校自我改进与提高提供支持,为高校创造一个良好的制度环境。政府主导高等教育质量保障的发展方向,将质量保障作为推进高等教育发展的手段,其作用主要通过完善政策和法律法规来进行。另一个质量保障主体——社会,在高等教育质量保障体系中发挥着越来越重要的作用。社会通过直接或间接地参加学校管理、组织质量评价活动将社会对人才培养的需求、毕业生就业状况等有关信息反馈给高校,促使高校改进工作。

3. 保障客体

保障客体解决"保障什么"的问题,是指高等教育质量保障活动所指向的对象,即保障的具体内容。高等教育质量具有丰富的内涵,包括学校、专业、课程、教师、学生、教学活动等。人们对高等教育质量有着不同的理解,因此,对高等教育质量保障的内容也有不同的理解。刘永斌认为:"高等学校的人才培养、科学研究、社会服务等活动过程及其结果是高等教育质量保障的客体。"

4. 保障方法

保障方法解决"如何保障"问题,是指高等教育质量保障主体为使保障客体达到保障目标而对其所采取的手段与措施。高等教育质量保障的方法主要有投入支持、立法约束、政策导向、制度传导、评价监督、信息反馈、激励惩戒、舆论影响等。各种保障方法的科学运用是保证高等教育质量的基础和前提。关于保障方法与技术,目前用得较多的是"绩效指标"。然而,高等教育的质量保障活动并不是都能用定量指标来衡量的,经常需要将定量方法与定性方法相结合,才能取得较好的效果。

5. 保障实施载体

保障实施载体是指能够在系统各要素之间运载有用物质,保障系统的"能源供给"。保障系统有序运行的物质——信息，是任何系统有效运行的根本保证，是系统构成的最基本要素。高等教育质量保障信息是各要素相互联系、相互影响的桥梁与纽带。信息支持着整个保障体系的运行。通过信息的交流，质量保障主体不断改进工作，保障并促进客体朝着既定的目标发展。

五 高等工程教育质量保障的内涵及构成

现代高等工程教育质量是一个全面的、系统的概念，必须对人才培养的全过程、各要素统一组织、管理、协调与控制，这种对教育教学全过程、全要素、全环节的组织、管理和控制，就是高等工程教育质量保障的内容。

质量保障体系是较为复杂的，涉及学校的办学理念和定位、质量观、人才培养目标和规格、师资和生源、课程设置与教学方法、教育资源的利用、文化与环境、校风与管理等诸多方面。高等学校在加强内部质量保障体系建设过程中，不应简单地寻求统一的体系框架和内容，也不应简单地模仿或移植其他高校已构建的内部质量保障体系，而应结合自身实际，有针对性地构建最适合自己的质量保障体系。从某种程度上说，最适合的才是最好的。①

笔者认为，一个合理有效的高等工程教育质量保障体系的构成应包括7个方面，即由教育决策指挥系统、教育质量标准系统、教育条件的支持与保证系统、信息收集与处理系统、质量评价与诊断系统、信息反馈系统、校园文化及质量文化建设系统等一系列相对独立的要素所组成。

---

① 季平：《加强质量保障体系建设扎实搞好合格评估工作》，《中国教育报》2012年4月27日。

（一）教育决策指挥系统

健全的组织保障是提高教育质量的组织保证。一套教育质量组织保障系统包括教育决策指挥系统、教育参谋与咨询系统以及教育管理执行系统。

1. 质量决策与指挥系统

决策与指挥系统是促进高校教育质量不断提高、确保教育目标实现的关键。它主要是以高校党委书记、校长、主管教学的副校长、教务处等有关职能部门及各学院主要领导组成的运转灵活、上通下达、权威高效的运行机构，其主要任务是：确立学校整体发展规划、办学定位、教育教学指导思想；教学科研质量保障、各种运行机制相关政策的制定，以及教育质量管理目标的选择；根据社会发展的需求变化，指挥与协调有关部门对办学目标和人才培养模式进行定期评价；制定人、财、物投入的政策和质量标准政策，促进各方面充分发挥潜能，确保人才培养的质量达到预期的目标。

2. 参谋与咨询系统

此系统主要以具有丰富教学经验与教学管理专长的人员组成，其任务是围绕如何保障学校教育质量，积极开展政策研究，为学校制定教育教学质量标准和采取质量保障措施等提出决策依据。

3. 教育管理执行系统

主要由教务处及有关职能部门与院系教学管理人员、教学督导人员等组成。其主要任务是接受决策指挥系统的指令，落实和执行学校制定的各项质量政策，检查、督导教学质量状况。

（二）教育质量标准系统

质量标准系统须确定学校的人才培养标准，即确定人才培养目标，选择与其自身条件相适应的人才培养任务及其方向途径。目标定位是学校层次上的教学质量管理的核心问题，也是其他层次教育质量保障的根据。教育质量保障的目标定位就是要帮助学校从整体上把握自身的优势和不足，合理确定办学目标和人才培养目标。教育质量目标系统通常包含以下几方面。（1）人才培养目标设计的质量：人才培养目标定位、培养模式、培养方案、学科专业改造和发展方向等。（2）人才培养过程的质量：教学大纲的制订和实施、教材的选用、师资的配备、课堂教学质量、实践教学质量、教学内容和手段的改革、考核方式和试卷质量等标准的制订。（3）人才培养结果的质量：课程合格率、各项竞赛获奖率、创新能力和科研能力、毕业率、就业率、就业层次、用人单位评价等。人才培养目标设计质量在此系统中是重中之重，可以说一所高校人才培养宏观目标的设定直接决定着人才培养结果质量的好坏，人才培养结果质量是判断一个学校办学水平高低的重要标志。

（三）教育教学条件的支持保障系统

教育教学条件是保障教育质量的物质基础。学校教学服务部门（如教务处、财务处、后勤处、设备处、学生处等处室）构成教育教学条件保障系统，针对"输入保障—过程保障—输出保障"的机制，经常分析实现教育教学目标所需要的必备条件，提供必要的人、财、物的支持。

一所学校的师资队伍、教学设备、用房等设施，以及教育教学环境等方面的基本情况构成办学条件，办学条件几乎决定着学校的办学能力，而办学能力的高低又是决定办学水平、规模、质量的关键。就人才培养目标的定位而言，人才的培养过程需要人力、物力、财力的支持和良好的教育教学环境。人力的核心是师资队伍，师资队伍的人员结构、思想、学术水平及其整体素质，是高校教育教学工作的支撑点；物力的基础是实验设备、图书资料、教学用房及相关的教学设施，它们是学校正常进行教学工作的物质保障；财力就是指办学经费，学校的发展建设、运营运转均需要经费支持，资金是学校进行教育教学工作的助燃剂；教育教学环境是与教学、科研、服务、管理等诸多因素共同相关的学校整体所营造的教育教学氛围，对人才的培养起着"润物细无声"的潜移默化作用。因此，师资、设施、环境构成学校培养人才的三大支柱，是学校办学条件的核心内容，是体现学校能培养什么样人才的重要指标。

（四）信息收集与处理系统

教育教学信息是教育质量保障系统的基础。没有准确、全面、客观的教育教学信息，就无法保障高校的教育质量。这是由于教育质量保障尤其依赖于信息的完整性、准确性和及时性。该系统由信息收集、教学评估、教学检查三大模块组成。其主要任务是根据教育规章制度、各主要教学环节的质量标准和单项评估方案，收集各种教育教学信息，并及时对收集到的信息进行处理，提供给信息反馈与调控系统，对学校各主要教育教学环节的质量进行系统、有效的监督检查。其具体工作由团委、教务处、教学评估处、督导办公室、学生处等职能部门落实。信息收集主要通过听课、督导检查、学生信息员信息收集、学生评教等渠道进行。

（五）质量评价与诊断系统

质量评价与诊断系统由学科专家、管理专家和有关职能部门组成。它根据学校质量保障和质量管理计划，对"教育输入—教育过程—教育输出"的全过程进行全方位的质量评价、诊断和保障工作。由于质量既表现在教育最终结果即学生的质量上，又表现在完整的教育活动过程的各个方面和各个环节上，因此，只有这些方面和环节各自达到质量标准且相互配合并合理有效，才能保证高等教育的总体质量。为此，对高校人、财、物的投入，对生源质量、教学的全过程及毕业生质量的监控与评价等必须是全方位的，要做到质量监控队伍全员化、质量监控过程全程化、质量监控全方位化、质量评价科学化。

（六）信息反馈与调控系统

信息反馈与处理是信息系统的主要组成部分之一，也是教育质量保障系统的一种特殊功能。该系统由信息反馈和调控两大模块组成，其职能是对信息收集与处理系统收集到的教师教育教学过程、学生学习过程中出现的问题进行分析，并准确、全面、快速地反馈到运行与管理系统及教学落实与实施系统中，以制定调整措施并及时进行调控。对重大教育教学问题要反馈给教育决策与指挥系统，为其做出正确决策提供可靠依据。其具体工作由团委、督导室、教务处、学校办公室、学生工作处及各教学单位分别承担落实。反馈主要是通过校教学督导员信息反馈、学生信息员信息反馈、教师信息反馈、教育教学工作例会反馈等渠道来实现。

（七）校园文化及质量文化建设系统

这里的校园文化是狭义的，主要指校园精神文化建设。它主要包括校园历史传统和被全体师生员工认同的共同文化观念、价值观念、生活观念等意识形态，是一个学校本质、个性、精神面貌的集中反映。校园文化是学校发展的灵魂，是凝聚人心、展示学校形象、提高学校文明程度的重要体现。校园文化对学生的人生观、价值观产生着潜移默化的深远影响，而这种影响往往是任何课程所无法比拟的。健康、向上、丰富的校园文化对学生的品性形成具有渗透性、持久性和选择性的作用，对提高学生的人文道德素养、拓宽同学们的视野具有深远意义。学校宣传部、团委、学生处、保卫处、园林绿化部门肩负着校园文化建设的主要责任，应做好校园文化环境、学习环境、校园秩序的保障工作。

质量是教育教学过程各个活动环节质量的综合反映。教育质量保障系统中任何一个人——教师、管理人员、学生等，其工作和教育教学质量都会不同程度、或直接或间接地影响整体的教育质量。高校是一个独特的社会机构，即"大学是有组织的无政府状态"。在大学的"无政府状态"中，每个人都被看作是独立的决策者：教师决定是否讲授，何时讲授，讲授什么；学生决定是否学习，何时学习，学习什么。这一组织特性决定了高校营造教育质量文化是其内部教育质量保障系统顺利运转必不可少的支持条件。高校质量文化是高校在长期的教育实践中所形成的质量意识、质量价值和质量行为规范的总和，是高校教育质量保障的思想文化基础。营造教育质量文化氛围，需要以学校的教育教学质量标准、相关的支持性文件和程序性文件为核心，通过目标认同、制度约束、活动引导等措施，激发教师的教学热情、学生的学习动机和教学管理人员的监督意识，尤其是学校管理人员的精力投入，使教育教学质量意识渗透于教学和管理的全过程。

综上所述，教育质量保障系统应当是一个完整的体系，质量保障工作应体现在各个环节上。其中，目标系统作为学校的顶层设计，它关系着教育工作各个环节；决策与指挥系统则是直接体现目标系统的最重要环节，它直接根据办学定位指导其他环节工作；信息搜集、处理系统与教学评价、诊断系统是教育质量保障的动力系统。保障教育质量的关键是学校的教育质量保障系统如何调动所有成员的积极性。条件保障是质量保障的前提条件，它是整个体系中各项环节顺利进行的物质基础和保障。质量文化建设系统是为整个质量保障系统营造氛围的一个环节，教育质量文化建设就是要通过一系列的方式营造这种环境，以便使整个系统更加健康地运作下去。

总之，在高等工程教育中，各个系统之间只有相互协调、相互配合，高效率、高质量地运行，才能不断提高高等工程教育教学水平及人才培养质量，实现高校的办学宗旨，体现高校应有的价值。

第六章

地方高校工科类专业质量保障绩效评估方案的设计

实施绩效评估必须依靠科学的评价方法和标准，从而需要对工科类专业质量保障绩效评估方案进行设计。从地方高校的实际情况出发，在理论研究和实践经验的基础上，探讨构建科学、规范、实用的工科类专业质量保障绩效评估方案，对于保障和提高教育教学质量具有重要的意义。本章主要研究地方高校工科类专业质量保障绩效评估方案，包括质量保障绩效评估指标体系、评估标准、评估方法和实施步骤等。

一 工科类专业质量保障绩效评估指标体系的含义

高等工程教育担负着为国家培养工程技术高级专门人才的重要任务。高等教育发展阶段论的创始人、美国学者马丁·特罗（Martin Trow）认为：在高等教育规模的扩张过程中，学术标准——高等学校的教学与科研质量——受到严重的威胁。英国教育家皮特·斯科特（Peter Scott）认为，大众化过程中和大众化之后，随着数量的扩张，教育质量是高等教育自身发展十分关键的、社会各界最为关注的问题。因此,质量是任何一个高等教育大众化国家和地区所共同面临的问题。随着我国高等教育从精英教育向大众化教育的快速转变,由地方政府(或中心城市)支撑兴办的普通本科院校日渐成为我国高等教育事业的一支重要的新生力量,其学校数和在校生数已占我国本科院校的三分之一。因此,地方高校教育的质量保障问题也越来越受到大家的重视。

高等工程教育从本质上来看,属于职业教育的范畴,其本质性的功能是为社会提供人才。高等教育质量保障大体上就是根据预先制订的一系列质量标准与工作流程,要求高校全体员工发挥每个人的最大潜力与自觉性,认真地实施并不断改进教育教学计划,从而达到或超过预定的教育质量目标,一步步地达到学校总体目标的过程。特别值得一提的是,地方高等工程教育院校应结合当地政府政策,立足校情,根据实际情况,在准确把握地方高等教育质量内涵和标准的基础上,树立正确的教育质量观。

(一) 绩效及绩效评估的内涵

评估是指人们为了特定的目的,运用特定的指标和标准,采用特定的方法,对人和事件或事物做出价值判断的一种认识过程。简言之,评估就是通过比较分析对特定的人和事做出主观判断的过程,它是人类社会有意识、有目的的一种认识活动。

绩效,也称业绩、效绩,反映的是人们从事某一活动所取得的成绩或成果。关于绩效的内涵,绩效管理大师 Bates 和 Holton (1995) 认为绩效机构是多维的,而且介于它测量的因素、观测点会有所不同,所得结果当然也是不一样的。一般情况下,我们可以从个体、单一组织和团体这三个层面来对绩效下定义。当然,在不同的层面上,绩效包含的内容、影响因素以及考评方法当然也会有所不同。比如,就高校教师这个个体层面来讲,目前理论界尚未就其绩效问题达成共识。关于绩效问题,在人力资源管理领域有以下三种观点。

第一类是由 Bmedarni 和 Beatty 等 (1995) 提出的"绩效是在特定

的范围内，在特定工作职能、活动或行为上产生的结果记录"。这一定义是注重结果的绩效。Bernadine认为："绩效应该是工作的结果，因为这些工作结果与组织的战略目标、顾客满意度及所投入资金的关系最为密切"；Kane（1996）也指出，绩效是"一个人留下的东西，其与目的相对独立存在"；Rotundo（2000）也倾向于将绩效定义为"个体的行为和行动"。

第二类是由Murphy（1990）等人所提出的"绩效"就是"行为"的观点。Murphy对绩效所做的定义是，"与某个人在其所工作的单位或组织单元的目标有关的一系列活动"；Campbell（1990）等人则进一步明确指出，"绩效本身就是行为，行为作为过程理应与结果分开，因为结果会受系统中因素的影响"；Campbell（1993）将绩效定义为"行为的同义词，它是人们实际的行为表现，是能观察得到的，而不是行为的后果或结果，是过程"；随着研究的开展，Bormann和Motowidlo（1993）等人提出了关于绩效的二维度模型，认为行为式绩效包括任务绩效和关系绩效这两个方面。其中，任务绩效是指"所规定的行为或是与特定的工作熟练有关的行为"，而关系绩效则指"自发式的行为或是与非特定的工作熟练有关的行为"。以上认为绩效不是工作成绩或目标的观点的依据是：首先，有许多工作的结果并不一定是个体本身的行为所致，很可能会受到与工作无关的其他因素的影响；其次，还存在员工中缺少平等地完成工作的机会，而且在工作中的表现也不一定都与工作任务有关（Murphy，1989）。

第三类观点认为："绩效"是"结果"和"过程"（行为）的统一载体。Brumbrach（1988）则依据这一观点直接将绩效定义为"绩效指行为和结果"。Brumbrach认为，"行为是由从事工作的人来付诸实施，将工作任务在行动中体现出来。因此，行为不仅仅是产生结果的过程工具，本身也是结果，更是为了完成工作任务所付出的脑力和体力的结果，并且能够与结果分开进行评判。"这种观点强调，当对个体绩效进行评价时，要从投入（行为）和产出（结果）两方面综合考虑。按照这种观点，绩效评价又可称为绩效考核、绩效考评（Performance Appraisal，Performance Evaluation），是新人事制度及人力资源管理的核心职能之一，是人力资源管理实务工作中的关键环节。Harold Koontz（1955）认为，绩效评价是根据计划完成的程度采取纠正偏差的行动，以促使目标的达成；Kelly（1958）认为，绩效评价可以用来判断某一个人工作贡献的价值、工作的品质或数量以及未来发展的潜能，并据此提供个人为达成其目标所需要的帮助；Edwards（1983）认为，绩效评价是工作系统中评定组织员工之间在工作绩效上的个体差异，或每位员工在其本身不同的工作层面上表现的优劣，相关主管部门会以此作为进行奖惩的依据；Bovee，Thill，Wood 和 Dovel（1993）认为，绩效评价是为评价与员工期望有关的绩效及提供反馈的过程。

（二）工科类专业质量保障绩效评估的内涵

本项研究对地方高校工科类专业质量保障绩效评估的界定主要依据上述第三种观点来进行。我们认为，地方高校工科类专业质量保障绩效评估，主要是指评估主体运用质量保障绩效评估指标体系，遵循评估标准，按照一定程序，通过定量定性对比分析，对一定时期高等学校工科类专业的运行质量、教育教学业绩、人才培养等做出客观、公正的综合评判的过程。

由此可以得出结论，高校工科类专业质量保障绩效评估要对高等学校工科类专业的办学成果以及工作过程进行考察与评价，包括完成的数量、质量、经济效益和社会效益、学科和专业发展的影响和贡献，还包括教师和管理人员的责任心、职业素养、发展潜力等。它根据高等工程教育要实现的总目标，选取相应指标，采取科学合理的评价方法，测评高等学校及其相关专业完成工作情况及其潜在的发展情况。其内涵包含以下三个方面的内容：第一，是对评价内容和影响因素的考虑，即对照事先确定好的工作目标或绩效标准，对被评价学校、院（系）、教研室、实验室、实习基地等教学团队和工作人员的工作绩效来进行鉴定、测评；第二，是对某一个工科类专业教育教学绩效做出判断和评价，即通过采取科学合理的考评方法，评定被评价专业的领导者、专业团队、教师和管理人员所承担的工作任务完成情况、工作职责履行程度以及被评价团队和专业的发展情况；第三，是对绩效评价活动本身的评价。高等院校工科类专业质量保障的绩效评估，更多的应体现源于为实现某专业的人才培养目标而对组织绩效进行的系统思考。它不仅仅局限于单纯的绩效考核评价，而且是作为一种全新的管理理念渗透到绩效评估活动甚至是学校和专业管理的各个环节中，并时刻体现着学校办学的目标定位、大学文化以及价值理念等。

二 工科类专业质量保障绩效评估的功能

工科类专业质量保障绩效评估功能，是指高校工科类专业质量保障绩效评估所具有的作用、能力和功效。在此，笔者从鉴定、诊断、激励、导向和监督等五方面功能加以分析。

（一）鉴定功能

鉴定功能是绩效评估的基本功能，其他功能是在科学鉴定的基础上实现的，只有认识对象才能改变对象。科学的鉴定应该在事实判断之后才做价值判断。鉴定功能是指绩效评估具有认定、判断评价对象合格与否、优劣程度、水平高低等实际价值的功效和能力。由于绩效评估是依据一定的标准进行的，从而决定它对评价对象是否具有鉴定优劣、区分等级、排列名次、评选先进、资格审查等鉴定功能。各个学校就可以根据绩效评估的结论，评判在工程教育质量保障的相关方面做的是否合格、合理，是低于还是高于指标标准，从而找出不足。工科类专业绩效评估的鉴定功能，可为领导决策提供依据，起到促进高等工程教育质量提高的作用。通过评价，根据被评价者达到目标的程度，才能给予恰如其分的不同对待，进行有针对性的指导，促进教育教学质量保障活动的改善；被评估者也只有通过评价，才能确切地了解自己与评价目标的差距，明确自己的努力方向。

（二）诊断功能

绩效评估的诊断功能是其对高校工科类专业建设和人才培养的成效、矛盾和问题做出判断的功效和能力。科学的绩效评估过程是评价者利用观察、问卷、测验等手段，搜集被评价者的有关资料并进行严格的分析。它能够根据评价标准做出价值判断，得出工程教育质量保障活动中哪些环节做得好，应加以保持和提高；也能指出哪些环节存在着问题，找出原因，再针对这些原因提供改进途径和措施。鉴定功能是发现不足，而诊断功能则是帮助我们找到了纠结点，也就是出问题的地方，有助于深层分析得与失的原因，总结成功与失败的经验。如同看病就医一样，只有经过科学的诊断，才能"对症下药"。绩效评估的这一作用使其在提高教育教学质量上具有特殊而重要的作用。

（三）激励功能

工科类专业绩效评估的激励功能是指合理有效运用教育评价，能够激发评价对象的内在动力，调动被评价者的内部潜力，提高其工作的积极性和创造性，从而达到质量保障的目的。因为在被评价对象比较多的情况下，不同的评估结果会使专业与专业、学校与学校之间进行比较，从而给被评价对象带来积极的刺激和有力的推动，从而为学校、院（系）和教师的质量保障工作提供动力。在一般情况下，被评价对象无论是学校还是专业，都有获得较高评价值的愿望。对先进单位和个人来说，评价的结果是对自己过去成绩的肯定与表扬，会对成功的经验起强化作用，使被评价者更加努力、更加主动，以保持并取得更大的成绩。专业评估报告的公开有利于学校间的比较，使学校关注其社会声誉，增强学校的危机感和荣誉感，以刺激学校不断进取。对落后者则是一种有力的鞭策，因为如果仍不努力就会被拉得更远。要发挥这种激励作用，应注意评价指标的制订不可过高或过低。最适宜的指标应定在大多数被评价对象经过努力能够达到的程度，因此必须将条件评价、过程评价和形成性评价有机结合起来。

（四）导向功能

工科类专业绩效评估的导向功能是指其具有的引导地方高校工程专业朝着理想目标前进的功效和能力，这是由评价标准的方向性决定的。因为在教育评价中，对任何被评对象所作的价值判断，都是根据一定的评价目标、评价标准进行的。这些评价的目标、标准和具体的指标，对被评价对象来说，起着"指挥棒"的作用，为他们的努力指引方向。其中的评价目标是由目标制定者根据社会需要而制定的，是评判者对被评价对象应达到的社会价值的反映，也是社会需要的体现。被评价对象必须按目标努力才能达到合格的标准，否则就达不到合格标准，得不到好的评价。通过绩效评估的导向作用，可以引导高等工程教育朝正确方向发展。其功能的充分发挥，在于使教育活动以教育目标为起点，以教育目标的实施过程为关键，以教育目标的最终实现为归宿；在于使教育者与受教育者的工作、学习和行为能够通过评价不断地接近目标、达到目标，使趋向目标的行为得到强化，背离目标的行为得到弱化；在于使教育评价对象思想上产生与形成自觉地按目标的要求和步骤而进行教育活动的意识。

（五）监督功能

工科类专业绩效评估的监督功能是指其具有检查、督促被评价对象的功效和能力。绩效评估指标体系中明确了对各项工作的具体要求，各项工作是否合理，评估体系中都提供了清晰的标准。因此，学校的教师和管理人员不能只是凭着自己的喜好或者是心情行事，而必须要按照一定的标准、要求去做，否则就可能达不到预想的效果。其检查作用主要体现在绩效评估是将被评价对象与评价目标相比较，以确定其是否达到目标以及达到目标的程度；其督促作用主要体现在绩效评估试图找出被评价对象与目标的差距，使其明确以后努力的方向和途径，督促被评价对象朝着评价目标前进。各级教育主管部门就是通过教育评价来实现对下级教育行政部门及学校的宏观管理的。

工科类专业质量保障绩效评估的五个功能是并存的，但并不一定是同时显现的，其功能的呈现要根据评估主体所选择的评估客体来决定。

三 工科类专业质量保障绩效评估方案的构成要素

高等工程教育质量是一个复杂的系统，其质量绩效受到多种因素的影响，因此其绩效评估是一个复杂的系统工程，必须综合多方面的因素进行综合考虑，才能真正客观、正确反映其质量保障活动的绩效。我们认为，高等工程教育院校质量保障绩效评估方案的构成主要由评估主体、评估目标、评估对象、评估指标、评估标准和评估方法等要素组成。

（一）评估主体

工科类专业质量保障评估体系的建设，需要分工协作、共同努力。政府、高校、院（系）和社会中介机构等都是高等教育质量保障的重要力量，因此，都有可能成为高等工程教育质量的评估主体。按照评估主体的不同，高等学校工科类专业的教育教学质量评估可以分为：以教育部为主导的绩效评估、以省级政府为主导的绩效评估、以学校为主导的绩效评估、以社会中介组织为主导的绩效评估，以及高校内部院（系）组织的绩效评估等。但是，不同的主体有不同的职责和任务，所采取的方式手段也应有所差异。

（二）评估目标

不同的评价主体，其评估目标也有所不同。然而，无论何种评估，都要遵循高等教育规律，推进高等工程教育实现"以评促建、以评促改、以评促管、评建结合、重在建设"的目的。

以教育部为主导的绩效评估通过对地方高校工科类专业质量保障绩效评估，旨在从总体上了解地方高校专业教育教学质量状况，分析不同地区、不同高校质量保障活动绩效的差异，为国家教育行政部门对地方政府和高等院校加强宏观调控、实施间接管理、制定教育政策提供依据。

以省级政府为主导的绩效评估，旨在为省级政府了解学校的办学质量和制定教育政策提供依据。地方政府是地方高校的主要出资人，通过对地方高校教育教学质量绩效评估，对学校某些工科专业的教育教学业绩进行客观的评价，考核学校领导者的工作业绩，确定教育经费投入政策。同时，督促高等学校及时总结成绩，发现问题，采取更有效的方法提高教育教学质量。

以社会中介组织为主导的绩效评估，旨在通过对高等学校的学科、专业、课程的水平和质量进行评估，得出具有权威性的评估结论。社会中介组织可以独立行使对高等教育的评估与监控，不受行政干扰，可以进行独立的专业认证，为政府和高校提供专业化的评估服务。近年来，我国在工程、医学等领域积极探索与国际实质等效的专业认证评估。

以学校为主导的绩效评估属于学校自身的内部质量保障活动，旨在及时了解教学单位教学工作状态，促进教学管理工作逐步实现规范化和科学化，以提升其教学水平和人才培养质量，促使学校自身及时调整学科专业布局，提高办学水平和教育质量，增强自我约束能力。随着高等教育管理体制改革的不断深入，高校办学自主权逐步扩大，同时对质量保障的责任也在增大。高等学校通过建立和推行教育教学绩效评估制度，定期或不定期地评判办学成果，有利于形成自主发展、自我约束机制。

院（系）组织的专业评估，旨在自我检查专业建设取得的成效，寻找工作差距及其产生的原因，引导专业建设进行合理定位和科学规划，向学校提出加强专业建设的政策建议，促进院（系）自身加强管理。通过在院（系）层面建立内部质量保障体系和评价机制，持续不断地改进工作，有利于推动教学院（系）形成自我约束、自我完善、自我发展的机制，不断提高教育教学质量和办学水平。

（三）评估对象

工科类专业质量绩效评估的对象是指高等教育质量评估活动所指向的对象，包括学校、专业、课程、教师、学生、教育教学活动等。评估高等工程教育质量的绩效主要是依据学校的各种资料，比如年度工作总结，工作报表，反映学科与专业建设、教学基本建设、师资队伍建设、实验室建设、实习实训基地建设等方面的资料，反映教育教学改革的资料，反映产学研合作的资料，反映人才培养成果的资料等。

（四）评估指标

评估指标是指根据评估目标和评估主体的需要而设计，以指标形式体现的能反映评价对象特征的因素，是高等工程教育质量绩效评估的核心部分。它可以用定量指标反映，也可以用定性指标反映。评估指标是实施工科类专业教育质量绩效评估的基础和客观依据，是绩效评估系统设计的重要问题。

（五）评估标准

评估标准是指评价判断对象绩效的基准。工科类专业教育质量绩效评估标准是对质量保障业绩进行价值判断的标尺。评估标准一般在数理统计方法测试和调整以后确定。随着社会的进步和高等教育的发展，评估标准也会变化。

（六）评估方法

评估方法是获取绩效评估信息的手段。只有借助一定的方法，才能实施对评估指标和评价标准的运用，取得公正的评价结果。如果没有科学、合理的评估方法，评估指标和评估标准就成了孤立的评价要素，也就失去了其本身存在的意义。常用的评估方法包括现场考察、座谈会、问卷调查、现场抽测、听课、资料查阅、资料审核等。

四 质量保障绩效评估指标体系的设计原则

如前所述，工科类专业质量绩效评估指标是高等工程教育质量绩效评估方案的核心，为了确保评估方案的科学性和可行性，对评估指标体系的设计应坚持以下几个原则。

（一）相关性原则

相关性原则是指绩效评估指标体系的构建要与地方高校的专业建设规划有关，绩效评估的有效实施能正确引导地方高等工程教育院校的专业建设行为。首先，绩效评估的目的就是引导、帮助被评估对象实现其战略目标并检验其战略目标实现的程度。因此，在构建评估指标体系时，应从地方高校高等工程教育的发展战略出发，考虑评估指标与战略目标的相关性，从而构建绩效评估指标体系。其次，绩效评估是一个动态的过程。因此，绩效评估指标体系既要与工作结果相关，也要与工作过程相关。评估不是为了评估而评估，评估只是手段，最终目的是保证地方高校的工程教育质量。

（二）可测性原则

指标的可测性是地方高校工科类专业质量保障绩效评估方案设计中十分重要的原则。指标不可测量，评估主体就没有足够的权力去控制它，指标本身也就毫无意义。可测性主要包括绩效评估指标本身的可测性和指标在评估过程中的现实可行性。其中，指标本身的可测性主要通过以下途径实现：一种是设计能直接量化的指标；另一种是设计定性描述的指标，或者是通过设计可测的间接指标来达到量化的目的。现实可行性主要是指能否获取充足的相关信息，或者是主体能否做出相应评估。

（三）重要性原则

指标体系的构建应在所有地方高校工科类专业绩效评估的指标中有所取舍，要重点考虑能有效反映地方高校高等工程教育质量保障绩效的参数。评估不是要做到面面俱到，而是要有主次之分。实际评估中应当从总体上把握评估指标的数量，评价指标的数量不宜过多，否则耗时费力。当然，也不宜过少，过少就难以对工科类专业质量保障绩效的整体性和评估的客观性进行权衡。

（四）实用性原则

绩效评估指标体系的设置和评估方法的选择应当注意实用性。指标的设置做到繁简适中，计算方法简便易行，所需数据易于收集，设计各项评估指标及计算方法要明确。评估方法的选择要注重可操作性、指标的易理解性和有关数据收集的可行性，使所设计的指标能够在实践中较为准确地计量。设计可操作性强的评估指标既要遵从评估目的和要求，也要照顾到客观条件的可能性。评估方法应该有足够的灵活性，使学校能够根据自身特点和实际组织评估活动。

（五）定量指标与定性指标相结合原则

地方高校工科类专业质量保障绩效评估是一个多维的复合系统。虽然定量指标能够客观、清晰地表述绩效,可以制定明确的评价标准。然而,不是所有反映教育教学绩效的因素都能够量化,有很多绩效指标只能是定性的,无法直接以数量的形式呈现,或者说只能通过其他方式如专家评估打分的形式间接转化为数量型参数。定性指标所含信息量的宽度和广度远大于定量指标,可以弥补定量指标的不足和纠正过于强调定量指标对长远的教育教学所带来的负面影响。因此,评估指标的选择既要包括定量分析又要包括定性分析,将定量指标和定性指标有机结合。

五　本项研究强调的几个重点

近年来,国内有关高等学校教学质量评估方案和指标体系的研究成果十分丰富,一些成果已经在教育评估实践中广泛应用。比如,教育部颁发的《普通高等学校本科教学工作水平评估方案(试行)》和《普通高等学校本科教学工作水平评估指标和等级标准》,在第一轮本科教学工作水平评估中发挥了重要作用。2011年,教育部办公厅下发的《普通高等学校本科教学工作合格评估实施办法》(教高厅〔2011〕2号)和《普通高等学校本科教学工作合格评估指标体系》,在新建本科高校的合格评估中使用。分类评估工作近年来得到发展,教育部和一些省级教育行政部门对2000年以来未参加过评估的新建本科高校实施合格评估,对参加过评估并获得通过的普通本科高校实行审核评估,鼓励有条件的高校开展学科专业的国际评估。一些行业组织和研究机构还研制了一些专业的评估方案,比如全国高等学校教学研究中心研制的《高等学校应用化学专业评估指标体系》等。一些地方政府还结合本地实际制定了《普通高等学校本科教学工作审核评估实施方案》。各个高等院校大都结合自身实际制定了《本科教学工作评估办法》和相应的指标体系,并在自评中使用,对保障教育教学质量起到了积极的推动作用。

然而,现有的综合评估方案和指标体系没有考虑不同的学科和专业性质的不同，对工科、理科、经济学、管理学、文学等采用一套评价指标体系，导致不同专业类别之间的评估结果缺乏可比性。迄今为止，笔者尚未见到关于高等工程教育质量评估方案的研究成果。笔者在研究地方高校高等工程教育院校质量保障绩效评估方案时，既借鉴上述研究成果为本项研究提供丰富的资料，又结合高等工程教育的特殊要求进行了创新。

（一）重视先进的工程教育理念的引领作用

树立先进的教育理念是保障高等工程教育质量的基础。本方案对相关人员高等工程教育思想学习、研究和改革的成果进行检测，看学校是否树立了"面向工业界、面向世界、面向未来"的工程教育理念，是否树立了高等工程教育的人才观、质量观和教学观。首先，考察其能否以社会需求和构建创新型国家为导向，注重借鉴发达国家工程教育的成功经验，密切结合学校办学定位和地方经济社会发展对高级工程技术人才和创新人才的需求，深化工程教育与人才培养模式改革和创新，为提升人才培养质量奠定基础。其次，考察其能否在先进的理念指导下，以社会需求为导向，以培养优秀后备工程师为追求，以实际工程为背景，以工程技术为主线，以回归工程实践为重点，着力构建有利于大学生成人、成才、成长的人才培养体系，提高学生的工程意识、工程素质和工程实践能力。最后，考察其是否考虑了专业认证的导向作用，以工程师资格认证为依据，结合学校的办学实践，充分调动校内、企业界、工程界和国内外各种资源，利用校企合作、国际交流的平台，强化学生工程意识、工程素质、工程实践能力、工程设计能力、工程管理能力和创新能力的培养和锻炼。

（二）重视对人才培养方案的评价

人才培养方案是高等学校保证教学质量和人才培养规格的重要文件，是其组织教学过程、安排教学任务、确定教学编制的基本依据，它直接关系到其人才培养的规格和质量，对高等工程教育质量的保障有着重要作用。本项研究注重从四个方面对人才培养方案加以考察。首先，注重考察人才培养方案的制定过程，考察企业是否参加了学校的人才培养方案的论证和设计。高校和企业联合培养人才机制的内涵是学校和企业共同制定培养目标，共同建设课程体系和教学内容，共同实施培养过程，共同评价培养质量。其次，注重考查人才培养目标定位的科学性与合理性。本项研究注重考察专业培养目标和培养标准是否符合通用标准的要求，是否适应行业的要求，是否细化到可观察、可评估的程度；知识能力素质等表述是否清楚，是否具有可操作性以及是否符合培养目标要求。再次，注重考察人才培养方案对人才培养目标的体现与支撑。主要考察课程体系是否符合人才培养目标，是否具有自身特色，是否以工程应用为主旨构建课程和教学内容体系，是否建立了与理论相结合的实践教学体系以及实践教学的时间长短，是否安排一定的企业现场实习与实践。最后，注重考察人才培养模式的改革。主要考察是否以教学内容和课程体系改革为抓手，创新人才培养模式，引导学校改革以往人才培养过程中以灌输式和知识传授为主的教学方法，从而改变学生被动学习的状态。在推进教学方法上，强调要推进研究性教学。在学习方法上，强调学生要主动开展研究性学习；在实践环节上，强调要到企业学习一年左右的时间，面向工程实践完成毕业设计，从而提高学生的实践能力和创新能力。

（三）重视对"双师型"师资队伍建设的评价

高质量的工程教育需要有高水平的师资队伍建设为保障。以往的各种评估方案在师资队伍建设方面关注的重点是生师比、职称结构、学历结构、教师的科研和教学成果等。本项研究在重视师资队伍的一些基本指标的同时，也注重从以下几个方面进行考察。第一，重点关注学校和专业是否建设了一支具有一定工程经历的高水平的专兼职教师队伍，考察有企业工程实践经历的工程类专业教师的人数、来自企业的兼职教师占专业课与实践课教师的比例。第二，考察专职教师是否具有工程设计能力和工程研发能力,尤其是专业负责人在工程研究、项目设计、技术服务等方面的能力。第三,具有丰富实践经验的专家和工程师是否参与本科学生的专业课程教学,是否指导学生企业实习、工程训练、毕业设计等。第四,是否建立了与"高水平工程教育师资队伍"相符合的教师专业技术职务评聘与考核等师资政策。第五,是否制定了"双师型"师资队伍建设规划与保障机制,比如,学校是否有鼓励和支持教师参加工程项目或产学研合作项目、赴企业挂职锻炼和学习进修的措施,并考察其执行情况。

(四) 重视对实践教学和与产学研合作情况的考察

考虑到实践教学和产学研合作对培养高等工程人才的重要性,本项研究重视考察这方面的情况。

对实践教学的考察重视三个环节。其一,实验教学。主要考察实验教学内容是否达到本专业全国教学指导委员会关于专业实验教学基本内容的要求,包括基本实验、提高型实验(综合性、设计性)、研究创新型实验三个层次。考察实验课开出率的高低,综合性、设计性实验的课程占实验课程总数的比例及其效果,实践教学改革是否使学生的实践能力在企业的培养过程中得到提高,是否聘任企业有丰富工程实践经验的技术人员作为学生的企业导师,学生在企业学习、实践是否实行校内和企业双导师制。其二,校外实践教学。主要考察其是否在原来的实践教学模式基础上,安排有一定时间的企业工程训练,是否突出对实践能力和运用理论解决实际问题的能力的培养,是否构建以工程项目为驱动,以实际操作技能训练为基础,以毕业设计(论文)为主线,以提高学生的学习能力、工程实践能力、系统思考和研究能力、团队合作能力、交流能力为目标的实践教学体系。其三,毕业设计(论文)。毕业设计(论文)是培养学生理论联系实际、体现综合分析和解决实际问题能力的重要环节。这一环节主要考察其选题来源于工程实际的情况,"真题真做"的题目所占的比例。

工程教育的目标是培养社会需要的多层次技术人才,而企业是使用各类人才使产品和服务在国际市场上具有竞争能力，并向学校提出新需求的主要机构。为此，高等学校必须面向企业，主动加强校企合作，建立教学与科研紧密结合、学校与社会密切合作的实践教学基地，建设与学校办学规模相适应、数量足够、形式多样的实践教学平台。本项研究将产学研合作情况作为一个重要的考察内容。首先，是否建立了高校与行业企业联合培养人才的新机制，是否形成高校和行业企业间的制度化联系，本科学生是否有一定的时间在企业学习，学习企业的先进技术和先进企业文化，深入开展工程实践活动，参与企业技术创新和工程开发，培养学生的职业精神和职业道德。其次，是否建立工程实践教育中心，能否充分利用企业界、工程界和国内外各种资源，建立稳定的、能满足学生顶岗实训要求的校外实习基地，是否有协议、有计划、有合作教育组织。最后，企业实习指导教师的数量、素质、结构等是否满足实训要求。

（五）强调考察对提高工程应用能力的措施和效果

地方高校高等工程教育培养的人才必须具备较强的工程实践能力。本项研究强调考察对提高工程应用能力的措施和效果。首先，看人才培养方案对提高工程应用能力的重视度，看教学内容是否具有前瞻性，看培养过程是否突出工程实践，看是否遵循工程的集成与创新特征，以强化工程实践能力、工程设计能力与工程创新能力为核心，重构课程体系和教学内容。其次，考察校企合作环节的安排是否有助于提高学生的工程基础能力、个人发展能力、团队协作能力、工程系统能力。最后，实施成效上，从必备的理论知识、工程应用能力与基本技能以及职业综合能力与综合素质三个方面考察。这三方面的观测点也比较多，主要有主要基础课一次及格率、国家英语四级考试二年级末一次通过率、计算机二级考试一次通过率、核心课程实验成绩、学生的创新精神与实践能力、工程应用能力与基本技能、职业综合能力与综合素质以及毕业设计（论文）质量。学生是否具有良好的学习能力、工作能力和创新思维及能力，要通过现场技能抽测来考察。

六 质量保障绩效评估指标体系的设置及标准的确定

本项研究设计的工科类专业质量保障绩效评估指标体系设置了 8 个一级指标加 1 个特色项目，26 个二级指标，72 个主要观测点（见表 6-1）。从表中可以看出，地方高校高等工程教育质量保障绩效评估并非单一的教学质量评价，而是综合性的、全方位的。其主要内容包括高等工程教育理念、人才培养方案与课程体系建设、师资队伍、教学条件、工程应用能力与产学研合作、质量管理、人才培养质量、就业与社会声誉以及专业优势与特色等九个方面。

表 6-1 地方高校工科类专业质量保障绩效评估指标体系

一级指标	二级指标	主要观测点
1. 高等工程教育理念	1.1 高等工程教育理念和人才培养模式改革	相关人员高等工程教育思想学习、研究与改革成果
	1.2 专业设置和专业名称	专业设置与调整
2. 人才培养方案与课程体系建设	2.1 人才培养方案	培养目标定位与毕业生质量标准 人才培养方案总体设计
	2.2 课程设置与课程体系	课程设置与课程体系优化
	2.3 实验教学	实验教学
	2.4 课程大纲	课程大纲
	2.5 教材建设和教材使用	教材建设与选用
3. 师资队伍	3.1 生师比	生师比
	3.2 师资结构	师资职称结构、学历结构、"双师型"教师、企业经历的教师比例
	3.3 师资质量	教师知识、能力与素质，教研科研能力及成果
	3.4 师资队伍建设	师资队伍建设规划与保障机制
4. 教学条件	4.1 教学基础设施	专业图书资料
	4.2 实践教学条件	实训设施
	4.3 经费投入	专业教学和建设经费

续表

一级指标	二级指标	主要观测点
5. 工程应用能力与产学研合作	5.1 工程应用能力与素质教育	工程应用能力设计与素质教育改革 工程应用关键能力与素质教育实施
	5.2 产学研合作	产学研合作情况 产学研合作机制
6. 质量管理	6.1 管理组织、队伍与制度	管理组织、管理队伍、管理制度及执行
	6.2 教学运行管理	教学文件及档案 教学管理及运行
	6.3 质量监控与反馈	教学督导、教学质量监控、教学质量评估与教学信息反馈
	6.4 教学水平	学生评教 教学方法、手段改革 考试改革
7. 人才培养质量	7.1 必备的理论知识	主要基础课一次及格率 国家英语四级考试二年级末一次通过率 计算机二级考试一次通过率 核心课程实验成绩
	7.2 工程应用能力与基本技能	学生的创新精神与实践能力 工程应用能力与基本技能
	7.3 职业综合能力与综合素质	职业综合能力与综合素质 毕业设计（论文）质量
8. 就业与社会声誉	8.1 学生评价	学生评价
	8.2 毕业生就业率	毕业生当年就业率
	8.3 社会声誉	对毕业生的评价 新生报到率
9. 专业优势与特色		—

七 地方高校工科专业质量保障绩效评估的程序与方法

工科类专业质量保障绩效评估既可以从学校层面全面考察工科类专业的建设和人才培养情况，又可以重点评估某一个或几个工科专业的情况。省级教育行政管理部门对学校层面的绩效评估工作可以分为三个阶段，即学校自评、专家组进校考察和考察后的整改三个阶段。学校评估工作的过程及机构设置大体上如图 6-1 所示。

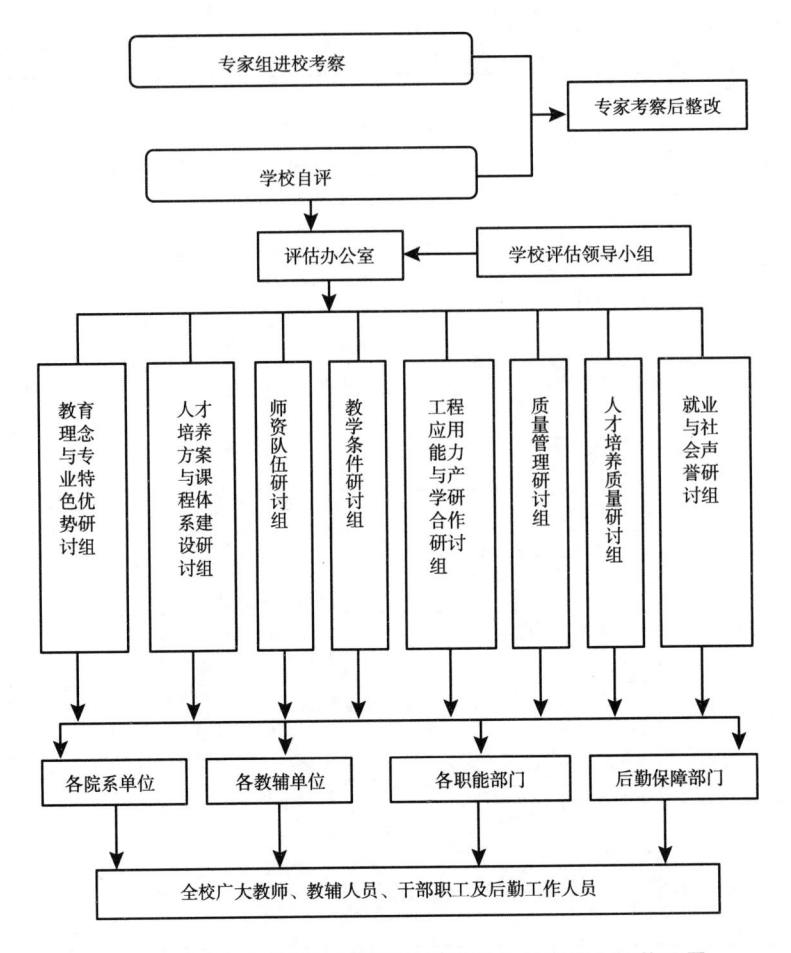

图 6-1 地方高校质量保障绩效评估工作的实施与机构设置

（一）学校（学院）自评自建阶段

自评自建阶段是高等工程教育质量保障评估工作的基础。学校（学院）须认真对照工科类专业绩效评估指标体系，总结学校或专业教学工作经验和特色，找出办学中存在的主要问题和改进措施，切实加强内涵建设，实现以评促建。与此同时，提供相应的背景材料，写出自评报告。通过自评，建立学校（学院）评建工作的正常运行机制，推进学校工程专业的建设与改革，为学校可持续发展打下良好的基础。

自评自建阶段的主要工作环节包括以下几个方面。

1. 明确评估工作的领导和组织
2. 自评自建工作的实施

（1）学习、宣传与动员。

（2）在分析、研究、总结教学工作的基础上，制订自评自建工作计划。

（3）按自评自建工作计划实施细则，进行阶段检查。

3. 完成自评材料

（1）自评报告。撰写自评报告应在评建工作的基础上进行。报告要实事求是、简明扼要，重点突出，并客观、全面、综合地反映专业建设工作和教育教学质量。自评报告的主要内容包括：专业概况、办学基本经验，办学成绩和特色，自评自建工作状况，存在的问题及改进措施，自评结论等。

（2）自评依据。针对"评估方案"要求，正确理解和掌握标准，实事求是地确定评估等级并提供依据。

（3）向专家组提供的主要相关材料和备查资料。

4. 自评自建工作应注意的问题

（1）专业所在学院（系）应有计划地主动开展自评活动，总结成绩、查找差距、分析原因、持续加强教学基本条件建设，加强教学管理，建立并完善校内教学质量保障制度，促进教学质量的稳步提高。

（2）要坚持并保证将接受评估与日常教学工作有机结合和协调开展，确保教学常态，不搞临时突击，不夸大业绩，不隐瞒问题，不造假数据。

（3）学校、院（系）要建立定期的内部评估制度。要重视对存在问题、原因及改进措施的研究，充分发挥专业评估对专业建设的促进作用。

（二）专家组考察阶段

专家组是受省级教育行政部门的委托，在特定时间内，完成对学校工科类专业教学工作考察和评估任务的工作队伍。专家组一般应包括学科专家、教育管理专家，同时聘请一些行业或社会人士参加。专家组工作的主要方式有以下六种。

1. 实地考察

考察学校（专业）的各类基础设施，包括图书馆、体育馆、网络中心、工程训练中心、实验室、教学楼、食堂、学生宿舍等。尤其是要对实习实训基地进行考察。通过考察全面了解学生在学校学习和在企业实习实训各方面的情况。

2. 听课

听课的目的是了解课堂教学（包括实验教学）情况，对教师、学生、课堂、教学内容、教学方法、教风、学风等教学第一线的实际状况有感性认识。专家进校后一般要随机听不同类型的课程，如公共基础课、专业基础课、专业课、实验课；要听不同类型教师的课，如老、中、青教师，教授、副教授、讲师等。

3. 召开座谈会

专家针对需要了解的内容拟出专题，根据专题要求组织不同的人员参加。例如，可组织召开关于学科专业建设、教学质量监控体系的运行、实践教学环节和实验室工作、产学研合作等方面的专题座谈会。也可以召集不同类型人员参加的座谈会，如可组织召开分别由老教师、中青年教师、"双师型"教师、实验室工作人员、教学管理干部、学校督导组、不同专业不同年级的学生等参加的座谈会。

4. 走访调查

走访各院（系）和相关职能部处，深入了解学校（专业）的教学条件、师资水平、教学状态、质量监控以及学校办学指导思想、教学中心地位、制度执行情况等重要信息。对学生、教师进行问卷调查，进行产学研合作问卷调查等。

5. 查阅资料

随机调阅学生毕业论文、试卷、作业、课程设计、实验报告、实习报告等。对毕业论文和试卷要按照一定的标准给出评价等级。查阅学校汇集整理出的各方面资料，如各项指标的评估依据及其支撑材料和补充说明、各类教学文件、会议记录、统计报表等。

6. 总结与反馈

专家组在准确掌握该专业实际状态的基础上，形成评估结论和相关的意见、建议，并向学校反馈。学校（学院）应以学习、开放的心态参与评估，虚心听取专家的意见与建议，共同探讨学校发展中存在的问题，寻求专家的指导与帮助。

（三）整改阶段

整改阶段的基本要求是：在认真分析和研究专家组对学校（专业）本科教学质量保障绩效考察反馈意见的基础上，根据专家组提出的主要问题和建议，结合学校、院（系）、专业的实际，研究并提出整改方案，并组织教师和管理人员认真实施。其主要工作环节包括几个方面。

1. 向教师和管理人员通报专家组评估意见。

2. 研究专家组的反馈意见，提出整改工作的指导思想、基本思路和工作要求。

3. 组织教师和管理人员，特别是各系、教研室等分析、研究专家组对学校本科教学工作的考察反馈意见，集思广益。

4. 制订整改计划。整改工作计划要经过全校（院）师生员工认真讨论，整改工作计划要经领导班子研究批准；整改工作要从客观和总体上把握；整改工作计划要针对性强、操作性强，实事求是。整改工作计划可包括以下主要内容：对整改工作的认识；整改工作的指导思想及基本思路；整改内容、措施与目标；整改工作日程安排（整改项目、整改内容、具体要求、责任人、时间要求等）。

5. 整改工作的验收。验收工作一般由学校组织验收工作小组进行，也可邀请部分校外专家共同完成。验收工作完成后要写出验收报告，并在这个基础上完成整改工作总结。

（四）评估结果的确定

1. 评估结果用等级状态表达式表示，即 $V = aA + bB + cC + Dd$，其中 A、B、C、D 为等级权重，$A = 1$，$B = 0.8$，$C = 0.6$，$D = 0$；a 为 A 级状态分值和，b 为 B 级状态分值和，c 为 C 级状态分值和，d 为 D 级状态分值和，$a + b + c + d = 100$。通过状态分值确定评价等级。

2. 评价指标体系中评估要素带"*"的为核心要素。

3. 专业达到"优秀"必须同时符合下列 4 条标准：

（1）评估要素中无 D 级。

（2）评估核心要素必须为 A 级。

（3）有特色要素。

（4）$V \geqslant 85$。

4. 专业达到良好必须同时符合以下 2 条：

（1）评估核心要素必须为 A、B 级。

（2）$V \geqslant 70$。

5. 专业达到合格必须同时符合以下 2 条：

（1）评估核心要素无 D 级。

（2）$V \geqslant 60$。

第六章 地方高校工科类专业质量保障绩效评估方案的设计

表6-2 地方高校高等工程教育质量保障绩效评估指标体系（72个观测点）

一级指标	二级指标	观测点	状态值	等级标准 A（优秀）	等级标准 C（合格）	说明与评估方法
1. 高等工程教育理念与课程体系建设	1.1 高等工程教育理念和人才培养模式改革	教育理念	1	积极开展高等工程教育思想学习与研究，树立"面向工业界、面向未来、面向现代化"的工程教育理念，树立了高等工程教育的人才观、质量观和教学观	注意开展高等工程教育思想学习与研究，初步树立了高等工程教育的人才观、质量观和教学观	查阅（1）教育思想观念学习讨论的有关记录，（2）学校有关教育教学改革的文件，（3）学校发展规划
		专业建设目标	2	以培养工程应用型人才为导向推进教学改革，着力提高学生的工程意识、工程素质和工程实践能力，效果显著。专业建设定位准确，符合现代工程教育理念	以培养应用型人才为导向推进教学改革，取得一定成效；专业建设定位准确，基本符合现代工程教育理念	查阅目标确定的调研报告（1）专业设置和培养方案（2）专业建设和各项教学改革的思路和措施，与领导和师生座谈
	1.2 专业设置和专业名称	专业设置	1	专业设置主动适应行业发展和地方经济社会需求，并以需求变化为导向适时调整；规范、明确适当，并以需求为导向；专业规划合理并具有可操作性；设有专业建设指导委员会，作用显著	专业设置有行业分析和市场需求分析；有专业的职业面向；专业名称规范；设有专业指导委员会，对专业建设发挥了一定作用	查阅（1）地方、行业、企业人才需求现状分析和未来需求预测，（2）新增专业申报材料，（3）论证的佐证资料，专业建设规划
2. 人才培养方案与课程体系建设	2.1 人才培养方案	人才培养目标定位	2	学校按通用标准和行业标准，制订具有卓越工程师培养的学校经验，以强化工程实践能力、工程设计能力、工程创新能力为核心，培养目标方向明确	培养目标定位基本准确，适应行业发展对人才的需求，培养规格表述明确，具体，具有可操作性；质量标准要求明确具体，具有可操作性	查阅制订（修订）人才培养方案的指导性意见，人才培养方案资料

163

续表

一级指标	二级指标	观测点	状态值	等级标准 A（优秀）	等级标准 C（合格）	说明与评估方法
2. 人才培养方案与课程体系建设	2.1 人才培养方案	培养规格	1	工程人才的培养规格符合行业发展对工程人才的需求，知识能力素质等表述清楚，与培养目标一致，操作性强	工程人才培养的规格基本符合行业发展对工程人才的需求，知识能力素质等表述比较清楚，符合培养目标要求	查阅人才培养方案
		人才培养方案设计	3	高校和企业共同设计培养目标，制订培养方案；人才培养方案以提高工程应用能力为主线，重视优化课程教学内容，改革教学手段，突出应用性，人才培养方案设计科学合理，培养过程突出工程实践	人才培养方案的制订吸取了企业的意见，培养方案注重提高应用能力，注意优化课程教学内容，改革教学方法与教学手段，方案总体设计基本合理，能反映高等工程教育要求	查阅人才培养方案制订和修订过程中的有关佐证材料
	2.2 课程设置与课程体系	课程设置	1	课程体系建设方案符合人才培养目标，有明显的自身特色，有省部级以上优秀课程；以工程应用为主旨构建课程和教学内容体系；课程设置应用下能力的培养：工程职业道德，现代工程意识，创新意识和研究开发能力，分析解决问题能力，组织管理能力，国际交流能力，技术标准和政策法规	课程设置方案基本符合人才培养需要；课程设计体现应用能力导向就业的人才培养特点，结构设计合理，符合培养应用型人才目标要求	查阅人才培养方案和关的支撑材料
		实践教学	2	建立了与理论教学相辅相成，结构和功能优化的实践教学体系，实践教学四年累计 40～45 周	建立了与理论教学相结合的实践教学体系，实践教学四年累计 25～30 周	查阅有关实践教学的安排等资料

第六章 地方高校工科类专业质量保障绩效评估方案的设计

续表

一级指标	二级指标	观测点	状态值	等级标准 A（优秀）	等级标准 C（合格）	说明与评估方法
2. 人才培养方案与课程体系建设	2.3 实验教学	实验教学	1	实验教学任务内容在达到本专业全国教学指导委员会关于实验教学基本内容要求，实验教学包括基本实验、提高型实验（综合性、设计性）、研究创新型实验三个层次	基本达到本专业全国教学指导委员会关于本专业实验教学基本内容的要求	查阅资料（1）实验教学大纲、实验指导书、实验教材、实验记录等资料，（2）近二年学生实验报告、实习报告、课程与毕业设计成果、实验课成绩单
		实验开课率	2	实验开课率达到教学大纲要求的95%以上	实验课开课率达到教学大纲要求的85%以上	
		综合性实验	1	有综合性、设计性实验的课程占总数的比例≥80%，效果较好	有综合性、设计性实验的课程占总课程数的比例为50%～60%，效果较好	实地考察实验室，查阅实验记录资料，与师生座谈
		实验教材	1	有自编的或选用正式出版的实验教材和有关教学参考书	有实验教材	
	2.4 课程大纲	教学大纲	1	所有课程均有科学、合理、规范的教学大纲	多数课程有较规范的教学大纲	查阅（1）课程标准、课程大纲，（2）各学期教学计划执行情况资料，（3）教学进度表、教学任务书、课程表等
		实验实训大纲	1	实验实训大纲齐全，有创新，适用性强	实验实训大纲比较齐全	
	2.5 教材建设和教材使用	教材建设与选用	1	优先选用国家规划教材，省部级以上获奖教材和近三年出版的高水平新教材，上述教材采用率≥70%，使用效果好	选用一定数量的国家规划教材，面向21世纪规划教材，省部级以上获奖教材和近三年出版的新教材，上述教材选用率≥30%	查阅专业及专业基础课教材、实验（实训）指导书、CAI课件等

续表

一级指标	二级指标	观测点	状态值	等级标准 A（优秀）	等级标准 C（合格）	说明与评估方法
3. 师资队伍	3.1 生师比	生师比	1	学生：教师≤16:1	学生：教师≤18:1	查阅(1)近三年折合在校生人数、全日制在校生人数，(2)近三年全校师资队伍花名册，(3)近三年全校专任教师花名册，(4)当年全校外聘教师花名册，(5)当年全校年底生师比
		"双师型"师资比例	2	"双师型"教师比例达到50%以上	"双师型"教师比例达20%	
		职称结构	1	具有副高级及以上职称的教师≥70%	具有副高级及以上职称的教师≥30%	查阅教师花名册及其相关资料
	3.2 师资结构	学历结构	1	具有硕士及以上学位的教师≥80%，其中博士研究生及以上学位的教师≥50%。青年教师(≤35岁)中研究生及以上学历≥90%	具有硕士及以上学位的教师≥30%，青年教师(≤35岁)中研究生及以上学历≥50%	青年教师指35周岁以下(含35岁)教师。计算其学历结构时，必须是已经取得研究生学历或硕士学位者，否则不预计入
		企业师资	2	从企业聘请有工程经验的教师和工程技术人员担任兼职教师，来自企业的兼职教师占专业课与实践课教师数之比≥30%，兼职教师注重研究教学，教学效果好	有一支符合专业教学、能够满足实践教学需求的兼职教师队伍，来自企业的兼职教师与实践课教师数占专业课数之比达到10%	查阅(1)兼职教师花名册及支撑材料，(2)反映教师工程背景的资料，(3)反映授课人员实习实训指导的资料

第六章 地方高校工科类专业质量保障绩效评估方案的设计

续表

一级指标	二级指标	观测点	状态值	等级标准 A(优秀)	等级标准 C(合格)	说明与评估方法
3. 师资队伍	3.2 师资结构	实验教师学历结构	1	实验教师中具有研究生学历或高级职称的人员占总人数的60%以上	实验教师中具有研究生学历或高级职称的人员占总人数的40%以上	查阅近三年实验教师花名册及相关资料
		实验技术人员数量	1	每1.0万实验教学人时数配有1名实验技术人员。实验技术人员素质良好,队伍稳定;新增实验技术人员应具有本科及以上学历	每1.5万实验教学人时数配有1名实验技术人员	
	3.3 师资质量	专业负责人	2	专业负责人具有教授职称,在工程研究、项目设计、技术服务等方面有较强的能力,主持有国家级科研项目	专业负责人具有副教授以上职称,具有一定的工程背景,其知识能力素质符合专业要求,承担有省部级科研项目	查阅专业负责人的支撑材料,促进教学的典型事例
		教师工程研究和设计成果	1	有较为丰富的工程研究和设计成果	有工程研究和设计成果	
		教研科研能力及成果	1	教学团队有较强的科研实力,专业教师每年都有省部级及以上科研成果;教师人均公开发表SCI/EI收录的科研论文不少于1篇(项)	专业教师每年都有地厅级以上的有关科研成果,人均公开发表科研论文不少于0.3篇	查阅科研课题统计(包括课题名称、负责人、经费、结题报告、论文、获奖情况等),科研论文一览表和支撑材料
		教研成果	1	专业教师主持或参与多项省部级及以上教学研究项目,有鼓励教学改革和研究的政策与措施,有教育教学改革论文发表,有省部级及以上教学成果奖并有推广应用	专业教师近三年主持或参与了教研项目,有反映教学改革的措施、政策和制度,有省部级及以上教学改革成果,有成效	查阅(1)获得的各级质量工程项目的支撑材料,(2)反映鼓励教学改革的文件、制度,(3)取得的教学成果支撑材料

167

续表

一级指标	二级指标	观测点	状态值	等级标准 A（优秀）	等级标准 C（合格）	说明与评估方法
3. 师资队伍	3.4 师资队伍建设	技术服务政策	1	有鼓励工程类学科专业教师参与工程项目设计、专利、产学合作和技术服务的措施，实施成效好	工程类学科专业教师自发参与了工程项目设计、专利、产学研合作等	查阅（1）相关资料，（2）相关制度及实施效果资料
		教师企业培训制度	2	制定了教师到企业挂职培训制度，教师定期或不定期到企业参加工程实践活动，以及教师在企业兼职或挂职	安排教师不定期到企业参加工程实践活动，以及教师在企业兼职或挂职	查阅教师培训进修记录，总结和经费投入情况，（3）师资队伍培养计划，反映教师年度培养情况的支撑材料
		青年教师培养政策	1	有符合实际的青年教师培养计划（包括工程训练），有鼓励青年教师担任教学工作，措施得力、效果明显，提高教学质量	有青年教师培养计划（包括工程训练），有鼓励青年教师担任教学工作，提高教学质量的政策、措施	
4. 教学条件	4.1 教学基础设施	专业图书资料	1	有相当数量的可利用的专业图书，生均专业图书量（含电子期刊）≥70册；年生均专业图书进书量≥3册（专业期刊每期按1册计算）	有可利用的一定数量的专业图书，生均专业图书量（含电子期刊）≥50册；年生均专业图书进书量≥2册（专业期刊每期按1册计算）	（1）既要检查专业图书藏量，又要检查新增量和流通量；（2）检查实验实训基地等实践教学条件的运行情况；（3）检查近两年开出项目记录和实验、实训基地现场，与教师、学生、企业人员座谈
	4.2 实践教学条件	实训设施	3	校内有较为充足的实验实训基地，工程中心、实验室和校办产业、实验设备及实习基地资源，实验实训基地设备能满足实验、实训基本的工程训练和因材施教的实践教学要求	校内实验实训设施基本满足工程训练需要，实验设备及实习基地基本能满足实验、实训基本的工程训练和因材施教的实践教学要求	

168

第六章 地方高校工科类专业质量保障绩效评估方案的设计

续表

一级指标	二级指标	观测点	状态值	等级标准 A（优秀）	等级标准 C（合格）	说明与评估方法
4. 教学条件	4.2 实践教学条件	生均教学科研仪器设备	1	≥10000 元	≥5000 元	查阅(1)教学实验室设置一览表，(2)教学实验室面积统计表，(3)教学实验室实验用房面积分布平面图，(4)教学实验室开放情况统计表，(5)教学实验室仪器设备统计表，教学科研贵重仪器设备使用情况报表，近三年800元以上教学科研设备生均值统计表，开出的实验教学项目统计表，(6)实践教学管理规章制度，(7)实习基地情况一览表，(8)实习基地面积统计表，(9)实验实习实训基地建设规划
		教学科研仪器设备总价值	1	教学科研仪器设备总价值≥500 万元，当年新增仪器设备费≥50 万元	教学科研仪器设备总价值≥100 万元，当年新增仪器设备费用增量≥10%	
		校外实习实训基地	2	充分利用企业界、工程界和国内外各种资源，建立了稳定学生实训基地，企业实岗实训要求的教育组织，有计划，有指导学生感满足实训要求	有校外实习基地，有协议，有计划，有指导人员基本能满足实训要求	
		实验室开放	1	本专业实验室开放时间长，范围及覆盖面广，效果好	本专业有开放的实验室	
		基础课每实验组人数	1	基础课实验中基本实验操作1人1组，仪器每组人数≤2人	基础课实验中基本实验操作1人1组	
	4.3 经费投入	专业经费投入	3	生均年教学运行经费≥1000 元	生均年教学运行经费≥500 元	

续表

一级指标	二级指标	观测点	状态值	等级标准 A（优秀）	等级标准 C（合格）	说明与评估方法
5. 工程应用能力与产学研合作	5.1 工程应用能力与素质教育	工程应用能力培养	2	工程应用能力培养后备工程师的要求，力为本位和全面素质教育能力，素质教育设计充分体现培养要求，坚持以工程应用能力为本位和全面素质教育思想，工程应用能力、素质教育设计思路清晰，认识深刻，在专业教学中得到突出体现	工程应用能力、素质教育设计能体现改革精神，重视工程师关键能力、素质培养，在专业教学中有专门设计的环节	评估组专家根据人才培养方案和实际执行情况资料进行评价
		职业素质教育	1	开设了有关职业素质教育课程，教师对职业能力与素质教育准确领会，并贯穿于教学全过程，成效显著	开设了有关职业素质教育课程，在教学过程中有培养职业能力与素质教育的环节，并取得一定成效	查阅人才培养方案，抽查听课，到企业实习执行情况地了解情况
		毕业设计与总体质量	2	毕业论文与设计选题符合培养目标的要求，能达到综合训练的目标；毕业设计与论文质量好，成绩分布合理	毕业论文与设计选题符合培养目标的要求，能达到教学要求，毕业设计与论文质量较好，成绩分布基本合理	查阅（1）毕业设计（论文）有关管理文件，（2）近三年毕业设计（论文）反映毕业设计文选题一览表，（3）学生在企业做毕业设计的支撑材料，（4）抽查毕业设计（论文）质量
		结合工程实际的毕业设计	2	结合工程实际（结合生产实践*）的课题设计≥80%，注重结合生产实际安排毕业设计，"真刀真枪"做毕业设计的学生占30%以上	结合工程实际（结合生产社会实践*）的课题设计≥60%，注重结合生产实际安排毕业设计，"真刀真枪"做毕业设计的学生占30%以上	
		毕业论文管理	1	有毕业论文管理的详细制订毕业论文，严格执行，效果好；每名教师带毕业论文（设计）人数≤6人	有毕业论文（设计）人数≤10人；每名教师带毕业论文	查阅有关规定和执行情况记录
	5.2 产学研合作	产学研合作深度	3	企业深度参与实施、质量考核与控制，从专业设置、培养方案修订与实施、毕业生跟踪调查的办学全过程都由校企双方合作完成，专业改革成效显著会合作指导委员	有来自企业的兼职教师参与专业与实践教学工作，校企合作在人才培养模式改革、实习基地建设、实习实训组织等方面有实际成效	

第六章 地方高校工科类专业质量保障绩效评估方案的设计

续表

一级指标	二级指标	观测点	状态值	等级标准 A(优秀)	等级标准 C(合格)	说明与评估方法
5.工程应用能力与产学研合作	5.2 产学研合作	实践教学基地	1	在合作企业建立了稳定的实践教学基地,并有效利用	在合作企业建立了较稳定的实践教学基地,有一定利用	查阅(1)产学合作协议书,合同书,(2)反映企业参与教学、科研、师资培训的各种支撑材料,(3)工程实践中心建设与使用资料,(4)实习实训基地开出的实践教学项目统计表
		工程实践教育中心	1	在企业和学校设有学生在中心实习	在学校设立了工程实践教育中心,每年都有学生在中心实习	
		产学研合作机制	2	形成了以社会需求为导向,专业主动为地方和行业企业服务、行业企业积极参与专业建设的机制,成效显著	产学研合作理念、机制途径在办学中得到一定体现	
6.质量管理	6.1 管理组织、队伍与制度	管理组织	1	教学管理组织体系健全,结构合理、队伍稳定,服务意识和创新精神强,工作绩效好	管理组基本健全,结构基本合理,素质较高,工作有一定成效	查阅(1)教学管理人员花名册;(2)教学管理人员近三年取得的教研成果,(3)有关管理制度及其执行情况的资料,(4)教学督导资料,(5)毕业生跟踪调查资料,(6)学生评教资料
		管理制度	1	管理制度健全,执行严格,教研活动有计划,效果显著	管理制度基本健全,执行较严格,教研活动有计划,取得了一定效果	
		研究成果	1	教学管理人员近三年研究与实践成果显著,研究成果对教学改革起到促进作用(研究与实践成果是指教学管理成果或企业调研的报告,论文,专著等)	近三年有一定数量的研究与实践成果	
	6.2 教学运行管理	教学文件及档案	1	教学文件和教学管理档案健全,分类清晰,管理规范	教学文件和教学管理档案基本齐全	

171

续表

一级指标	二级指标	观测点	状态值	等级标准 A（优秀）	等级标准 C（合格）	说明与评估方法
6. 质量管理	6.3 质量监控与反馈	教学运行秩序	1	教学运行秩序好	教学运行秩序比较正常	
		教学督导	1	建立了较完善的教学质量监控体系，建有教学督导组织，教学信息反馈系统，教学评估活动正常，成效显著，强化了人才培养全过程的质量控制	初步建立了教学质量监控体系，建有督导组织和教学评估系统，开展教学督导、学生评教，教师评教和教师评学等活动并取得一定成效	
		毕业生调查	1	坚持每年到企业和用人单位进行毕业生跟踪调查，能通过对所获信息进行分析，促进人才培养方案优化和质量有效控制	建立了毕业生跟踪调研制度，能根据反馈信息进行质量调整	
		学生评教	1	优良率≥90%，不合格率＝0	80%≤优良率≤84%，不合格率≤5%	
	6.4 教学水平	教学方法、手段改革	1	积极进行教学方法和教育技术改革，灵活采用多种教学方法，积极探索新教育，多媒体授课课程比例≥80%，教学效果好	积极改革教学方法与手段，多媒体教学课时的比例≥60%，教学效果较好	
		考试改革	1	考试模式改革力度大，信息反馈，质量检测控制的功能发挥了考试促学功能，符合高等工程教育特点要求	考试模式改革有一定力度，并取得初步成效	
7. 人才培养质量	7.1 必备的理论知识	主要基础课一次及格率	1	高	一般	

第六章 地方高校工科类专业质量保障绩效评估方案的设计

续表

一级指标	二级指标	观测点	状态值	等级标准 A（优秀）	等级标准 C（合格）	说明与评估方法
7. 人才培养质量	7.1 必备的理论知识	英语四级考试二年级末一次通过率	1	近三届毕业生参加英语四级考试累积通过率达到85%	近三届学生英语四级考试累积通过率达到60%	主要基础课指高等数学、大学物理、工程数学、外语等公共基础课。学校提供近三年各门课程成绩单、成绩统计分析资料和试卷、现场抽测课程
		计算机二级考试一次通过率	1	学生计算机应用能力普遍强，计算机二级考试通过率较高	学生计算机应用能力较强，计算机二级考试一次通过率较高	
		核心课程成绩	1	学生核心课程合格率达到90%	学生核心课程合格率达到80%	
	7.2 工程应用能力与基本技能	核心课实验成绩	1	核心课实验成绩优良率≥70%，综合判断学生知识掌握与应用程度达到培养目标要求	核心课实验成绩优良率≥35%，合格率≥85%；综合判断多数学生对必备的知识掌握较好	学生工程应用能力通过下列途径考核：(1)对学生进行现场抽测实习实训考核；(2)检查实习实训作业或报告；(3)企业对学生实习的鉴定；(4)科技创新活动获奖资料；(5)学校开展技能鉴定材料
		毕业实习	1	重视毕业实习工作，学生毕业实习质量较高	对毕业实习有明确规定，大多数学生的毕业实习符合要求	
		解决工程实际问题能力	2	多数学生具有综合运用所学知识，分析并解决工程实际问题的能力，优秀学生能够参与生产及运作系统的设计，并初步具有运行和维护能力	优秀学生具有一定的分析并解决工程实际问题的能力	
		课外创新活动	1	有学生创新学分实施计划，效果良好；学生积极参加科研创新活动，学生全国科技竞赛中有获奖	有学生创新学分实施计划，学生在省级科技竞赛中有获奖	

173

续表

一级指标	二级指标	观测点	状态值	等级标准 A（优秀）	等级标准 C（合格）	说明与评估方法
7. 人才培养质量	7.3 职业综合能力与综合素质	职业综合能力	2	学生具有良好的学习能力、工作能力和创新思维及能力，合格率达到100%，现场抽测技能及综合判断多数学生专业技能达到培养目标要求	学生具有一定的学习能力、工作能力和创新思维及能力，现场抽测技能及合格率≥85%，综合判断多数学生专业技能达到培养目标要求	1. 根据学校提供的近三年素质教育相关资料及日常表现，判断学生基本素质状况 2. 查近两年学生素质教育工作总结，重点说明学生基本素质的实际情况 3. 学生参加数学建模、课外科技活动竞赛的资料
		社会实践活动	1	社会实践活动有计划，丰富活跃，多数学生积极参与，效果好	社会实践活动开展有计划，有一定的参加人数和活动效果	
		工程实践	2	本专业多数学生参与了下列经历之一：参与了教师的科研项目，参加了工程方案的设计和开发，参加了企业现场实践，参加了基于项目的"做中学"	一定数量的学生能参加各种课外科技与文化活动	1. 查阅相关支撑材料 2. 到企业现场考察
		国际交流	1	积极利用国外先进的工程教育资源，积极组织学生参与国际交流，到海外企业实习，举办了高水平的中外合作工程教育项目	学校举办了中外合作工程教育项目	

第六章 地方高校工科类专业质量保障绩效评估方案的设计

续表

一级指标	二级指标	观测点	状态值	等级标准 A（优秀）	等级标准 C（合格）	说明与评估方法
8. 就业与社会声誉	8.1 学生评价	学生评价	1	毕业生、在校生对本专业教学工作表示很满意	毕业生、在校生对本专业教学工作表示基本满意	
	8.2 毕业生就业率		2	应届毕业生年底就业率≥85%	应届毕业生年底就业率≥70%	
	8.3 社会声誉		3	用人单位对毕业生的综合评价好，毕业生在社会上的声誉好，用人单位对毕业生评价满意率达到80%	毕业生质量调查总体反映合格，有一定社会信誉，用人单位对毕业生评价满意率达到60%	提供近三年毕业生跟踪调查报告和用人单位对毕业生的评价之原始资料
			1	近三年平均报到率≥70%，社会声誉在本地区同类专业中处于较高水平	近三年平均报到率达70%，有一定社会声誉	
专业优势与特色		专业特色是专业在长期发展建设过程中，通过研究和实践探索，以创新精神解决培养过程中的重点和难点问题，不断积淀形成的专业主要体现在以下几个方面：(1)工程教育理念、思路；(2)人才培养模式；(3)教学内容、方法和手段；(4)产学研合作；(5)学生能力培养；(6)教学管理制度创新等				实地考察、查阅资料、座谈等

注释：(1) 经费投入指学校开展普通本科教学活动及其辅助教学活动发生的支出，仅指教学基本支出中的商品和服务支出（302类），不包括教学专项拨款支出，具体包括：教学教辅部门发生的办公费（含体育维持费等）、印刷费、咨询费、邮电费、交通费、差旅费、出国费、维修（护）费、会议费、培训费、专用材料费、劳务费、委托业务费等。取会计决算数。其他教学商品和服务支出（含学生活动费、教学咨询研究机构会员费、教学改革科研业务费等）。
(2) 教学管理队伍包括学校分管教学的校领导、教务处等专职教学管理人员、教学管理组织、院（系、部）分管教学工作的院长（主任）、教学秘书等教学管理人员。管理组织包括：校、系两级教学管理组织、就业服务管理组织。
(3) 就业率包括签约率、上岗率、自主创业率、应届毕业生升学率、出国及升学率。应届毕业生统计至年底，供下半年考查。

第七章

高等工程教育质量的抽样评估与分析

课题组根据第六章所设计的高等院校工科类专业质量保障绩效评估指标体系,对河南省高校进行了高等工程教育质量的抽样评估。评估的方法采用在培训的基础上,由所在学校的专业院(系)组成专家组,按照规范的评估程序进行自评,将评估作为"以评促建、以评促改、评建结合"的过程。需要指出的是,由于采用的是自评,评估成绩难免会偏高。但是,本项研究并不关注一个具体专业的评价结果,而是关注通过自评发现的问题。由于课题组做了大量细致的调研工作,评估方法并不影响我们总结地方高校高等工程教育取得的成绩和发现的问题。

一 调查学校的选择与调查方法

(一) 调查学校的选择

根据河南省地方高等学校的分布情况,课题组选择了10所学校作为调查对象。这些学校既有新中国成立以后成立的本科院校,又有近年来由专科升为本科时间不长的学校;既有省级政府举办的学校,又有地(市)政府举办的学校;既有公办高校,又有民办高校。工科专业都是这些学校的本科主体专业。我们对这 10 所学校的 30 个工科专业进行了抽样评估。

（二）调查方法的选择

1. 问卷调查法

为了客观地了解地方本科院校的高等工程教育现状，课题组对 10 所学校的教学管理人员、专业带头人、专业教师，以及在读的本科三年级学生进行问卷调查。其中，向教学管理人员发放调查问卷 106 份，回收 106 份；向教师发放调查问卷 377 份，回收 377 份；向学生发放调查问卷 2650 份，回收 2620 份。对回收的问卷，笔者使用了 SPSS 软件进行了分析，并对存在的问题进行了深入分析。

2. 座谈会法

在项目实施过程中，课题组在 8 所高等学校先后召开了 7 场由教师和管理人员参加、12 场由学生代表参加的座谈会，听取了他们对当前工程教育现状的评价（取得的成绩和存在的问题），采集了大量一手数据和资料，为本项研究提供了基础。

3. 专家访谈法

为了使我们设计的评价指标体系尽可能科学合理、符合实际，课题组先后召开了三次专家论证会，针对设计的调查问卷、高等工程教育质量评估方案，听取了来自各方面专家的意见，先后用一年时间对评估方案进行了修改和完善。

（三）典型工科专业教育质量现状的评估

选择有关学校的代表性专业，运用课题组设计的高等工程教育质量评估方案，采取自评和互评相结合、以自评为主的方法，对专业进行了综合评估，根据评价标准，给出了评价等级。通过对工科专业进行的质量保障绩效评估，总结专业建设取得的成绩和经验，找出专业建设的薄弱环节。

二 关于高等工程教育理念的评估

高等工程教育理念包含工程教育理念与人才培养模式改革思路、专业设置和专业建设思路等两个二级指标。

（一）工程教育理念与人才培养模式改革思路

这个二级指标主要考察学校和本专业是否积极开展高等工程教育思想学习与研究，是否树立"面向工业界，面向世界，面向未来"的工程教育理念，是否树立了高等工程教育的人才观、质量观和教学观，是否以培养工程应用型人才为导向推进教学改革，着力提高学生的工程意识、工程素质和工程实践能力，并取得了显著效果。同时还要考察专业建设目标是否明确，定位是否准确。

从对河南省10所高校30个工科专业的评估结果来看，53.33%的被调查专业能够积极开展高等工程教育思想学习与研究，树立了"面向工业界，面向世界，面向未来"的工程教育理念，树立了高等工程教育的人才观、质量观和教学观。多数高校以培养工程应用型人才为导向推进教学改革，着力提高学生的工程意识、工程素质和工程实践能力。多数高校专业建设目标明确，定位准确，符合现代工程教育理念，其中43.33%的学校专业建设为良好，3.33%的为合格（见图7-1）。

在对专业进行抽样评估的同时，我们还对学校的教学管理人员进行了问卷调查。调查结果显示：53.77%的管理人员认为学校关于工程教育的指导思想注重教育观念更新，定位准确，思路清楚；33.96%的管理人员认为学校的工程教育指导思想比较明确，但特色不显著；5.66%的管理人员认为学校的工程教育指导思想不够明确，缺乏特色；6.60%的管理人员认为学校的工程教育指导思想不明确（见表7-1）。

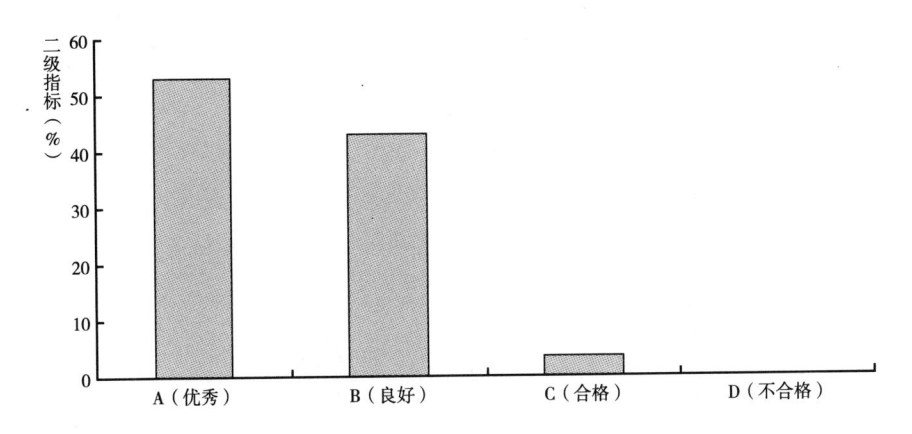

图 7-1　工程教育理念与人才培养模式改革抽样评估结果柱状图

表 7-1　教学管理人员对所在学校的工程教育指导思想的评价

项　目	频次 (人次)	百分比 (%)	有效百分比 (%)	累计百分比 (%)
注重教育观念更新,定位准确,思路清楚	57	53.77	53.77	53.77
比较明确,但特色不显著	36	33.96	33.96	87.73
不够明确,缺乏特色	6	5.66	5.66	93.39
不明确	7	6.61	6.61	100
合　计	106	100	100	

(二) 专业设置和专业建设思路

该指标主要考察地方高等院校的专业设置是否能主动适应行业发展和社会需求,并以需求变化为导向适时加以调整,有明确的职业导向。

从抽样评估的结果来看,46.67%的工科专业能主动适应行业发展和社会需求,达到优秀的标准；50.00%的工科专业达到良好的标准；3.33%的工科专业达到合格的标准(见图 7-2)。

在对教学管理人员进行所在专业的定位与社会经济发展符合度的调查问卷中,96.23%的管理人员认为自己所在专业的定位与社会经济发

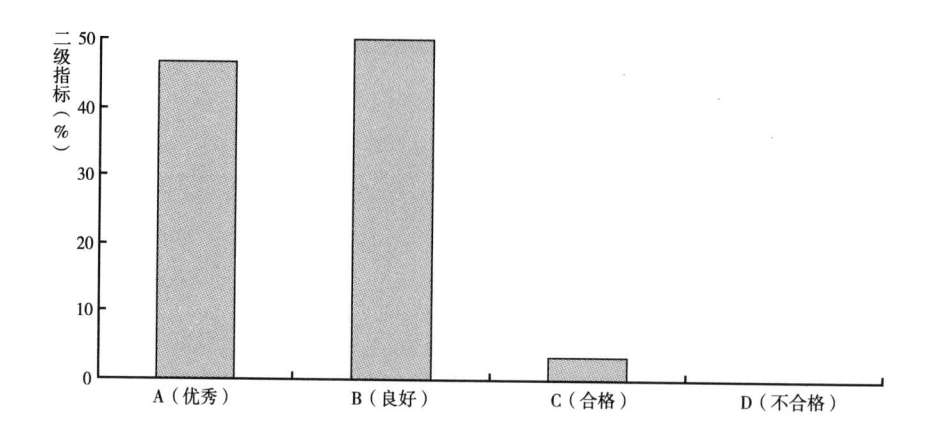

图 7-2　专业设置和专业名称抽样评估结果柱状图

展的需求符合或基本符合，只有 3.77% 的管理人员认为专业定位不符合社会经济发展的需求（见表 7-2）。

表 7-2　教学管理人员对所在专业与社会经济发展符合度的评价

项　　目	频次（人次）	百分比（%）	有效百分比（%）	累计百分比（%）
完全符合	35	33.02	33.02	33.02
比较符合	41	38.68	38.68	71.70
基本符合	26	24.53	24.53	96.23
不太符合	4	3.77	3.77	100
合　　计	106	100	100	

（三）专业培养目标与培养规格

该指标主要考察高等工程人才的培养目标、培养规格是否符合行业和地方经济社会发展对工程人才的需求。近年来，地方本科院校为了适应国家和地方经济发展的需要，加快了人才培养模式改革实践的步伐，多数学校将培养德智体全面发展、基础扎实、适应性强、具有创新精神和实践能力强的高素质应用型人才作为人才培养目标。

问卷调查的结果是：50.00% 的工科专业能够满足上述要求；

46.67%的工科专业符合良好要求；3.33%的工科专业培养目标定位基本准确，培养规格表述明确，适应行业发展对人才的需求，具有可操作性，质量标准要求明确具体，具有可操作性，其工程人才的培养规格基本符合行业发展对工程人才的需求，知识能力素质等表述比较清楚，符合培养目标的要求（见图7-3）。

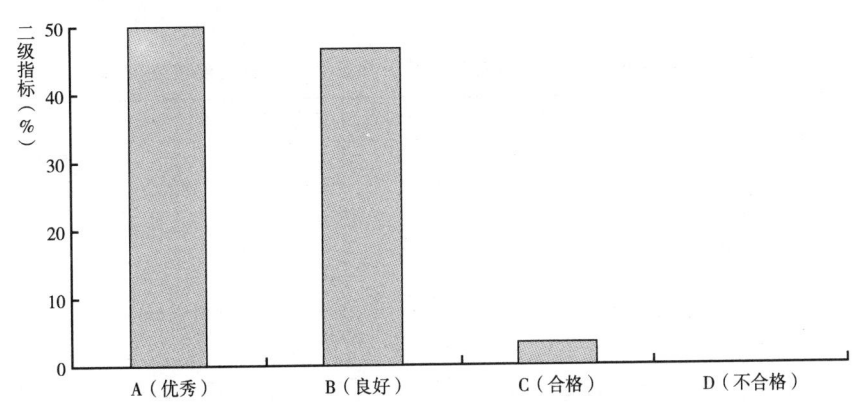

图7-3 专业培养目标与培养规格抽样评估结果柱状图

针对专业与社会需求发展是否对接的问题，课题组在大三学生中进行了调查。作为大三学生，已经完成了基础课和专业基础课学习，正在学习专业课，对所在专业比较了解。调查结果显示：52.86%的学生认为自己所在专业与社会经济发展需求符合或比较符合；35.38%的学生认为基本符合；11.76%的学生认为所在的专业培养目标与社会经济发展的需求不太符合。上述说明各学校在专业设置和培养目标上总体上与社会需求能够接轨（见表7-3），但仍需要进一步改进。

表7-3 学生对自己所在专业与社会经济发展需求对接的评价

项 目	频次(人次)	百分比(%)	有效百分比(%)	累计百分比(%)
符 合	550	20.99	20.99	20.99
比较符合	835	31.87	31.87	52.86
基本符合	927	35.38	35.38	88.24
不太符合	308	11.76	11.76	100
合 计	2620	100	100	

教师是教学任务的执行者，也是人才培养方案的实施者。通过对专业教师进行调查，70.29%的教师认为目前各专业的人才培养目标与社会经济发展完全符合或比较符合（见表7-4），但也有29.71%的教师认为所在专业的人才培养目标只能基本符合或不太符合社会经济发展对人才的需求。

表7-4 专业教师对高校的人才培养目标是否符合社会经济发展调查

项 目	频次（人次）	百分比（%）	有效百分比（%）	累计百分比（%）
完全符合	59	15.65	15.65	15.65
比较符合	206	54.64	54.64	70.29
基本符合	104	27.59	27.59	97.88
不太符合	8	2.12	2.12	100
合 计	377	100	100	

然而，值得注意的是，课题组针对"地方本科院校高等工程教育到底应该培养什么样的人才"的问题，在教师中进行了问卷调查，发现教师的观点比较分散：18.83%的教师认为应该培养技能型人才；30.77%的教师认为应该培养技术型人才；11.14%的教师认为应该培养现场工程师；32.10%的教师认为应该培养高素质复合型人才；6.10%的教师认为应该培养研究发展型人才（见表7-5）。这一调查结果说明，从事高等工程教育的专业教师对工程教育的培养目标并不十分清楚。准确地说，本科层次工程师的培养目标是胜任在现场从事产品的生产、营销和服务或工程项目的施工、运行和维护。[1] 至于"技能型人才""技术型人才""高素质复合型人才""研究发展型人才"的提法都不准确。如果连专业教师对培养什么样的人才的问题都不明确，再先进的教育理念也不可能落到实处。因此，地方高校应做好高等工程人才培养目标的定位、研讨和宣传工作。

---

[1] 林健：《"卓越工程师教育培养计划"通用标准研制》，《高等工程教育研究》2010年第4期。

表7-5　教师对高等工程教育应培养人才目标的认识调查表

项　目	频次(人次)	百分比(%)	有效百分比(%)	累计百分比(%)
技能型人才	71	18.83	18.83	18.83
技术型人才	116	30.77	30.77	49.60
现场工程师	42	11.14	11.14	60.74
高素质复合型人才	121	32.10	32.10	92.84
研究发展型人才	23	6.10	6.10	98.94
其　他	4	1.06	1.06	100
合　计	377	100	100	

三　人才培养方案及课程体系和课程建设

人才培养方案及课程体系和课程建设的评估包括人才培养方案、课程设置与课程体系、实验教学、课程大纲、教材使用和教材建设等5个二级指标。

(一) 人才培养方案的制订

此项指标主要考察学校的工程教育人才培养方案的整体设计情况。考察高校的人才培养方案是否以提高工程应用能力为主线，课程体系是否突出应用性，教学内容是否突出前瞻性，人才培养方案设计是否科学合理，培养过程是否突出工程实践等。重点考察高校是否和企业共同设计培养目标，制订培养方案。

从调查结果看，这项指标不容乐观。只有40%的专业达到优秀标准；53.33%的专业达到良好标准；6.67%为合格（见图7-4）。一些学校的工科专业只是在人才培养方案的制订过程中吸收了企业和用人单位的意见。培养方案应注重提高应用能力，注重优化课程与教学内容体系，注重改革教学方法与教学手段。但很多学校在这方面的工作力度和层次都有待提升。

围绕这一问题课题组在教学管理人员中进行了调查。从对教学管理

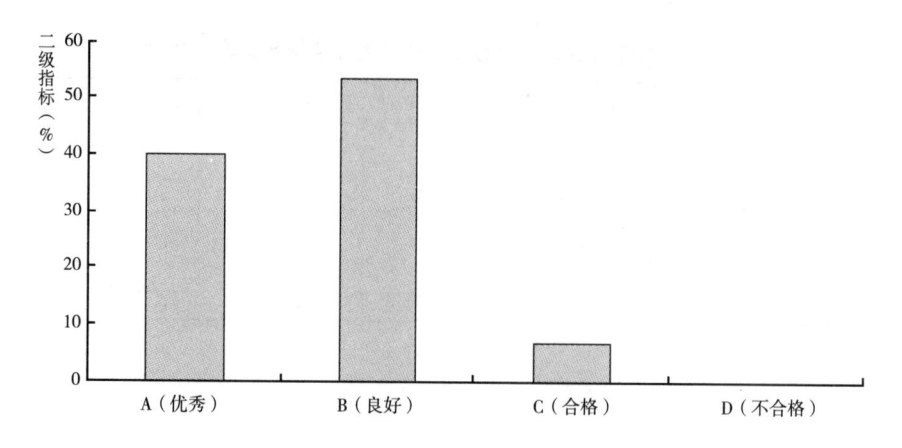

图7-4 人才培养方案抽样评估结果柱状图

人员的调查可以看出，各学校的人才培养方案的制订基本上都是在本校原有的基础上，通过调研吸收了兄弟院校的经验和同行专家的意见后制订。此外，有55.66%的学校吸收了企业和行业专家的意见，36.79%的学校人才培养方案就是专业负责人制订的，21.70%的学校吸收了学生的意见和建议（见表7-6）。这一调查结果说明，企业对人才培养方案制订的参与不够广泛，更不够深入。

表7-6 不同学校工科专业人才培养方案形成过程调查表

选项	本校在调研的基础上形成	吸收了兄弟院校的经验和同行专家的意见	吸收了企业和行业专家的意见	吸收了学生的意见和建议	专业负责人制订
百分比(%)	79.25	73.58	55.66	21.70	36.79

（二）课程设置与课程体系

该指标主要考察地方本科院校工科专业课程设置与课程体系优化情况。考察工科专业课程体系建设方案是否符合人才培养目标，是否有明显的自身特色，是否以工程应用为主旨构建课程和教学内容体系。考察其课程设置是否注重对以下能力的培养：工程职业道德，现代工程意识，学习能力，分析解决问题能力，创新意识和开发设计能力，组织管理能力，国际交流合作能力，技术标准和政策法规；是否建立了与理论教学相辅相成，结构和功能优化的实践教学体系；实践教学4年累计能否达到40~45周。

从抽样评估的结果来看，这项指标不容乐观，只有33.33%的学校符合上述要求；56.67%的良好；10%的学校工科专业课程建设方案基本符合人才培养目标，其课程设置依据应用能力培养需要（见图7-5）。这些基本符合要求的学校的课程体系结构设计体现就业导向和能力本位的人才培养特点，符合培养工程应用型人才目标，虽然也建立了与理论教学相结合的实践教学体系，但实践教学4年累计只有25~30周。

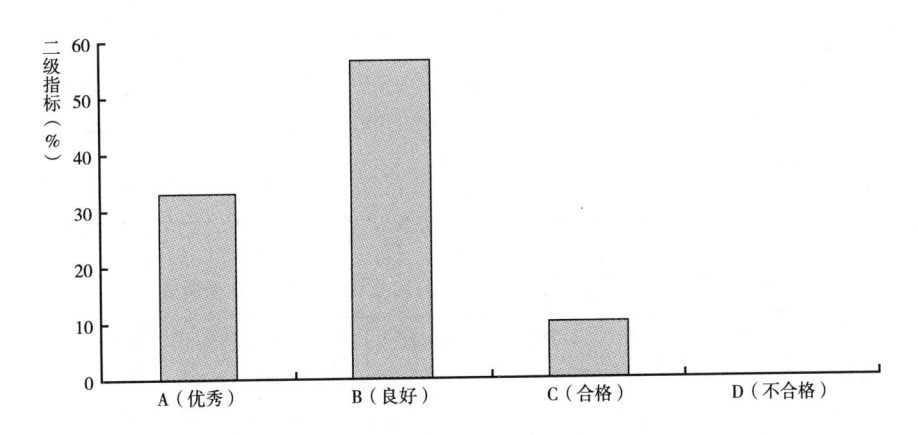

图7-5 课程设置与课程体系抽样评估结果柱状图

在对学生的调查中了解到，只有42.29%的学生对学校开设的课程很满意或比较满意，38.78%的学生基本满意，接近19%的学生认为不太满意（见表7-7），这说明学生在校期间接受的理论和实践教学活动没能让学生体会到学习的乐趣，学生只是被动地听教师讲课，接触实践的机会较少。在课题组到实习基地调研和参加的学生座谈会上，学生对这一问题反应非常强烈，他们普遍提出学校安排的实习实践较少，有的实习基地虽然接受学生实习，但是多数时间只让学生站在参观线外看，不能亲自动手，实习效果较差。

目前在高校中普遍存在教与学的矛盾，很多学生不喜欢教师课堂上讲授的知识，而自己喜欢的东西又不是自己专业的课程，这就使得他们逐渐对学习产生厌倦情绪。从调查结果来看，17.67%的学生认为学校开设的选修课程不能满足其选课需要。一方面是学校开设课程的总量不够，另一方面学校开设的选修课很多时候并不是学生喜欢的课程。1.98%的学生竟然不知道学校开设有选修课程（见表7-8）。这说明一些学校开设的选修课程基本上是徒有其名。

表7-7 学生对本专业开设的课程的满意情况调查

项 目	频次（人次）	百分比（%）	有效百分比（%）	累计百分比（%）
很满意	394	15.04	15.04	15.04
比较满意	714	27.25	27.25	42.29
基本满意	1016	38.78	38.78	81.07
不太满意	496	18.93	18.93	100
合 计	2620	100	100	

表7-8 学生对所在学校和专业的选修课程的满意程度调查

项 目	频次（人次）	百分比（%）	有效百分比（%）	累计百分比（%）
能充分满足学生选课需要	674	25.73	25.73	25.73
基本能满足学生选课需要	1431	54.62	54.62	80.35
不能满足学生选课需要	463	17.67	17.67	98.02
学校未开选修课	52	1.98	1.98	100
合 计	2620	100	100	

（三）实验教学

该指标旨在考察实验教学内容是否能够达到本专业全国教学指导委员会关于专业实验教学基本内容的要求。实验教学包括基本实验、提高型实验（综合性、设计性、研究创新型实验三个层次）。此外还考察实验课开出率达到教学大纲要求的95%以上，有综合性、设计性实验的课程占有实验课程总数的比例≥80%，效果好，有自编的或选用正式出版的实验教材和有关教学参考书。

调查显示，只有26.67%的专业能达到优秀标准，50%的专业达到良好标准；23.33%的工科专业实验课开出率达到教学大纲要求的85%以上，有综合性、设计性实验的课程占有实验课程总数的比例为50%～60%，达到合格标准（见图7-6）。

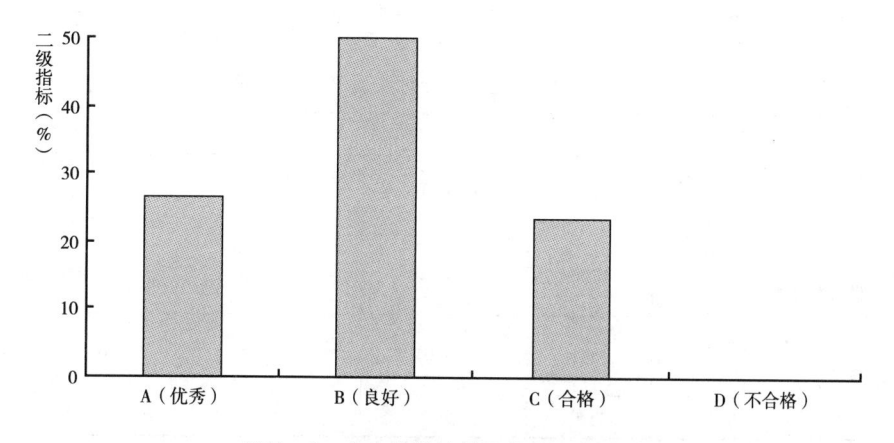

图7-6 实验教学抽样评估结果柱状图

在调查中我们了解到，近年来各高校普遍比较重视实验教学，国家级和省级实验教学示范中心的建设，也为实验条件的改善提供了契机。针对这一问题，课题组对教学管理人员做了调查。调查发现：82.08%的管理人员认为自己所在专业的实验效果好或者较好；但也有17.92%的管理人员认为自己所在专业的实验效果一般或者较差，很多课程实验还停留在20世纪50～60年代的水平，实验条件亟待改善（见表7-9）。

然而，由于学校规模的扩张，学校开出的实验中需要运用多方面知识和多种方法，由学生自己选择仪器设备并实际操作运行（或自行设计、制作），完成实验的全过程，同时撰写完整的实验报告的设计性实验较少。调查显示13.01%的学生认为自己在校期间没有进行过综合性、设计性实验，就更别说学生参与教师的科研项目了（见表7-10）。

表7-9　教学管理人员对所在专业实验课效果评价表

项　目	频次(人次)	百分比(%)	有效百分比(%)	累计百分比(%)
实验效果好	38	35.85	35.85	35.85
实验效果较好	49	46.23	46.23	82.08
实验效果一般	16	15.09	15.09	97.17
实验效果较差	3	2.83	2.83	100
合　计	106	100	100	

表7-10　学生综合性、设计性实验开设情况调查表

选择项目	频次(人次)	百分比(%)	有效百分比(%)	累计百分比(%)
开设了较多的综合性、设计性实验	859	32.79	32.79	32.79
开设了少量的综合性、设计性实验	1420	54.20	54.20	86.99
没有开设综合性、设计性实验	341	13.01	13.01	100
合　计	2620	100	100	

（四）课程大纲

该指标主要考察各专业是否对人才培养方案中规定的所有课程均制定了科学、合理、规范的教学大纲（独立设课的实验以及可能的实验，实习实训等实践教学环节都要求制定教学大纲，且适用性强）。同时考察在课程标准制定方面是否进行了有益探索和实践。从抽样评估的结果来看，46.67%的工科专业满足上述要求，达到优秀标准；50%属于良好；3.33%的工科专业仅达到合格标准（见图7-7）。

近年来参加过本科教学工作水平评估的高校在课程大纲建设方面有良好的基础，新建本科高校也在逐步完善此项工作。值得注意的是，在调查中我们了解到，一些专业课的教学大纲的制定过程比较随意，常常是某个专业教师个人意见的反映，而并未经过教学团队认真研讨，有些

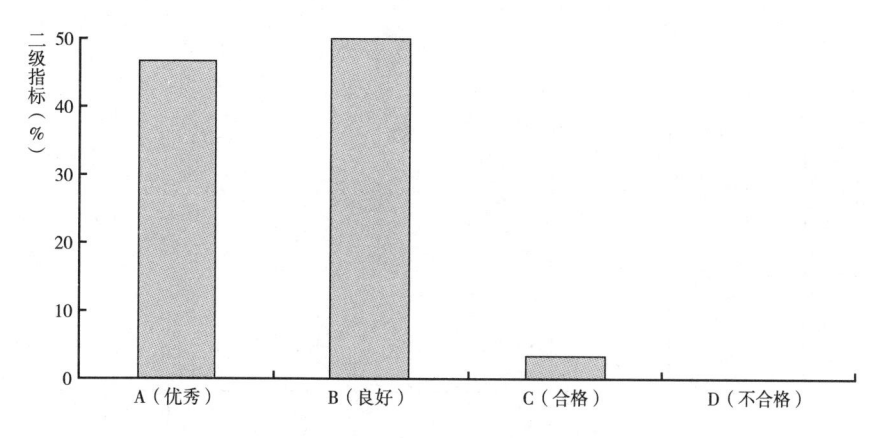

图 7-7 课程大纲抽样评估结果柱状图

课程干脆就是只有一名教师能教。此外，相当一部分教师并不熟悉教学大纲，也并未按照大纲授课，教学大纲形同虚设的现象不在少数。在教学大纲的执行方面也存在"有章不循"的问题。

（五）教材使用和教材建设

教材的选用直接关系学生接受知识的层次和质量。该指标主要是考察工科专业是否在选用教材时优先选用国家规划教材、面向 21 世纪规划教材、省部级以上获奖教材和近三年出版的高水平新教材；而且，上述教材采用率≥70%，使用效果好。通过抽样评估可以看到，只有 43.33% 的专业达到了上述要求；还有 43.33% 的工科专业在选用教材时能达到上述要求；13.33% 的工科专业只选用了一定数量的国家规划教材、面向 21 世纪规划教材、省部级以上获奖教材和近三年出版的新教材，上述教材选用率≥30%，达到合格标准（见图 7-8）。

为了能够让学生接受不断更新的科学技术知识教育，各高校纷纷选用新教材。从对教师选用教材情况的调查结果来看，60.74% 的教师选用的教材是近三年新出版的教材，而使用学校自编教材的比例仅占 5.04%（见表 7-11）。在调查中发现，少数专业教材的选用存在比较随意的问题。

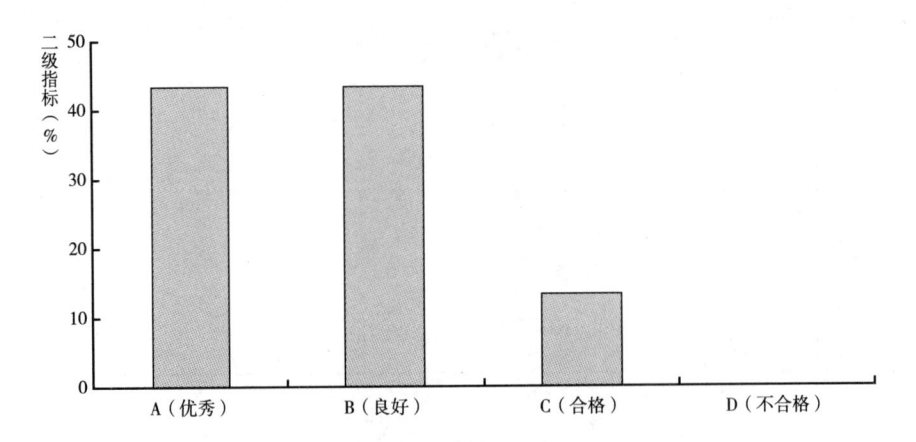

图 7-8 教材使用和教材建设情况抽样评估结果柱状图

表 7-11 专业教师选用教材情况调查表

项　　目	频次（人次）	百分比(%)	有效百分比(%)	累计百分比(%)
近三年出版的教材	229	60.74	60.74	60.74
近五年出版的教材	102	27.06	27.06	87.80
近十年出版的教材	18	4.77	4.77	92.57
学校自编的教材	19	5.04	5.04	97.61
英文原版教材	4	1.06	1.06	98.67
其他	5	1.33	1.33	100
合　　计	377	100	100	

四　师资队伍

对师资队伍的评价包括师资队伍数量、师资队伍结构、师资队伍质量、师资队伍建设措施等 4 个二级指标。

（一）师资队伍数量

师资队伍数量是否能满足需要，主要通过生师比加以考察。该指标主要是考察学校的师资力量能否满足工程教育的质量需求。一般来讲，工科专业的生师比应达到16∶1以下，而且50%的专业教师周学时≤12学时。但从抽样调查的情况来看，只有25.33%的专业符合这一要求，40.00%的工科专业的生师比在16∶1~18∶1，25.67%的工科专业的生师比在18∶1~20∶1；还有9%的工科专业的生师比在20∶1以上。这一状况显然无法满足教学需要（见图7-9）。

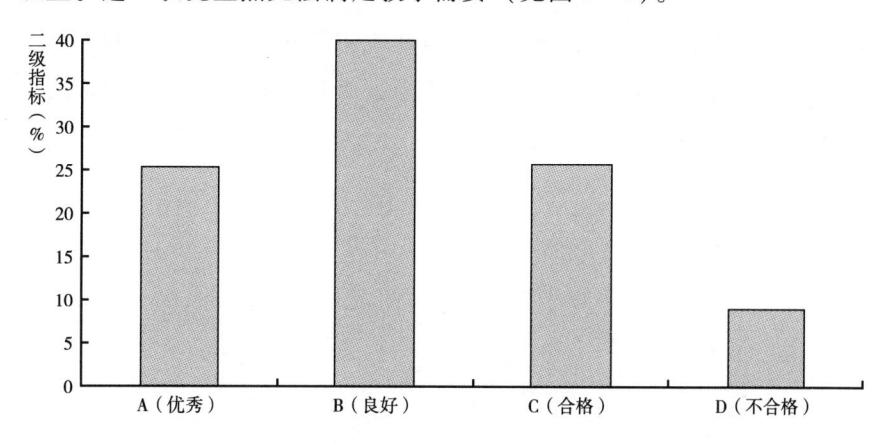

图7-9 学校生师比情况抽样评估结果柱状图

（二）师资队伍结构

该指标主要考察工科专业的教师职称结构、学历结构，双师型教师、有企业经历教师的比例等。

从抽样评估的结果来看，只有30%的工科专业达到优秀标准。这部分专业中双师型教师占比例≥50%，具有副高级及以上职称的教师占比例≥70%，具有硕士及以上学位的教师占比例≥80%，其中博士研究生及以上学位的教师占比例≥50%，青年教师（≤35岁）中研究生及以上学历占比例≥90%；从企业聘请有工程经验的教师和工程技术人员担任兼职教师，来自企业的兼职教师占专业课与实践课教师合计数之比≥30%，兼职教师注重研究教学，教学效果好；实验教师中具有研究生学历或高级职称的人员占总人数的60%以上；每1.0万实验教学人时数配有 1 名实验技术人员，实验技术人员素质良好，队伍稳定，新增实验技术人员具有本科及以上学历。13.3% 的工科专业达到合格标准。这部分专业的双师型教师比例达 20%，具有副高级及以上职称的教师≥30%，具有硕士及以上学位的教师≥30%，青年教师（≤35 岁）中研究生及以上学历≥50%；有一支符合专业教学、能够满足实践教学需求的兼职教师队伍；来自企业的兼职教师数占专业课与实践课教师合计数之比达到 10%；实验教师中具有研究生学历或高级职称的人员占总人数的 40% 以上；每 1.5 万实验教学人时数配有 1 名实验技术人员（见图 7-10）。

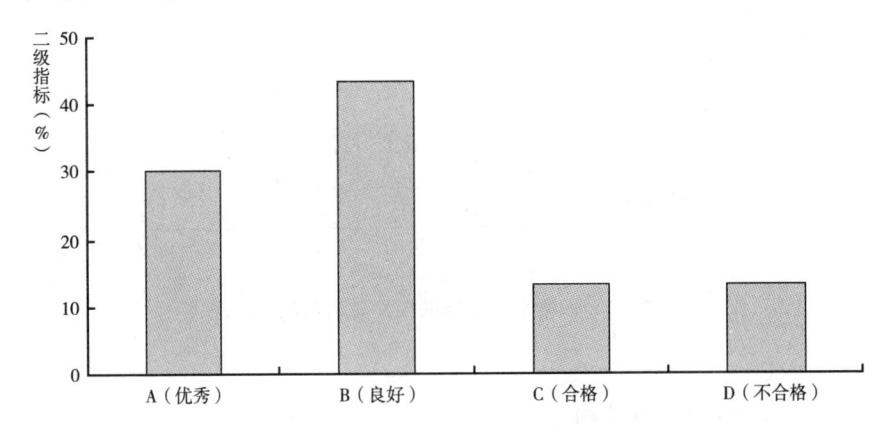

图 7-10 师资队伍结构状况抽样评估结果柱状图

（三）师资队伍质量

该指标主要是考察工科专业从事工程教育教师的知识、能力与素质，以及教学、科研能力及成果。抽样评估的结果显示，43.33% 的工科专业负责人具有教授职称，在工程研究、项目设计、技术服务等方面有较强的能力，主持有国家级科研项目；教师教学改革和教学质量意识强，1/3 以上的教师有一定的工程背景，教学水平普遍较高，多数教师能够积极参与教学改革，教学评价满意率高；教学团队有较强的科研实力，专业教师每年都有省部级及以上科研成果；教师年均公开发表

SCI/EI 收录的科研论文或获得授权专利不少于 1 篇（项）；专业教师主持或参与多项省部级及以上教学研究项目，有鼓励教学改革和研究的政策与措施，有教育教学改革论文发表，有省部级及以上教学成果奖，并推广应用（见图 7-11）。

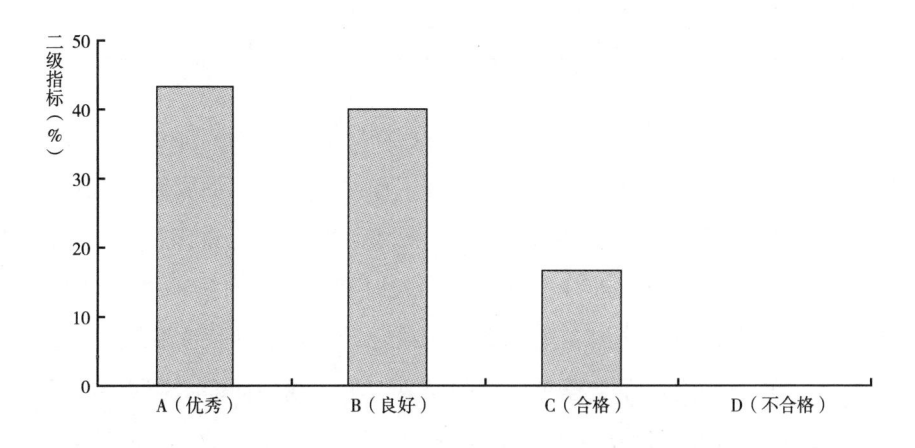

图 7-11 师资队伍质量抽样评估结果柱状图

通过调查我们了解到，目前高校教师的来源渠道比较单一，绝大多数专业教师都是从学校毕业后直接走上讲台的，他们没有现场工作经历或实践工作年限偏低。尤其是青年教师大多缺乏专业实践经验和必需的专业技能。由于对课程教学中所涉及的实际情况没有切身体验，教师在讲授时，难免功底不足，有心联系实际，但联系起来往往生搬硬套，牵强附会。有时对于一些实践知识连自己也一知半解，难免出现"照本宣科"现象。

从课题组对学生的调查结果来看，只有 36.34% 的学生认为给自己授课的多数教师在生产或工程一线工作过，而 54.77% 的学生认为只有少数教师有过生产或工程实践一线的工作经历，甚至有 8.89% 的学生认为教自己课的教师没有生产实践工作的经历（见表 7-12）。要解决这一问题，需要学校制定有效的教师到企业一线培训的制度。

表7-12　学生对教师工程实践经历问卷调查表

项　目	频次（人次）	百分比（%）	有效百分比（%）	累计百分比（%）
多数教师在生产或工程一线工作过	952	36.34	36.34	36.34
少数教师在生产或工程一线工作过	1435	54.77	54.77	91.11
没有教师在生产或工程一线工作过	233	8.89	8.89	100
合　计	2620	100	100	

在调查中了解到，近年来高校引进的高学位人才多数都是从校门到校门，他们没有接触过工程实践，缺乏工程实践经验，不能满足培养应用型人才的需要。尽管很多学校采取了"走出去，请进来"的办法，将学校的教师送到企业进行挂职锻炼，同时利用教师自身的智力优势，到生产一线中将理论知识和生产实践相结合，为企业解决实际问题；但从整体上看，仍然存在工程专业教师脱离工程实践的问题。调查结果显示：22.02%的教师每年都在企业工作15天以上；14.59%的教师近三年在企业工作约有一个月；12.73%的教师近三年在企业工作约有一周；50.66%的教师因学校工作繁忙，没有时间到企业（见表7-13）。要改变工程专业教师远离工程实践的状况，迫切需要学校制定相应的政策，鼓励教师到生产一线挂职锻炼，增强实践能力。

表7-13　专业课教师到企业或生产一线挂职锻炼或工作时间调查表

项　目	频次（人次）	百分比（%）	有效百分比（%）	累计百分比（%）
每年都在企业工作15天以上	83	22.02	22.02	22.02
近三年在企业工作约有一个月	55	14.59	14.59	36.61
近三年在企业工作约有一周	48	12.73	12.73	49.34
学校工作繁忙，没有时间到企业	191	50.66	50.66	100
合　计	377	100	100	

（四）师资队伍建设措施

该指标主要是考察学校工科专业的师资队伍建设规划与保障机制。

抽样评估的结果显示，50%的工科专业有鼓励工程类专业教师参与工程项目设计、专利、产学合作和技术服务的措施；制定了教师到企业挂职培训制度，组织教师定期或不定期到企业参加工程实践活动或在企业兼职、挂职；有符合实际的青年教师培养计划（包括工程训练），有鼓励青年教师担任教学工作，提高教学质量的政策，措施得力，效果明显。16.67%的工科专业教师自发参与了工程项目设计、专利、产学研合作等；学校安排教师不定期到企业参加工程实践活动，有个别教师在企业兼职或挂职；制订了青年教师培养计划（包括工程训练）；有鼓励青年教师担任教学工作，提高教学质量的政策、措施（见图7-12）。

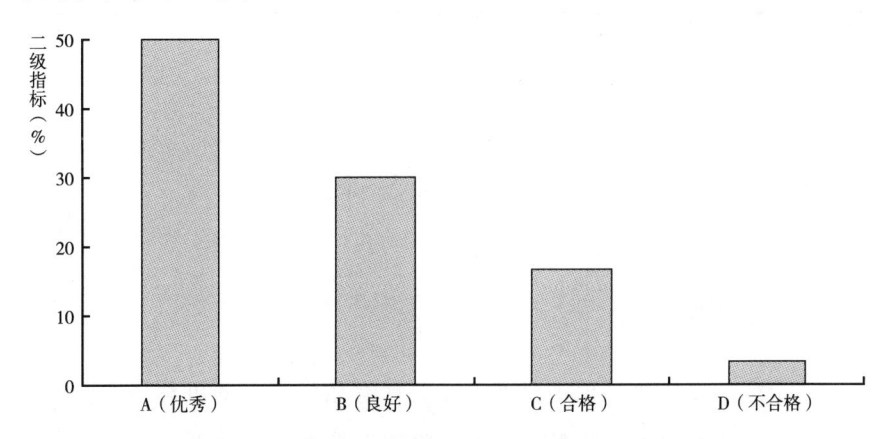

图7-12 师资队伍建设情况抽样评估结果柱状图

在对学生的调查中发现，55.23%的学生对教师不满意的主要问题是教师讲课只会照本宣科，缺乏实践经验，讲课空洞乏味，更有甚者是教师不认真备课，对学生要求过于宽泛（见表7-14）。

表7-14 学生对任课教师最不满意的问题调查表（可选多项）

选项	讲课照本宣科	缺乏实践经验	不认真备课	对学生要求太严格	对学生要求过宽
百分比(%)	55.23	37.52	14.24	13.47	18.17

产学研结合要求教师在教学中不仅要有理论的讲解，还必须有实践技能的指导，以解决学生在学习过程中遇到的各项问题。这就要求高校

制定教师校外进修管理办法，鼓励教师参加工程实践活动，组织教师到企业挂职锻炼，使教师在生产实践中掌握新的生产技术和工艺。但对教师的调查结果显示：68.87%的教师认为学校的职称评定、评奖优先、津贴分配等政策导向没有向教学一线倾斜；59.43%的教师认为课时过多，没有时间到企业锻炼提高；45.28%的教师认为科研任务太重（见表7-15）。

表7-15 教师认为影响工程应用能力提高的主要因素调查表（可选多项）

选项	教师课时过多,没有时间到企业锻炼提高	教师科研任务重	职称评定、评奖优先、津贴分配等政策导向	教师忙于第二职业	其他
百分比(%)	59.43	45.28	68.87	1.89	11.32

五 教学条件

（一）图书资料

该指标主要考察学校工科专业是否具有相当数量的可利用的专业图书。既要考察专业图书藏量，又要考察图书新增量和流通量。生均专业图书量（含电子期刊）≥70册，年生均专业图书进书量≥3册（专业期刊每期按1册计算）为优秀标准。但从抽样评估的结果来看，只有30%的高校具备了上述要求；43.32%的高校稍次之；26.67%的工科专业有可利用的一定数量的专业图书，生均专业图书量（含电子期刊）≥50册，年生均专业图书进书量≥2册（专业期刊每期按1册计算）（见图7-13）。

学校的专业图书资料及专业图书库是学生能够了解国内外专业发展现状的最佳途径，因此，图书资料和数据库的建设能够直接体现该专业的发展前景。从调查结果来看，多数学生认为学校的图书资料能够满足教学需要，但还有12.75%的同学认为学校的图书资料不能够满足教学需要（见表7-16）。

第七章 高等工程教育质量的抽样评估与分析

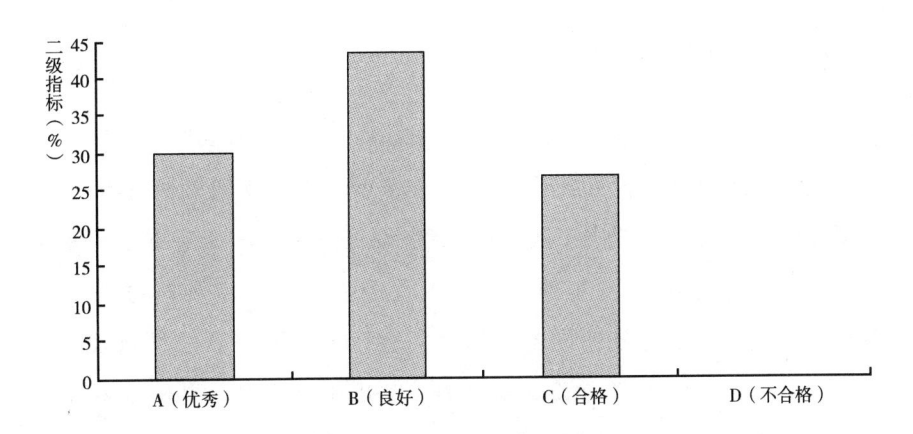

图 7-13 专业图书资料抽样评估结果柱状图

表 7-16 学生对所在专业图书资料满意程度调查表

项 目	频次(人次)	百分比(%)	有效百分比(%)	累计百分比(%)
能很好地满足教学要求	646	24.66	24.66	24.66
能较好地满足教学要求	712	27.18	27.18	51.84
基本可满足教学要求	928	35.42	35.42	87.25
不能满足教学要求	334	12.75	12.75	100
合 计	2620	100	100	

从对教师的调查来看，仅有11.41%的教师认为专业图书资料能很好地满足教学要求，有14.32%的教师认为学校的专业图书资料不能满足教学要求（见表7-17）。

表 7-17 专业教师对所在专业图书资料满意程度调查表

项 目	频次(人次)	百分比(%)	有效百分比(%)	累计百分比(%)
能很好地满足教学要求	43	11.41	11.41	11.41
能较好地满足教学要求	123	32.63	32.63	44.04
基本满足教学要求	157	41.64	41.64	85.68
不能满足教学要求	54	14.32	14.32	100
合 计	377	100	100	

（二）实践教学条件

该指标主要考察学校的教学基本设施情况，考察其实验室、实习实训基地等实践教学条件和实习环境，检查近两年的实验运行记录和实验项目开出情况。从抽样评估的结果来看，只有23.33%的工科专业校内有较为充足的实验实训基地、工程中心、实验室和校办产业资源，实验设备及实习基地设备能满足实验、工程训练和因材施教的实践教学要求；生均教学科研仪器设备≥10000元，教学科研仪器设备总价值≥500万元，当年新增仪器设备费≥50万元；能够充分利用企业界、工程界和国内外各种资源，建立了稳定的能满足学生顶岗实训要求的校外实习基地，有协议、有计划，有合作教育组织，企业实习指导教师数量、素质、结构、责任感能满足学生实习实训要求；本专业实验室开放时间长，范围及覆盖面广，效果好。这说明目前高校工科专业的硬件设施情况亟待提高。26.67%的工科专业校内实验实训设施基本满足工程训练需要，实验设备及实习基地设备能基本满足实验、工程训练和因材施教的实践教学要求；生均教学科研仪器设备≥5000元，教学科研仪器设备总价值≥100万元，当年新增仪器设备费率≥10%；有校外实习基地，有协议、有计划，企业指导人员基本能满足实训要求；本专业有开放的实验室；基础课实验中基本实验操作1人1组（见图7-14）。

以下从实验教学和实习实训两个方面进行具体分析。

1. 实验教学

针对专业基础课和专业课实验教学条件是否能够满足教学需求的问题，课题组分别对教学管理人员和学生进行了调查。从对教学管理人员关于所在专业的专业基础课和专业课实验教学条件的调查结果来看，13.21%的管理人员认为，自己所在专业的专业基础课和专业课实验教学条件能够很好地满足教学要求；47.17%的教学管理人员认为能较好

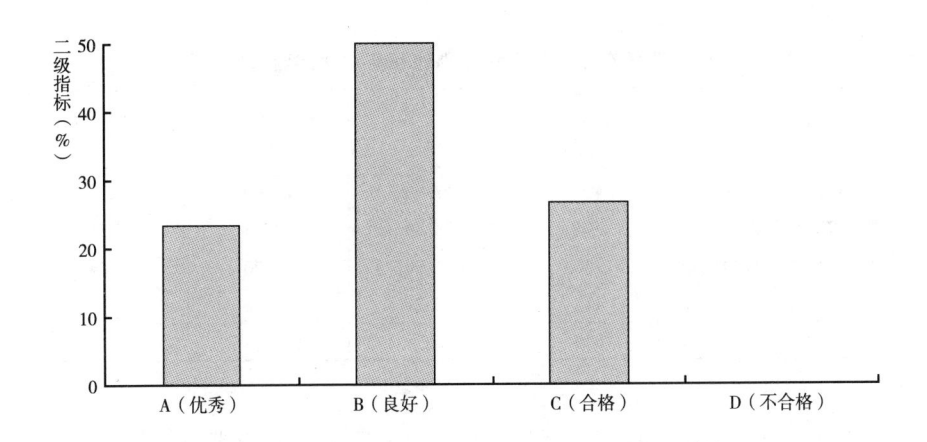

图 7-14 实践教学条件满足程度抽样评估结果柱状图

地满足教学要求；38.68%的教学管理人员认为基本能够满足教学要求；还有0.94%的管理人员认为，本专业的实验教学条件还不能够满足教学要求（见表7-18）。

表 7-18 教学管理人员对学校的专业实验条件的看法

项 目	频次(人次)	百分比(%)	有效百分比(%)	累计百分比(%)
能很好地满足教学要求	14	13.21	13.21	13.21
能较好地满足教学要求	50	47.17	47.17	60.38
基本能满足教学要求	41	38.68	38.68	98.06
不能满足教学要求	1	0.94	0.94	100
合 计	106	100	100	

对学生进行的所在专业的专业基础课和专业课实验教学条件是否能够满足教学要求的调查显示，和教学管理人员的基本相同，17.91%的工科专业学生认为，自己所在专业的专业基础课和专业课实验教学条件能够很好地满足教学要求；28.44%的学生认为能较好地满足教学要求；37.89%的学生认为基本能够满足教学要求；还有15.76%的学生认为不能满足教学要求（见表7-19）。

表7-19 学生对所在专业的专业基础课和专业课实验教学条件的看法

项 目	频次（人次）	百分比（%）	有效百分比（%）	累计百分比（%）
能很好地满足教学要求	469	17.90	17.90	17.90
能较好地满足教学要求	745	28.44	28.44	46.34
基本上能满足教学要求	993	37.90	37.90	84.24
不能满足教学要求	413	15.76	15.76	100
合 计	2620	100	100	

在与学生座谈的过程中我们了解到，目前，个别专业开设的实验项目还基本维持在20世纪80年代水平，一些实验项目已经过时，需要更新（这也是学生不满意的原因）。随着高校招生人数的逐年递增，其实验教学基本条件建设跟不上学校规模的扩张。有些专业的实验条件得不到改善，本应该每生一台（套）的实验设备，逐渐发展成2生一台（套）实验设备。有的实验项目由原来的学生验证实验发展成为演示实验，学生只能在下面观看老师做，没有动手的机会。值得注意的是，目前，随着国家教育投入的逐步加大，学校的仪器设备投入也在加大。但很多学校因为科研和学科建设经费欠账较多，在本科教学实验室设备建设时，都列出了一些精度高出本科教学要求的实验设备。但由于这部分设备价格高，购买数量有限，往往使实验的个别环节成了演示，甚至是教师帮助学生称量或者检测实验，这显然达不到本科教学的要求。

2. 实习实训

随着教育规模的不断扩大，学生实习实训场所成为困扰高校的大问题。很多高校的实习由原来的集中实习变成了分散实习，由原来的由学校建设实习基地，组织教师带队的集中实习，变成了由学生自己联系实习单位的分散性实习。学生在外实习只是通过电话、电子邮件等方式和指导教师进行沟通。一些学校处于"放羊式"粗放管理，指导教师对学生的实习情况不能跟踪，严重影响了实习实训的效果。

在对学生进行的实习方式的调查中发现，教学管理人员认为，目前高校的生产实习和专业实习48.11%是靠学生个人联系来完成的，靠家长和朋友联系的占20.75%，这类实习通常难以保证质量，对实习过程也很难进行有效的指导和监控。

在对教学管理人员和学生有关实习场所条件的调查中发现，学生到校办工厂实习的分别占48.11%和48.17%（见表7-20、表7-21）。这一比例说明校内实习实训基地的缺乏。校办工厂或者学校创办的工程训练中心本来就是为在校的工科专业学生服务的，目的是为了学生在校期间能够得到基本训练，但从调查结果来看，参与实习的学生比例不高，说明一些专业对学生校内实习实训要求的缺失或不足。

对教学管理人员的调查了解到，能够安排学生到企业生产一线实习的工科专业仅占65.09%（见表7-20）；而从对学生的调查了解到，只有29.20%的学生到企业生产一线实习过（见表7-21）。作为大三的学生，只有49.14%的学生在企业生产一线、企业工程训练中心、科研院所进行过生产实习。从工科专业培养后备工程师的人才培养目标来讲，学生只有通过生产实习，才能够接触到生产实践，才能够将所学的理论知识和生产实践相结合，而实际情况是，学生接触生产实践的机会很少。20.92%的工科专业学生不是在工矿企业或研究所进行的实习，还有13.70%的学生根本就没有实习过，这种情况令人担忧（见表7-21）。

表7-20 可安排学生实习实训的主要场所调查（教学管理人员填写）

选项	校办工厂	企业生产一线	企业工程训练中心	科研院所	其他
百分比(%)	48.11	65.09	39.62	19.81	28.30

表7-21 学生曾去的实习实训主要场所调查（大三学生填写）

选项	校办工厂	企业生产一线	企业工程训练中心	科研院所	其他	没有参加过实习
百分比(%)	48.17	29.20	15.82	4.12	20.92	13.70

在对学生进行的实习实训的调查中发现，只有18.08%的学生的生产实习是在企业进行，这远远不能达到工程教育的教学目标；更

有甚者，没有去过企业的学生占 22.65%（见表 7-22）。对于工科专业来说，生产实习是学生接触生产实践的教学环节，每个专业都应该安排有生产实习环节。

表 7-22　关于学生是否去过企业生产一线实习的调查

选项	寒暑假去过企业	认识实习在企业	生产实习在企业	毕业实习在企业	没有去过企业
百分比（%）	51.30	29.31	18.08	11.23	22.65

通过座谈会及问卷调查，了解到目前高校学生实习面临的问题表现在以下几个方面。

（1）实习实训基地匮乏。随着高校扩招，在校生人数急剧膨胀，而企业在市场经济条件下，重点考虑自身的发展和经济效益，不愿意接待学生实习。有的单位即使接待学生实习也设置了很多附加条件。多数单位设置了警戒线，只许学生参观，不许动手操作。校外实习流于形式的现象比较普遍，真正有实效的实习基地数量有限。

（2）传统的实习教学内容单一且滞后于新工程技术。传统实习教学的主体是教师，实习以教师为中心，全部的教学设计都围绕"教"而展开，教学内容一成不变，学生被束缚在教师制定的框架中，没有自主性，这极大地限制了学生创新思维能力的提高。同时传统的实习项目技术含量低，学生很难接触到先进的工程技术。而这类实习在很多学校和专业仍然普遍存在。

（3）实习经费紧张。随着近年来我国物价水平逐年提高，使得高校本来就紧张的教学经费更加捉襟见肘，而其中能够用于学生实习的经费就更少了。校内外实习基地开放后，实习教学内容增加，实习场地、设备、耗材费用也随之增加，这种矛盾制约了实习基地开放的规模。

（4）具有实践经验的实习指导教师紧缺。目前的高校进人政策基本上都是要求高学历，大部分专业引进人才都要求博士。而一些博士从校门到校门，没有接触过生产实践，缺乏在实践中解决问题的能力，因此在指导学生时也是纸上谈兵。此外学校和企业之间没有形成良好的校企合作机制，学校与校外实习基地平时缺乏沟通，只是在学生要实习的时候才有联系，这就很难建立起健康的校企合作关系。企业即使接待学生实习，但企业的技术人员对实习学生热情不高，从而影响了学生的实习质量。

（5）实习考核评价方式不科学。传统实习教学的考核方式和成绩大都是根据学生的实习报告、学生在实习期间的表现以及实习单位的评价意见等方面来评定，很少考虑学生的自主和创新意识，其考核和评价方式也是封闭的。

（6）配套政策滞后。目前大多数高校缺乏校内实习实训基地对学生开放的相应配套政策。比如，怎样提高实习指导教师的积极性，对学生课外选修开放实习实训项目如何在学分上进行政策鼓励等。因此即使学校将实习实训基地开放也很难吸引学生进来。

（三）经费投入

该指标旨在考察工科专业教学运行经费投入情况。评估结果显示，26.67%工科专业的生均年教学运行经费≥1000元；30.00%工科专业的生均年教学运行经费≥800元；40.00%工科专业的生均年教学运行经费≥500元；3.33%工科专业的生均年教学运行经费<500元（见图7-15）。

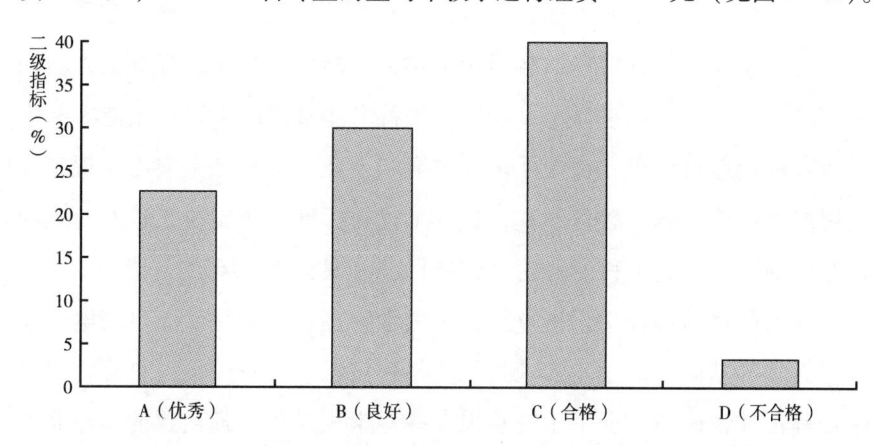

图7-15 经费投入情况抽样评估结果柱状图

抽样评估的结果显示，地方高校的教学运行经费不足是制约教学条件改善的主要问题，也是困扰目前地方高校发展的关键。值得高兴的是国家的教育投入在逐年加大。从2012年开始，河南省本科生生均公用经费从2011年的9000元上升至12000元，增幅达到了33.33%。这对今后的教学条件改善提供了经费保证。但是如何将这些经费用在人才培养上，尚需要拿出切实有效的措施。

六 工程应用能力培养与产学研合作

该项一级指标分为工程应用能力培养与毕业设计（论文）、产学研合作两个二级指标。

（一）工程应用能力培养与毕业设计（论文）

该指标主要是通过了解学生的学习能力、工作能力以及创新创业能力，考察其素质教育设计是否充分体现培养后备工程师的要求，是否坚持以工程应用能力为本位和全面素质教育思想，考察毕业设计（论文）质量。

1. 关于工程应用能力培养和素质教育

主要考察工科专业工程应用能力培养的具体做法，考察其是否开设了有关职业素质教育课程，教师对职业关键能力与素质教育准确领会和贯彻的情况。评估结果显示：40%的工科专业整体的工程应用能力和素质教育设计思路清晰，在人才培养方案和专业教学设计中突出体现工程应用能力培养和素质教育改革，达到了优秀标准；50%的工科专业达到良好标准；10%的工科专业达到合格标准（见图7-16）。

在抽样评估过程中，重点抽查了大学物理、基础化学、电工电子和工程力学等基础课的学生实验技能的掌握情况。其总体情况良好，很多学校都在教学改革方面下了真功夫。一些学校学生在理论课的学校联考中，基本理论课成绩稳步提升，各类专业竞赛成绩逐渐提高。一些学校

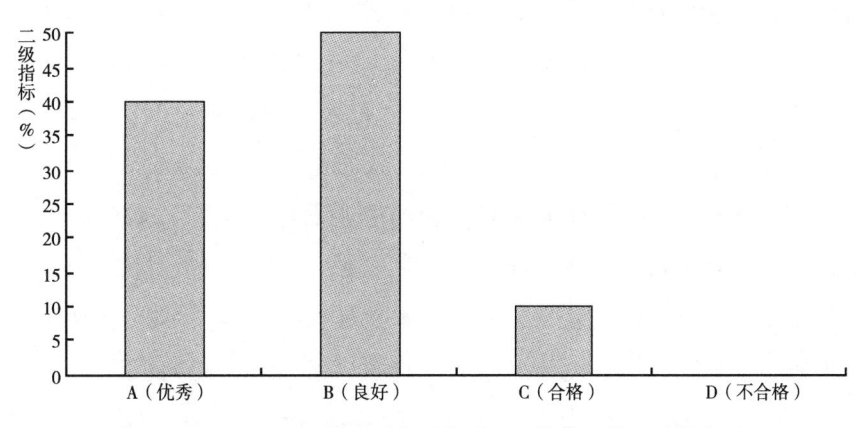

图 7-16　工程应用能力、素质教育设计抽样评估结果柱状图

和专业安排学生参与"实践—理论"的良性互动，使学生在基本技能提高的同时，基本理论水平也得到了长足进步，理论联系实际的良性互动学习氛围日渐形成。随着学生动手能力的提高，学生参与各类创新实验的兴趣和积极性逐渐增强。

2. 毕业设计（论文）质量

毕业设计（论文）是大学本科教育最后也是最重要的一个环节。特别是工程教育，通过毕业设计（论文）可以培养工科学生综合运用所学专业和基础理论知识解决和分析实际工程问题的能力。它是训练学生独立工作和思考问题，参与科技创新及培养科学素养的重要实践环节，是学生有目的、带着问题进行主动学习的重要环节。

评估结果显示，36.67%的工科专业能够达到下述要求：毕业论文与设计选题符合培养目标的要求，能达到综合训练的目标；毕业设计与论文质量好，成绩分布合理；结合工程实际（或社会实践）的课题≥80%，注重结合生产实际安排毕业设计，"真刀真枪"做毕业设计的学生占30%以上；有毕业论文管理的详细制度，严格执行，效果好；每名教师带毕业论文（设计）人数≤6人。16.67%的工科专业毕业论文与设计选题符合培养目标的要求，能达到教学要求；毕业设计与论文质量较好，成绩分布基本合理；结合工程实际（或社会实践）的课题≥60%；注重结合生产实际安排毕业设计，"真刀真枪"做毕业设计的学生占30%以上；有毕业论文管理制度；每名教师带毕业论文（设计）人数≤10人。

值得注意的是，近年来工程专业的毕业设计（论文）教学的质量有所下降。在对指导教师进行的调查中发现，近一半教师们认为自己指导的毕业生毕业设计（论文）质量一般或较差（见表7-23）。课题组在调查中了解到，毕业设计（论文）教学中存在以下几个问题。

（1）毕业设计（论文）的选题不能够结合生产实际。近年来能够进入高校任教的基本都是博士毕业生。这些新进青年教师基本上都是从校门到校门，缺乏实践工作经验。而有实践工作经验的生产一线的工程技术人员却无法进入高校。这使得目前的高校毕业设计（论文）选题搞

表7-23 教师对近年来毕业设计（论文）总体质量的评价

评价等级	频次（人次）	百分比（%）	有效百分比（%）	累计百分比（%）
好	28	7.43	7.43	7.43
较好	165	43.77	43.77	51.20
一般	162	42.97	42.97	94.17
较差	22	5.84	5.84	100
合计	377	100	100	

理论研究的多，与生产实践结合的少，论文多设计少，与专业培养目标不一致。个别毕业设计（论文）也存在设计题目雷同、选题不当的现象。有些有工程背景的指导教师，由于长时间离开生产实践，选题也基本上都是自己擅长的老生产线设计。在对指导教师选题的调查中发现，27.85%的教师指导的毕业设计结合生产实践的占50%以上，而72.15%的指导教师指导的毕业设计结合生产实践的占50%以下，更有甚者，还有14.32%的教师指导的毕业设计结合生产实践的不足10%，2.39%的根本没有结合生产实践（见表7-24）。

表 7-24　结合科研和生产进行的毕业设计（论文）调查分析表

项　目	频次（人次）	百分比（%）	有效百分比（%）	累计百分比（%）
占 50% 以上	105	27.85	27.85	27.85
占 30%~50%	117	31.03	31.03	58.88
占 10%~30%	92	24.41	24.41	83.29
不足 10%	54	14.32	14.32	97.61
没有	9	2.39	2.39	100
合　计	377	100	100	

（2）学生就业压力对毕业设计（论文）有影响。目前，政府和高校都比较重视毕业生就业率统计。很多高校为了提高就业率以赢得社会对学校的认可，纷纷在提高就业率上下功夫。一些学校提出了专业就业率的招生红线，高校管理人员纷纷逐级进行责任承包。学生为了完成教师布置的就业任务，不得不出去找工作。而每年的毕业生供需见面会都安排在 2 月、3 月，此时正好是毕业实习的时间。学校安排的毕业设计（论文）时间一般为 16 周左右，但是为了找工作，学生不能集中精力做毕业设计（论文），而是花去了大部分时间寻找工作。

在对高校教学管理人员的调查中发现：76.42% 的管理人员认为，由于学生忙于找工作不安心做毕业设计（论文），导致毕业设计（论文）质量下滑；60.38% 的教学管理人员认为，毕业设计（论文）质量下滑的主要原因是学生人数太多，教师指导不过来；53.77% 的教学管理人员认为，学校的实践教学条件不能够满足学生毕业设计的需求；53.77% 的教学管理人员认为，是学生的主动性不够（见表 7-25）。

表 7-25　教学管理人员认为影响毕业设计（论文）质量的主要因素（多选项）

选项	实践教学条件不能满足需要	学生人数多，教师指导顾不过来	学生忙于找工作不安心	学生主动性不够
百分比（%）	53.77	60.38	76.42	53.77

在对教师的调查中发现，教师和管理人员的看法基本相同。80.11% 的教师认为影响毕业设计（论文）质量的主要因素是，学生忙

于找工作不安心；54.91%的教师认为实践教学条件不能满足需要；39.52%的教师认为是因为学生人数多，教师指导顾不过来；52.25%的教师认为是因为学生主动性不够。（见表7-26）

表7-26 教师认为影响毕业设计（论文）质量的主要因素（可选多项）

选项	实践教学条件不能满足需要	学生人数多，教师指导顾不过来	学生忙于找工作不安心	学生主动性不够
百分比(%)	54.91	39.52	80.11	52.25

（3）现行教师评价体系存在不足。教师评价体系作为现行高校体制内的一种激励机制而存在，它与教师职称评定、岗位聘任与考核、奖励与升职等切身利益息息相关。其中的一些重要的量化指标，如科研经费、科研成果、专著与论文的数量和级别等对学科建设及人才培养等都起到了积极的推动作用。但这些量化指标中与教师指导毕业设计（论文）的质量等教学工作没有关系，这使得部分教师不愿花更多精力和时间，投入到指导学生的毕业设计（论文）等教学工作中。教师的职业道德、诚信标准等在现实中是一个知易行难的问题，无法体现在教师评价体系中。这些必然会影响到毕业设计（论文）质量。

（二）产学研合作

1. 产学研合作的实施

培养高层次的工程应用型人才离不开企业和科研院所的深度参与。该指标主要考察学校是否与企业、科研院所进行了深度合作，企业是否参与学校专业设置、培养方案修订与实施、教学质量考核与控制、就业服务与指导以及毕业生跟踪调查等过程，学校是否在合作企业建立了稳定的实践教学基地，以及实习基地的利用情况等。

抽样评估结果显示：只有20%的工科专业能够满足上述条件，达到优秀标准；53.33%的专业在学校制订人才培养方案中参考了企业的意见，与企业签订了合作协议，每年都有学生在企业实习，达到良好标准；23.33%的专业有来自企业的兼职教师参与专业与实践教学工作（见图7-17），达到合格标准。

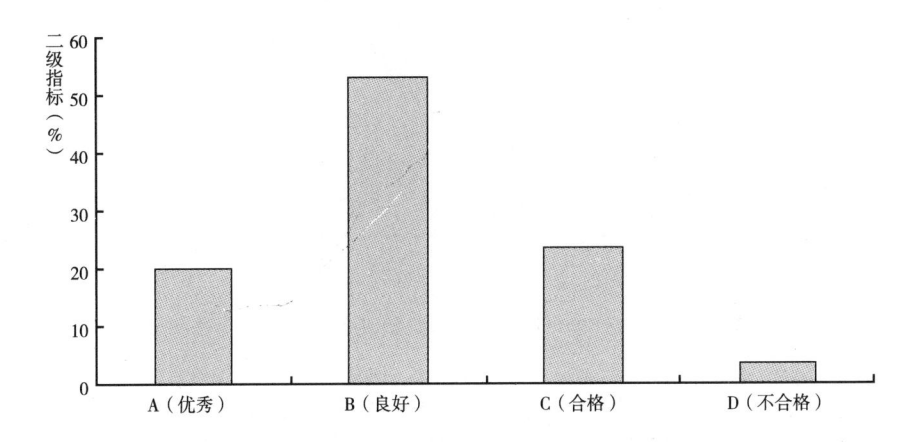

图 7-17 学校产学研实施情况抽样评估结果柱状图

2. 关于产学研结合机制的考察

该指标主要是考察学校是否形成了以专业改革与建设指导委员会为轴心，以社会需求为导向，专业主动为行业企业服务，行业企业积极参与专业建设的机制，成效显著。从评估结果来看，只有16.67%的工科专业在产学研合作方面做到了深度合作，达到优秀标准；60%的专业在产学研合作方面做得比较好，达到良好标准；23.33%的专业只是有了产学研合作理念、机制和途径，并在办学中得到体现（见图7-18），达到合格标准。

发展高等学校和企业之间产学研合作的制约因素是什么呢？我们在对教师进行的调查中发现：33.16%的教师认为是因为企业没有积极性；64.72%的教师认为是因为学校的经费投入不足；28.65%的教师认为是因为学校方面重视不够；56.76%的教师认为是因为缺乏政府政策支持；只有10.08%的教师认为是因为教师怕麻烦；28.65%的教师认为是企业难以容纳过多学生（见表7-27）。

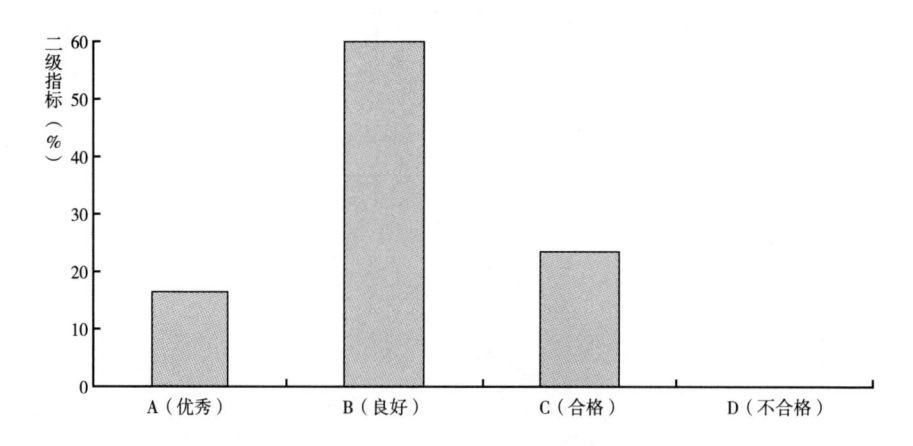

图 7-18 学校产学研结合机制建设情况抽样评估结果柱状图

表 7-27 专业教师对开展产学研合作主要障碍因素的认识（可选多项）

选项	企业没有积极性	经费投入不足	学校方面重视不够	缺乏支持政策	教师怕麻烦	企业难以容纳过多学生
百分比(%)	33.16	64.72	28.65	56.76	10.08	28.65

七　质量管理

（一）管理人员、教师和学生的满意度调查

项目组对学校的教学质量体系建设情况进行了调查。结果表明：只有 11.32% 的管理人员认为自己学校的教学质量保障体系是健全的。45.28% 的管理人员认为自己学校的教学质量保障体系不够完善或差距较大（见表 7-28）。

对教师的调查表明，42.44% 的专业教师认为学校的教学质量保障体系不够完善或差距较大（见表 7-29）。

表7-28 教学管理人员对学校教学质量保障体系的评价

项　目	频次	百分比(%)	有效百分比(%)	累计百分比(%)
健　全	12	11.32	11.32	11.32
比较完善	46	43.40	43.40	54.72
不够完善	45	42.45	42.45	97.17
差距较大	3	2.83	2.83	100
合　计	106	100	100	

表7-29 教师对学校教学质量保障体系的评价

项　目	频次	百分比(%)	有效百分比(%)	累计百分比(%)
健　全	44	11.67	11.67	11.67
比较完善	173	45.89	45.89	57.56
不够完善	123	32.63	32.63	90.19
差距较大	37	9.81	9.81	100
合　计	377	100	100	

对学生的调查表明：只有57.86%的学生认为学校的质量保障体系健全或者比较健全，36.71%的学生认为不够完善，5.43%的学生认为差距较大，说明学生对学校的教学质量保障体系状况不够满意（见表7-30）。

表7-30 学生对学校教学质量保障体系的评价

项　目	频次	百分比(%)	有效百分比(%)	累计百分比(%)
健　全	469	17.90	17.90	17.90
比较健全	1047	39.96	39.96	57.86
不够完善	962	36.72	36.71	94.57
差距较大	142	5.42	5.43	100
合　计	2620	100	100	

从调查的结果来看，无论是教学管理人员、专业教师还是学生，都认为学校的教学质量保障体系不够完善或者差距较大。

（二）管理组织、队伍与制度

该指标主要考核学校教学管理组织体系是否健全，管理组织与队伍包括校院两级教学管理组织、学生管理组织、就业服务组织三个方面，教学管理队伍（包括教学副院长或教学副系主任、教学秘书等教学管理人员）结构是否合理，队伍是否稳定，教学管理队伍是否具有服务意识和创新精神；学校的教学管理规章制度是否健全规范，执行是否严格，并积极采用现代管理技术；教学管理人员近3年来研究与实践成果，研究成果对教学改革是否起到促进作用（研究与实践成果是指教学管理调研或咨询报告、论文、专著等）。从抽样评估的结果来看，50%的高校教学管理组织体系健全，结构合理，队伍稳定，服务意识和创新精神强，工作绩效好，学校各项规章制度健全规范，执行严格，并积极采用现代管理技术手段，教学管理人员近3年来研究与实践成果显著，研究成果对教学改革起到促进作用；3.33%的院校只达到合格标准（见图7-19）。

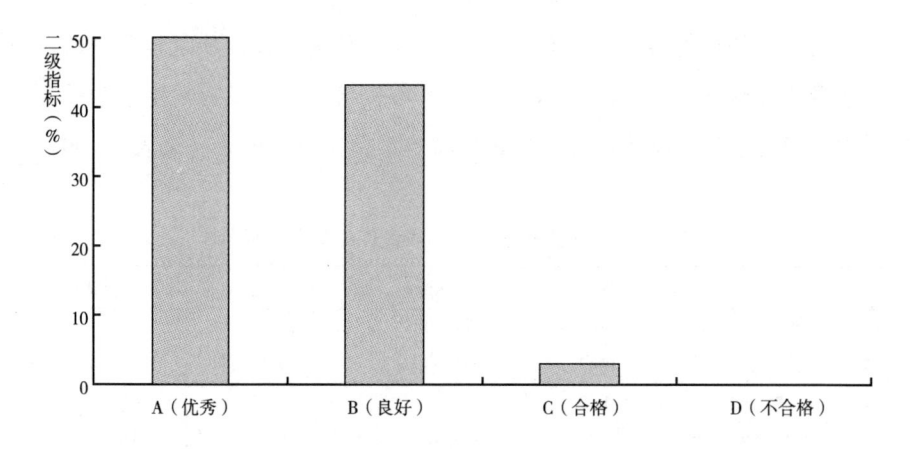

图7-19 高校管理组织、队伍与制度建设情况抽样评估结果柱状图

作为院系的具体管理人员怎么看待教育行政部门的管理呢？从课题组对高校的管理人员的调查来看，46.23%的人员认为教育行政部门对高校的教学质量监控应该是重点环节监控，50%的人员认为应该是全面监控和重点环节监控相结合，而不是由教育行政主管部门实行全面监控，应该由高校或者院（系）根据自己的具体情况进行管理

(见表7-31)。座谈会上许多骨干教师呼吁：高校管理的重心下移势在必行。

表7-31　管理人员对教育行政部门对高校监控方式的认识

项　目	频次(人次)	百分比(%)	有效百分比(%)	累计百分比(%)
全面监控	4	3.77	3.77	3.77
重点环节监控	49	46.23	46.23	50
全面监控与重点环节监控相结合	53	50	50	100
合　计	106	100	100	

(三) 教学运行管理

该指标主要是通过调阅教学文件及档案，考察该专业的教学管理及运行情况。抽样评估结果显示：60%的工科专业管理制度健全，执行严格，教学管理规范有序，运行稳定，学校的教研活动有计划，效果显著；36.67%的工科专业达到良好标准；3.33%的专业达到合格标准(见图7-20)。

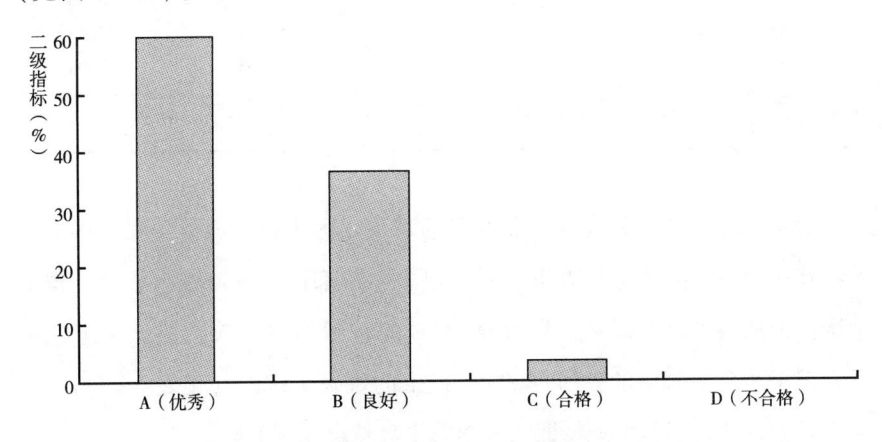

图7-20　高校教学运行情况抽样评估结果柱状图

大部分教学管理人员认为学校对教学管理规章制度的执行是严格或比较严格的，只有1.89%的管理人员认为是不严格的，认为现在的不良社会风气在某种程度上影响到了正常的高校教学活动(见表7-32)。

表7-32　教学管理人员对教学管理规章制度执行情况的看法

项 目	频次（人次）	百分比（%）	有效百分比（%）	累计百分比（%）
严格	16	15.09	15.09	15.09
较严格	66	62.26	62.26	77.35
一般	22	20.75	20.76	98.11
不严格	2	1.89	1.89	100
合计	106	100	100	

调查中还了解到，各学校都针对教学工作制定了很多规章制度，但是一些规章制度没有能够认真贯彻落实，只有25.46%的教师认为学校的规章制度得到了严格执行，51.99%的教师认为执行较严格，19.63%的教师认为其执行力一般，还有2.92%的教师认为学校对规章制度的执行不严格，不能满足教学需要（见表7-33）。

表7-33　专业教师对学校教学管理规章制度执行情况的看法

项 目	频次（人次）	百分比（%）	有效百分比（%）	累计百分比（%）
严格	96	25.46	25.46	25.46
较严格	196	51.99	51.99	77.45
一般	74	19.63	19.63	97.08
不严格	11	2.92	2.92	100
合计	377	100	100	

目前招生规模大是高校存在的普遍现象。为了保证教学质量，各个学校都在采取各种办法避免大班上课。很多学校都把4个班作为教师上课的上限。但从调查情况来看，只有69.23%的教师的授课人数能满足上述要求，甚至还有2.66%的教师为200人以上的班级上过课（见表7-34）。尽管都是公选课，但是大班授课的教学效果显然会受到影响。

教师在课后能否对学生进行有效的辅导，是许多学生关心的事情。当前，教师与学生沟通的主要渠道是课堂和课间。因为目前高校的校区和教师的生活区大都不在一起，教师上完课以后就离开了校区。调查显示，课后能抽出时间答疑的教师占55.70%，而课外抽时间答疑的教师

表7-34 教师授课班最多的学生人数分析表

项　目	频次(人次)	百分比(%)	有效百分比(%)	累计百分比(%)
30～70人	103	27.32	27.32	27.32
71～120人	158	41.91	41.91	69.23
121～150人	77	20.42	20.42	89.65
151～200人	29	7.69	7.69	97.34
201～250人	7	1.86	1.86	99.20
250人以上	3	0.80	0.80	100
合　计	377	100	100	

仅占28.91%，34.48%的教师通过网络和学生沟通，进行网上答疑（见表7-35）。

表7-35 教师在教学过程中与学生沟通的渠道调查（多项选择）

选项	课堂和课间	课后答疑	课外辅导	网络联系	其他方式
百分比(%)	90.72	55.70	28.91	34.48	11.41

（四）学风

学风是影响教学质量的重要方面。学风问题一直是各高校着力解决的问题，但是就目前情况来看，还有较大的改善空间。课题组通过调查问卷了解到：只有4.51%的教师对所在学校的学风很满意；26.53%的教师满意；50.40%的教师基本满意；18.56%的教师不太满意（见表7-36）。

表7-36 教师对所在学校学风的调查分析表

项　目	频次(人次)	百分比(%)	有效百分比(%)	累计百分比(%)
很满意	17	4.51	4.51	4.51
满意	100	26.53	26.53	31.04
基本满意	190	50.40	50.40	81.44
不太满意	70	18.56	18.56	100
合　计	377	100	100	

调查显示：47.48%的教师对学生最不满意的现象是旷课或迟到；50.40%的教师最不满意学生不认真听讲；33.42%的教师最不满意学生作业不认真；30.24%的教师对学生不重视实验实习最不满意；45.62%的教师最不满意学生很少提出疑问（见表7-37）。

表7-37 教师对学生最不满意的现象调查分析表（多选项）

选项	旷课或迟到	不认真听讲	作业不认真	不重视实验实习	很少提出疑问
百分比(%)	47.48	50.40	33.42	30.24	45.62

是什么因素影响了学风。调查显示，61.80%的教师认为是社会风气问题，50.13%的教师认为是学生自身问题，33.69%的教师认为是学生就业难所带来的，26.79%的教师认为学校管理不到位（见表7-38）。这种调查结果令人不安。将学风不好的原因简单地归于社会、学生和就业难等与己无关的客观原因，这既不客观，也不利于解决学风问题。

表7-38 教师认为影响学风的主要因素调查分析表（多选项）

选项	学生自身问题	就业难	社会风气	学校管理不到位	所学知识用处不大	教学管理不严格	其他
百分比(%)	50.13	33.69	61.80	26.79	17.51	15.92	9.28

（五）质量监控与反馈

该指标主要是考察高校教学质量监控体系的建设情况。通过检查教学管理文件，考察学校是否建有教学督导组织、教学信息反馈系统和教学评估系统，是否建有人才培养全过程的质量控制的机制，各教学环节质量标准是否完善、合理并执行严格，是否坚持定期或不定期到企业和用人单位进行毕业生跟踪调查，并能够通过对所获信息的分析，促进人才培养方案的优化和质量的有效控制。

第七章　高等工程教育质量的抽样评估与分析

通过抽样评估，33.33%的工科专业都建有教学督导组织、教学信息反馈系统和教学评估系统，建有人才培养全过程的质量控制的机制，各教学环节质量标准完善、合理并执行严格，坚持每年到企业和用人单位进行毕业生跟踪调查，并能够通过所获信息分析，对人才培养方案进行完善和教育教学质量的有效控制，达到优秀标准；63.34%的专业达到良好标准；3.33%的专业达到合格标准（见图7-21）。

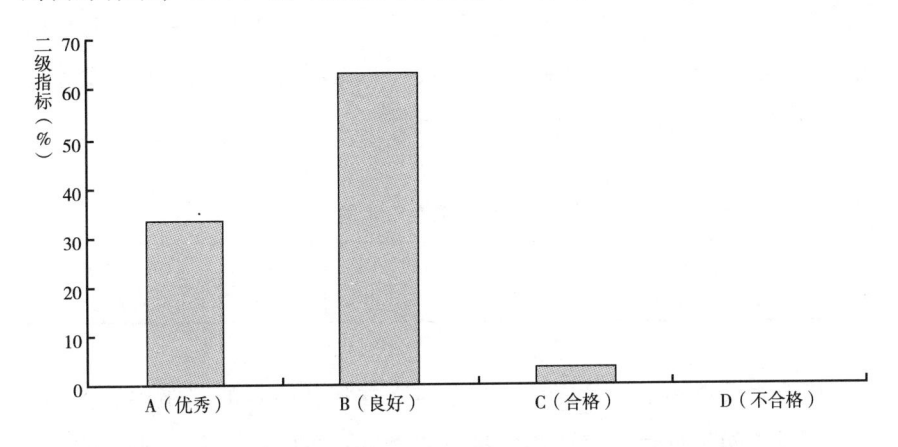

图7-21　学校教学质量监控与反馈抽样评估结果柱状图

通过听课了解和监控教学运行质量是高校常规的做法。课题组抽样调查了部分专业教师。在被调查的专业教师中，有14.85%的教师被学校领导听过课，66.84%的教师被院（系）领导听过课，77.98%的教师被学校教学督导组专家听过课，60.21%的教师被专业教师听过课，35.28%的教师被教学等相关部门的负责人听过课，有0.80%的教师没被人听过课（见表7-39）。从这一统计数据来看，多数高校重视通过日常听课环节加强管理，已经形成了行之有效的管理制度。

表7-39　近年来有哪些人员听过专业教师的授课调查（可选多项）

选项	校领导	院(系)领导	教学督导组	专业教师	部门负责人	没有任何人听课
百分比(%)	14.85	66.84	77.98	60.21	35.28	0.80

课题组还就"谁是教学质量监控的主要责任者"在教师中进行了调查。从表7-40提供的数据可以看出，多数教师认为院（系）、教务处、教师是主要的质量责任者，更多教师认为院（系）应该是教学质量监控的主体。但是，目前多数学校的教务处承担了大部分的教学质量监控的任务，各院（系）大多停留在按照教务处的要求布置工作的层面。因此，随着高校的工作重心下移，由学院承担更多的工作应是地方本科院校工作的重点。认为仅仅让学校督导委员会听几节课就能够提高教学质量的观点是靠不住的，要想办法提高院（系）一级的管理水平，充分发挥院（系）在教学质量保障中的作用。

表7-40 关于教学质量监控的主要负责者的调查意见（可选多项）

选项	学校领导	教务处	院（系）	教师	教学督导委员会
百分比（%）	24.14	54.91	59.15	42.97	27.32

毕业生反馈到学校的信息是社会对人才培养质量的"晴雨表"。课题组通过查阅学校近3年毕业生跟踪调查报告和用人单位反馈的资料了解到，69.50%的用人单位对目前的地方高校人才培养质量认为很好或较好，28.12%的用人单位对地方高校人才培养质量认为一般，2.38%的用人单位认为地方高校的人才培养质量很差（见表7-41）。

表7-41 用人单位对人才培养质量的总体评价分析表

项 目	频次（人次）	百分比（%）	有效百分比（%）	累计百分比（%）
很 好	68	18.04	18.04	18.04
较 好	194	51.46	51.46	69.50
一 般	106	28.12	28.12	97.62
很 差	9	2.38	2.38	100
合 计	377	100	100	

（六）教学水平与授课方式

这一指标重点考察学校对教师的评价体系是否合理，执行力度如何。主要查看学校教学督导、学生评教、教师评教和教师评学活动支撑材料。抽样评估结果显示，50%的学校学生评教优良率≥90%，不合格率=0；积极进行教学方法和教育技术改革，灵活采用多种教学方法，积极探索创新教育，采用多媒体授课课程比例≥80%，教学效果好；考试模式改革力度大，很好地发挥了考试的导学促教、信息反馈、质量检测控制与鉴定功能，符合高等工程教育特点要求，达到优秀标准；46.67%的学校学生评教情况为84%＜优良率＜90%，不合格率≤5%，积极改革教学方法与教学手段，多媒体教学课时的比例≥60%，教学效果较好。考试模式改革有一定力度，并取得初步成效，达到良好标准；3.33%的学校学生评教情况为80%≤优良率≤84%，不合格率≤5%，积极改革教学方法与教学手段，多媒体教学课时的比例≥60%，教学效果较好（见图7-22），考试模式改革有一定力度，并取得初步成效，达到合格标准。

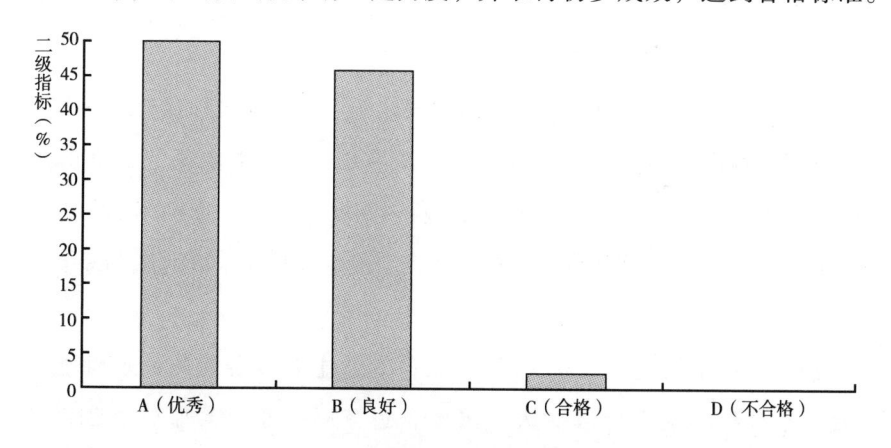

图7-22 教学水平抽样评估柱状图

从对教师调查的结果来看，教师授课通常的方式和方法大都采用课堂教学，33.16%的教师尝试过项目教学，还有49.87%的教师采用过课堂研讨的方式上课，29.71%的教师采用过学生自主学习再集中研讨的方式授课。这说明地方高校都在进行教学方式和方法的改革（见表7-42）。但总体上看来，在课堂教学改革方面采取的措施尚不够具体，范围也不够广泛。

表 7-42　专业教师采取过的主要教学方式调查（可选多项）

选项	课堂讲授	项目教学	课堂研讨	学生自主学习	其他
百分比(%)	85.41	33.16	49.87	29.71	7.96

八　人才培养质量

对人才培养质量的评估设置了3个二级指标，包括必备的理论知识、工程应用能力与基本技能、职业综合能力与综合素质等。为了更为全面反映质量状况，对学生的现代工程意识和职业道德修养也进行了调查。

（一）必备的理论知识

该指标需要学校提供近3年各门课程成绩单、成绩统计分析资料和试卷，现场抽测课程，检查主要基础课（高等数学、大学物理、工程数学、外语等公共基础课）一次及格率、国家英语四级考试二年级末一次通过率、计算机二级考试一次通过率以及核心课程实验成绩情况，以此来判断学生对必备知识的掌握情况。

抽样评估结果显示，36.67%的工科专业主要基础课的一次性通过率高，学生核心课程合格率达到90%，近三届毕业生参加英语四级考试累计通过率达85%以上，重视毕业实践环节的工作，学生毕业实践质量较高，核心课实验成绩优良率≥70%，学生计算机应用能力普遍较高，计算机二级考试通过率高，学生知识掌握与应用程度达到培养目标要求，达到优秀标准；36.67%的专业达到良好标准；26.66%的专业达到合格标准（见图7-23）。

（二）工程应用能力与基本技能

学生的创新精神和工程应用能力主要是通过现场考核和检查实践作业

第七章 高等工程教育质量的抽样评估与分析

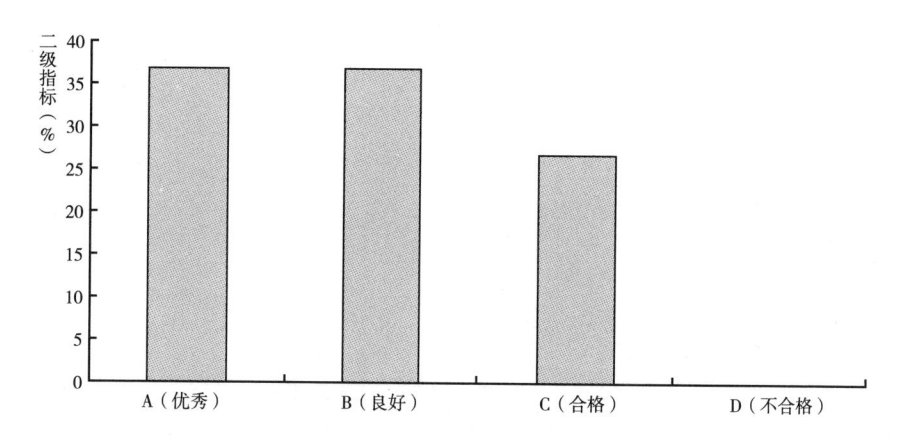

图 7-23 学生必备的理论知识抽样评估结果分析图

等方式对学生工程应用能力进行分析、评价。优秀专业的多数学生具有综合运用所学知识、分析并解决工程实际问题的能力，优秀学生能够参与生产及运作系统的设计，并初步具有运行和维护能力。学校制订有学生创新学分实施计划，落实效果好，学生有参与科研活动的积极性，并且获得较多的省部级以上的奖励。

学生工程应用能力与基本技能主要是通过查看专业实验条件，综合考察实验能力。要求学生的综合实验能力总体较高，开放创新实验取得良好效果。大多数学生能适应国际化需要，具有在跨文化环境下进行交流与合作的能力。本次抽样评估了解到，只有30%的专业能够达到上述要求（见图7-24），大部分工科专业只是制订有学生创新学分实施计划，有一定的研究实践成果和奖励，开设了一定数量的综合性实验。

通过对学生在校期间参加实践教学活动情况的调查来看，15.65%的学生参与过教师的科研项目；12.94%的学生参加过企业工程设计方案的论证、设计和开发；8.94%的学生参与了学校导师和企业导师共同指导的实习或论文（这两项活动能够使学生将自己所学的理论知识和生产实践相结合，为学生走向社会打下基础）；8.01%的学生参与过企业的现场实践（从表7-43提供的数据来看，这方面是最为薄弱的环节）。

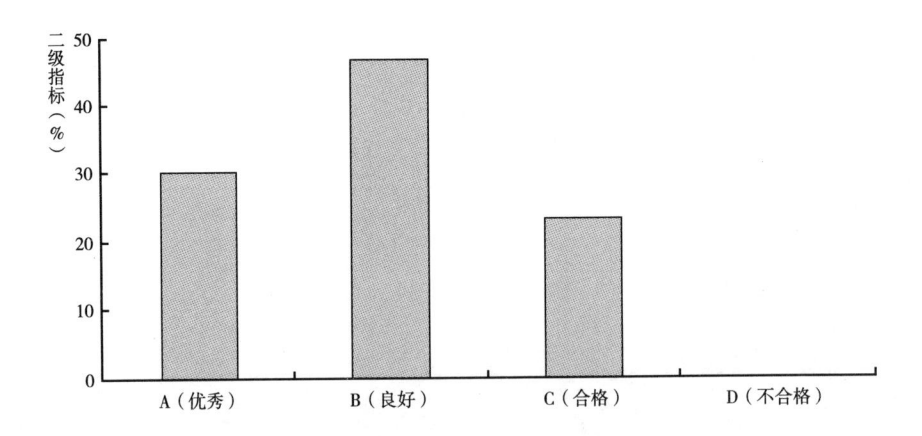

图 7-24 学生工程应用能力与基本技能调查分析图

表 7-43 学生在校期间是否有下面的经历调查结果

选项	参与了教师的科研项目	参加了企业工程设计方案的论证、设计和开发	参与了学校导师和企业导师共同指导的实习或论文	参与了企业现场实践	参加了基于项目的"做中学"
百分比(%)	15.65	12.94	8.94	8.01	6.04

（三）职业综合能力与综合素质

该指标拟通过查看学校近 2 年素质教育总结和相关资料及观察学生的行为表现，判断学生基本素质状况。在被调查的专业里，达到优秀标准的专业占 20%；达到良好的专业占 63.33%；达到合格的专业占 16.67%（见图 7-25）。

通过抽样评估，在被调查的专业中，有 20% 的工科专业达到了优秀标准，符合以下 6 个条件：(1) 学生具有良好的学习能力、工作能力和创新思维及能力，现场抽测技能优良率≥60%，综合判断学生专业技能达到培养目标要求。(2) 社会实践和课外科技文化活动有计划，丰富活跃，多数学生积极参与，效果好，学生在全国科技竞赛中有获奖。(3) 毕业设计（论文）质量好。(4) 学生思想品德与文化素质总体情况

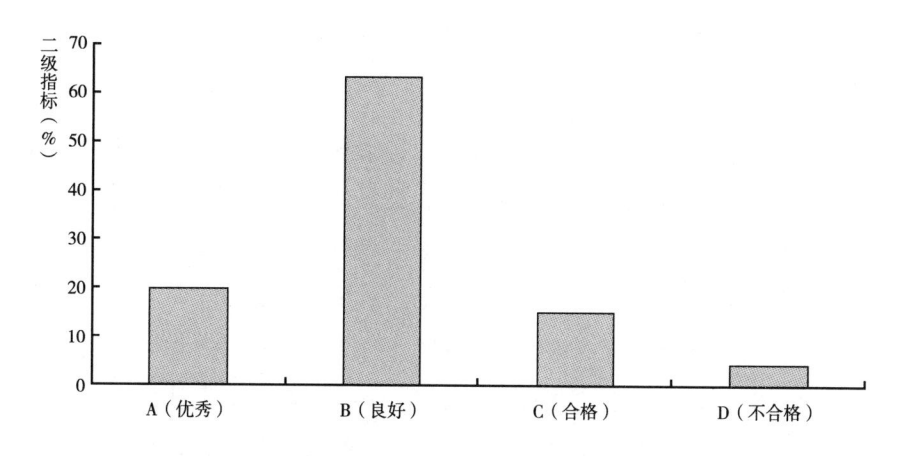

图 7-25 职业综合能力与综合素质抽样评估结果柱状图

好；学生能遵纪守法，履行公民基本道德规范和职业道德修养状况较好，考风考纪良好；多数学生熟知工程师的职业道德；学生身心健康。(5) 本专业多数学生有下列经历之一：参与了教师的科研项目；参加了企业工程设计方案的论证、设计和开发；参与了企业现场实践；参加了基于项目的"做中学"。(6) 积极利用国外先进的工程教育资源，积极组织学生参与国际交流，到海外企业实习，开展了高水平的中外合作工程教育项目。

在被调查的专业中，16.67%的专业达到合格标准，符合以下 6 个条件：(1) 学生具有一定的学习能力、工作能力和创新思维及能力，现场抽测技能优良率≥30%，合格率≥85%，综合判断多数学生职业技能达到培养目标要求。(2) 社会实践和科技文化活动开展有计划，有一定的参加人数和活动效果，学生在省级科技竞赛中有获奖。(3) 毕业设计（论文）规范，质量合格。(4) 大多数学生具有良好的职业道德和社会公德，考风考纪好；学生的行为符合规范要求；学生身心较健康。(5) 一定数量的学生能参加各种课外科技与文化活动。(6) 学校开展了中外合作工程教育项目。

（四）学生的现代工程意识和职业道德调查

学生的现代工程意识和职业道德修养是人才培养质量的重要体现。

在问卷中设计了"工程师应具备的现代工程意识是否应该包括质量意识、安全意识、环保意识、服务意识和开发意识"的题目。其中质量意识、安全意识、环保意识、服务意识包括在现代工程意识之中。良好的质量意识是工程师追求卓越的前提;良好的环境意识是工程师在工程行为中重视环境保护、使人与自然关系和谐的基础;良好的安全意识关系工程人员的人身安全、国家和企业财产的安全乃至社会的稳定;良好的服务意识是企业应对市场竞争的必然要求[①]。而开发意识则不属于现代工程意识。从对学生的调查结果来看,64.56%的学生认为开发意识也属于现代工程意识,而44.84%的学生则不认为服务意识属于现代工程意识(见表7-44),说明学生对现代工程意识的概念还比较模糊,从另一个角度也反映出工程教育中的缺陷。

表7-44 学生认为工程师应具备的现代工程意识包括

选项	质量意识	环境意识	安全意识	服务意识	开发意识
百分比(%)	77.48	68.59	72.26	55.16	64.56

对学生进行的职业道德调查问卷的分析结果也不容乐观。问卷设计了一题:工程师的职业道德是否应包括遵纪守法、诚实守信、爱岗敬业、追求卓越、尽职尽责、廉洁自律等。这些都是工程师必须具备的职业道德。遗憾的是,只有21.93%的学生认为工程师的职业道德包括爱岗敬业;只有19.59%的学生认为工程师的职业道德包括追求卓越;只有20.36%的学生认为工程师的职业道德包括尽职尽责;只有43.57%的学生认为工程师的职业道德包括廉洁自律(见表7-45)。必须强调,社会需要具有良好的职业操守,能够遵纪守法,诚实守信,干一行爱一行,兢兢业业干好本职工作的工程技术人员。在调查中我们了解到,一些学生习惯于把个人的发展和经济收入挂钩,而学校也忽视了对学生爱岗敬

---

① 林健:《"卓越工程师教育培养计划"通用标准研制》,《高等工程教育研究》2010年第4期。

业、尽职尽责等职业素养的教育。一些毕业生存在浮躁情绪，沉不下心来做事。这是应该引起高度重视的一个工程教育教学质量问题。

表 7-45 学生对工程师应具有的职业道德的认识

选项	遵纪守法	诚实守信	爱岗敬业	追求卓越	尽职尽责	廉洁自律
百分比(%)	74.24	78.09	21.93	19.59	20.36	43.57

（五）师生对工程教育质量满意度的调查

从对教师调查结果来看，40.85%的教师认为目前的地方高校工程教育质量一般，还有4.24%的教师认为工程教育质量差或者很差（见表7-46）。

表 7-46 专业教师认为目前地方高校的工程教育质量

项目	频次(人次)	百分比(%)	有效百分比(%)	累计百分比(%)
很 好	45	11.94	11.94	11.94
较 好	162	42.97	42.97	54.91
一 般	154	40.85	40.85	95.76
差	14	3.71	3.71	99.44
很 差	2	0.53	0.53	100
合 计	377	100	100	

课题组还在大三学生中进行了抽样调查，调查结果显示，认为学校的工程教育质量很好或者较好的学生占50.30%，而49.7%的学生对目前所在学校工程教育的质量不满意（见表7-47）。

影响人才培养质量的因素很多，从对高校教学管理人员的调查来看，

表 7-47 学生认为目前地方高校的工程教育质量

选择项	频次(人次)	百分比(%)	有效百分比(%)	累计百分比(%)
很 好	501	19.12	19.12	19.12
较 好	817	31.18	31.18	50.30
一 般	1096	41.83	41.84	92.13
差	156	5.95	5.95	98.09
很 差	50	1.91	1.91	100
合 计	2620	100	100	

多数人认为目前影响提高工程教育质量的最主要因素是经费投入、学校办学条件、师资队伍建设、企业参与等（见表7-48）。此外学校的工程教育的教育思想观念、办学定位与工作思路、管理水平、教师的投入程度、校领导重视程度、政府的扶植政策等都是影响学校工程教育质量的重要因素。

表7-48 影响提高工程教育质量的主要因素调查分析表

选项	教育思想观念	办学定位与工作思路	学校办学条件	师资队伍建设	管理水平	企业参与	经费投入	教师的投入程度	校领导重视程度	上级政策	学风	招生规模	其他
百分比(%)	33.02	35.85	65.09	65.09	32.08	57.55	80.19	28.30	39.62	28.30	20.75	14.15	1.89

哪些因素是学校提高教育教学质量自身不能解决的障碍？课题组就此进一步作了调查。73.58%的教学管理人员认为目前影响高等工程教育质量的主要障碍是学校必要的工程训练条件得不到保证，71.70%的认为主要是缺少产业界（企业）的参与和介入，42.45%的认为是缺乏全国统一的专业培养标准，39.62%的认为是缺少统一的工程专业评估（认证）制度（见表7-49）。

表7-49 教学管理人员认为目前影响高等工程教育质量的主要障碍

选项	缺乏全国统一的专业培养标准	必要的工程训练条件得不到保证	缺少产业界（企业）的参与和介入	缺少统一的工程专业评估（认证）制度
百分比(%)	42.45	73.58	71.70	39.62

九 就业与社会声誉

课题组对就业与社会声誉的评价设置了3个二级指标，包括学生评价、毕业生就业率、社会声誉等。

(一) 学生评价

学生评价不仅是高校教学的重要环节和高校教育教学管理的重要手段，同时也是对高等工程教育评价活动的基础和核心。该指标主要是通过对毕业生和在校生对本专业教学工作满意度的调查来考查学生对学校和专业的认可度。抽样评估结果显示：53.34%的专业其毕业生、在校生对学校和专业很满意，达到优秀标准；43.33%的专业其毕业生、在校生对学校和专业满意，达到良好标准；还有3.33%的专业其毕业生、在校生对学校和专业表示基本满意，达到合格标准（见图7-26）。

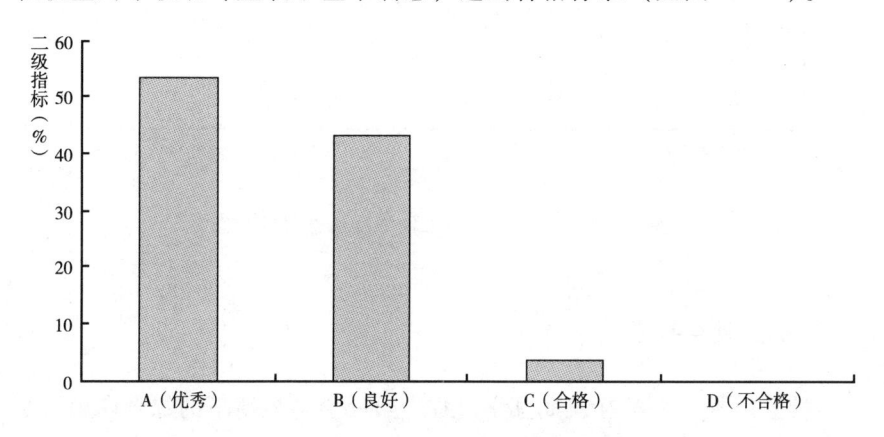

图7-26 学生评价抽样评估柱状图

(二) 毕业生就业率

毕业生就业率是学校综合能力的集中体现，也是社会声誉的主要指标。学校培养人才的目的就是为了能够满足社会需求，如果自己学校的就业率高，在社会上的声誉就会越来越好，那么报考学校的学生会越来越多，生源质量就会越来越好，生源质量好了就会为教学质量的提升创造条件。该指标通过应届毕业生的就业率来评价人才培养与社会需求的接轨情况，通过用人单位对毕业生的评价以及在社会上的知名度来判断学校的社会声誉。

通过抽样评估，56.67%的工科专业应届毕业生年底就业率≥85%。43.33%的工科专业应届毕业生年底就业率≥75%（见图7-27），在被调查的专业中，这一指标均在良好以上。然而，在调查中我们也了解到，一些学校的毕业生就业率存在一定的水分，学生对此也有一定意见。

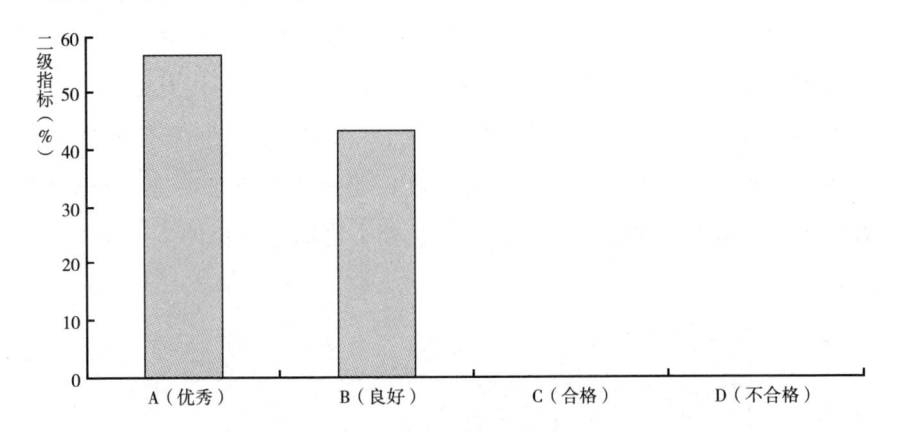

图7-27 毕业生就业率抽样评估结果柱状图

（三）社会声誉

社会声誉是大学在长期办学过程中给社会各界留下的综合印象，是社会各界对大学的主观判断，是学校与企事业单位、学生及家长、兄弟院校、学术界、政府、新闻界等公众在社会交往中形成的知名度。它能够准确地反映一所大学的地位和影响。该指标主要是通过生源质量、新生入学率以及社会对毕业生的评价来体现学校在社会上的价值。

通过本次抽样评估，46.67%的工科专业近3年新生平均报到率≥70%，社会声誉在本地区同类专业中处于较高水平，用人单位对毕业生的综合评价好，毕业生在社会上的声誉好，用人单位对毕业生评价满意率达到80%，社会声誉在本地区同类专业中处于较高水平。毕业生质量调查总体反映合格，用人单位对毕业生评价满意率达到60%，有一定的社会声誉（见图7-28）。

然而，在对教师的调查中了解到，超过半数的教师认为学校的生源质量一般或较差（见表7-50）。

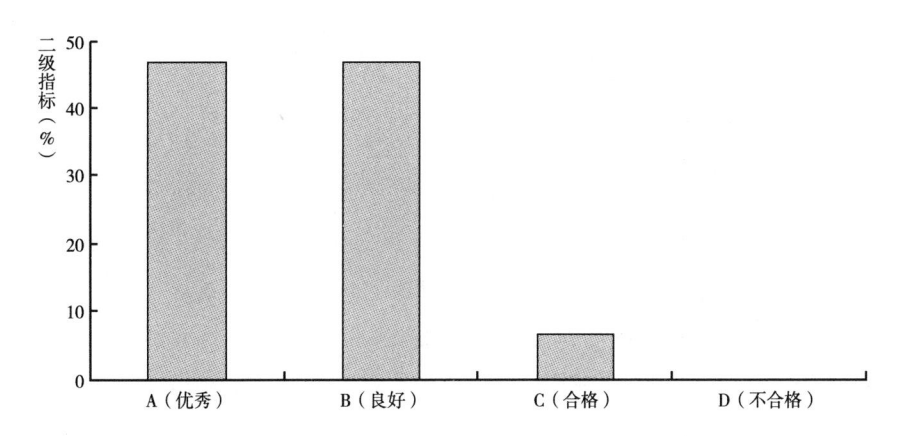

图 7 – 28　学校的社会声誉抽样评估结果柱状图

表 7 – 50　教师对近年来学校生源质量的评价

等　　次	频次（人次）	百分比%	有效百分比%	累计百分比%
高	22	5.84	5.84	5.84
较　高	151	40.05	40.05	45.89
一　般	173	45.89	45.89	91.78
较　差	31	8.22	8.22	100
合　计	377	100	100	

十　专业优势与特色

专业优势与特色是高校在一定办学思想指导下和长期办学实践中逐步形成的。独具特色、富有个性风貌的专业优势与特色，是指教育教学整体水平和人才培养质量较高，办学思想、专业建设、教学改革、科学研究、人才培养模式、人才培养质量等方面具有显著特色和较高社会声誉的专业特质，具有人无我有、人有我优、人优我精、人精我新等特征。专业优势与特色是专业在长期发展建设过程中，通过研究和实践探索，以创新精神解决培养过程中的重点和难点问题，不断积淀形成的专业特有优质风貌。它是学校特色的重要体现，从某种意义上讲，没有特色专业就没有学校的办学特色，学校就没有生命力，没有竞争力，没有办学活力和实力。

该指标主要通过实地考察、查阅资料和座谈等方式，综合考察专业工程教育理念和思路、人才培养模式、教学内容、教学方法和手段、产学研结合、学生能力培养、教学管理制度创新等方面的成果。通过比较、分析与综合、推理等逻辑分析法对评估结果进行分析。

由于本项研究主要是采取学校自评的方法进行，因此从自评的结果来看，多数被调查的专业都认为自己的专业具有一定的优势和特色，也准备了一些相关的支撑材料。但课题组通过座谈会、问卷调查等较为深入的考察发现，地方高校高等工程教育的专业优势与特色存在以下几个问题。

(一)"特色不特"现象比较普遍

一些学校比较注重对专业优势与特色的文字描述，通过近年来参加各种评估活动，也整理积累了一些支撑材料的经验。但是，专业优势与特色名不符实的现象比较普遍，具体表现在以下几个方面：其一，注重专业的培养目标、教学内容、课程体系、教学方法等方面的新颖提法，但实际做法与以往在本质上并无大的区别，"特色"成了一种说法和形式，有"穿新鞋走老路"之嫌；其二，学校自身认为有优势和特色的做法，其实其他学校都在这样做，且不同学校的特色差别不大，自然也就失去了所谓的"特色"；其三，一些学校把近年来申报成功的教育部和省级特色专业、精品课程、教学团队等质量工程项目成果简单作为专业优势与特色，而这些所谓"标志性成果"学生受益不多。

(二)具有"校企合作"优势的专业较少

通过调查了解到，近年来学校都比较重视校企合作，出台了相应的文件和规章制度，与不少企业签订了合作协议。但是，校企合作常常停留在实习基地建设的浅层合作层面。企业并没有真正参与研究和制订人才培养方案，也没有从单纯的用人单位变为人才联合培养单位，企业所具备的工程环境和先进的工程实践条件的优势并没有转化为优质的工程教育资源。让企业的高级工程技术人员和管理人员承担一定的实践教学任务，在许多学校还难以实现；校企双方互相支持、双向介入、资源互用、利益共享等更谈不上；企业在学校的专业建设、实训基地建设、"双师型"教师队伍的建设等方面还有许多工作要做。

（三）人才培养模式单一化问题突出

在调查中我们了解到，各高校人才培养模式单一化问题普遍存在。由于缺乏高水平的师资，加之课程和实验室资源不够丰富，人才培养方案的核心部分不同学校差别不大。教学计划中的选修课少，有些学校只有形式上的选修课，学生没有任何选课自主权。由于教学资源的限制，学校没有也不可能根据学生个体的兴趣、爱好、特长、职业发展规划灵活机动地设置课程。整齐划一的教学安排难以满足学生个性发展的要求，也就难以实现学生全面而自由的发展。鼓励特长和个性发展的分类培养机制远远没有形成。

第八章
地方高校高等工程教育的改革与创新

高等工程教育承担着为国家和地方经济社会发展培养高质量高等工程人才的重任,而提升工程教育质量的根本途径在于对高等工程教育进行改革与创新。为了解决部分地方高校的人才培养模式比较单一、质量保障体系建设不健全、实践教学没有得到应有的重视、工程教育与企业和社会缺乏必要的联系等问题,必须以先进的教育理念为引导,通过改革和创新,明确人才培养的目标定位,探索灵活多样的人才培养模式,优化人才培养方案,推进学校与企业的深度合作。这是高等工程教育质量保障的关键所在。

一 地方高校高等工程教育改革的指导思想

先进的改革来自先进的理念和指导思想。经济全球化、科学技术综合化的发展使得现代工程所具有的科学性、社会性、实践性、创新性、复杂性等特征日益突出,从而要求高等工程教育改革重构教育理念,明确改革的指导思想。

(一)全面的人才培养质量观

传统的工程教育只注重传授专业化的知识和技能,而科学技术的交

第八章 地方高校高等工程教育的改革与创新

叉和综合发展需要工程教育能传授综合的工程知识和技能。① 必须转变以往狭隘的人才观,改变以往只注重狭窄的专业知识、适应性较弱的"专才"质量观,树立全面的人才培养质量观。全面的人才培养质量观是指以包括人才培养中的知识、能力、素质以及高等教育是否满足人们的受教育需求、高等教育是否促进社会发展等作为人才培养质量的全部内容,并以此来评价高等教育质量。

工程的本质融合了人的意志、想象、情感的创造、设计和施工。工程师自身的人文和社会科学素质,对工程的质量和水平的影响是显而易见的。工程师必须具有文学、艺术、语言、政治、经济、现代企业管理等方面的素养。通识教育是理念与实践的统一,它建立在核心课程和专业课程基础之上,是学生必须接受的职业性和专业性以外的那部分教育,其内容广泛,具有非功利性、非专业性,致力于将学生培养成有教养的、健全的和负责任的公民。高等工程教育的改革,应按照全面的人才培养质量观的要求,拓宽专业口径,扩充非专业因素、非智力因素,重视通识教育对培养优秀工程师的作用,使学生具有厚重的人文素养和社会科学知识,以此达到培养全面发展的人之目的。

(二) 大工程观念

高等工程教育有其特有的培养目标、学科设置、教学内容、教学方法和基于管理制度形成的培养模式。② 大工程观将科学、技术、非技术要素融为一体,形成完整的工程活动系统,在注重工程技术本身的同时,把非技术因素作为内生因素加以整合,引入工程活动。③ 华东理工大学涂善东提出了"全面工程教育"的理念,即他认为一个合格的工

---

① 姜元章:《提高中国高等工程教育质量的问题研究》,《中国石油大学学报》(社会科学版) 2010 年第 4 期。
② 张雪、李玮、李慧:《我国高等工程教育人才培养》,《河北联合大学学报》(社会科学版) 2013 年第 1 期。
③ 谢笑珍:《"大工程观"的涵义、本质特征探析》,《高等工程教育研究》2008 年第 3 期。

科毕业生应该做到"内外双修,既懂设计,又能搞管理"。

确立大工程观就是要确立整体的、系统的、生态的工程观念,是指在工程实践中,远离纯粹的工程科学,融入自然,维护生态平衡,使社会得到健康可持续的发展。这就要求高等工程专业要扩大专业口径,从原来的"专业对口"转变为适应社会需求的"大工程"。"大工程"型的优秀工程师需要具备一定广度和深度的科学基础,在具有本专业知识与动手解决实际问题能力的同时,还必须对社会环境、经济环境、人际关系、公共政策、道德规范、审美知识及自然环境等有一定的了解与适应能力。必须改变过去从书本到书本、从理论到理论的培养方式,重视培养学生的工程意识,通过强化工程实践培养学生的工程兴趣和创新观念,提高学生的工程素质。

(三)多样化观念

大众化阶段的高等教育形成了多层次、多样化的各级各类高等教育。当前的高等教育表现出多样化的特征:一是办学模式多样化,出现了多种多样的办学模式;二是教育目标和人才培养规格多样化,各种岗位对人才的要求各有特点,因此出现多种多样的教育目标和人才培养方案;三是高等教育需求多样化,人们出于不同的目的接受高等教育。高等教育多样化的特点,对高等教育的培养目标和规格提出了多样化的要求,因此,高等工程教育改革必须转变以往用统一的标准来衡量高等工程教育质量的做法,根据社会需求用不同的质量标准来衡量高等工程教育质量,确立多样化的高等教育质量观。

二 地方高校高等工程教育的人才培养目标与质量标准

(一)人才培养目标的确定

明确的人才培养目标是高等工程教育活动的前提和先导,它决定了人才培养模式。高等工程教育致力于培养掌握科学技术和现代科学管理知识、具有良好人文精神、具有国际视野、适应时代要求的工程技术人才。从世界各国高等工程人才培养的实践来看，人才培养目标必须适合本国国情。地方高校高等工程教育的人才培养是为国家和地方的工业企业服务，必须满足企业的要求。

1. 确定人才培养目标的依据

首先，从我国全面建成小康社会的时代需要来考虑。当前，地方企业的工程技术人员数量不足、质量不高问题普遍存在，这些问题直接制约了企业研发能力和创新水平的提高。全面建成小康社会的关键是实现新型工业化，而要实现新型工业化就需要大量的优秀工程师。我国当前处于新兴工业化发展的关键时期，能否培养出一大批高质量的高等工程人才，成为提高地方工业水平和核心竞争力的关键。

其次，从地方经济社会发展尤其是工业发展的需要来考虑。当前，处于中西部地区的地方工业化水平不高，工业发展水平与沿海地区相比有较大的差距，企业研发能力比较弱，技术创新能力不强，相当一部分企业没有自己的研发机构，拥有自身知识产权的新产品比例低。缩小这种差距的根本途径就在于尽快培养具有较强创新精神和工程能力的工程师。

再次，从地方高等教育发展水平来考虑。我国地方高等工程教育总体上起步较晚，一些学校仍在沿用旧的模式办高等工程教育，对于什么是高等工程教育、如何确定高等工程教育的培养目标等问题认识比较模糊。地方高等教育虽然已经迈进了大众化门槛，但总体上发展水平较低，新建本科院校占较大比例，在本科教育阶段还不能完全实行通识教育，专业教育仍然是本科教育的主要任务。

工程教育的培养规格是一个多层次结构。高等工程教育致力于培养工程师，是一个包括高等工程职业教育、本科教育、硕士生教育、博士生教育的体系。各级各类工程教育都应该准确定位，明确各自的培养目标。整体而言，专科教育侧重于培养经过工程师初步训练的高等工程技术应用型人才；本科阶段的培养目标是完成工程师的基本训练，即培养工程师的"毛坯"；研究生教育是为各个工程学科领域培养高级专门人才的最高层次，其中硕士研究生比本科生的业务规格在深度和广度上有更高的要求，更接近工程师的终极目标，博士研究生的培养目标更偏重于培养科学技术研究人员和教学人员。

确定工程教育的培养目标需要注意解决以下几个方面的问题：一是要改变以往重理论、轻实践的倾向，防止理论与实践相脱节；二是要改变以往重知识、轻能力的倾向，避免知识与能力相分离；三是要改变重共性、轻个性的倾向，鼓励学生健康个性的充分发展；四是改变以往重继承、轻创新的倾向，重视对学生创新精神和能力的培养。

2. 地方高校高等工程教育人才培养目标的确定

本科教育是高等工程教育的重点。地方高等学校人才培养的产出质量目标是学校人才培养应达到的标准，其建立是保证学校产出质量的前提。产出质量目标的设计是学校领导根据学校既定的办学方案和人才培养定位所确定的产出质量标准。根据地方高校的特点，可把高等工程教育人才培养目标确定为：培养具有现代工程教育理念，品德优良，知识丰富，本领过硬，在工业、工程领域的生产、建设、管理等工程技术一线从事工程设计和解决实际问题的高级工程人才。上述培养目标有以下三个特征。

首先，具有现代工程教育理念。现代工程教育理念的核心是在教育工作中坚持人文精神、科学素养和创新能力的统一。人文精神泛指人对自然、社会、他人和自己的基本态度。现代工程师应具有的人文精神包括：心系祖国、自觉奉献的爱国精神；求真务实、勇于实践的科学精神；不畏艰险、勇于创新的探索精神；团结合作、淡泊名利的团队精神。科学素养的基本要求包括四个方面：一是全面掌握人文、社会科学和现代自然科学技术的基本理论、基本知识和基本技能；二是具有分析和解决实际问题的能力；三是具有实事求是、追求真理、独立思考、勇于创新的科学精神；四是要有良好的心理素质。创新能力是一种综合能力，主要包括创新意识、坚实基础、综合智能和创造能力等。人文精神、科学素养和创新能力相统一的教育理念要求高等工程教育应该把传授知识、培养能力和提高素质三者结合起来融为一体。

其次，具备完整的知识结构。作为 21 世纪的工程师，完整的知识结构包括以下三个方面：一是要有足够的工程实践知识，不仅要有工科方面的知识，还要有人文知识；二是要经过扎实的理论训练，学会一种严格的思维方式；三是具有较强的工程计算功底，计算是理论与实践之间的一个重要联系。这种三角形的知识结构，构成了工程师完整的知识结构。[①]

最后，具备较强的工程实践能力。考虑工程的综合性及其技术人才培养的多层次性特点，一大批地方高校应以培养现场工程师为主要目标。因此，针对培养高素质工程应用型人才的目标，应在人才培养的全过程强化对学生工程应用能力的培养，强调将工程知识、工程素质和工程能力的培养有机结合起来。尤其是在实践教学环节的设计上，要加强课程设计，训练学生的基本工程技能；通过生产一线的工程训练，增加学生接触工程现场的经历；让学生从认识、参与到顶岗，循序渐进地学本领、长见识；引导学生在毕业设计中，亲自参与工程实际，培养学生的工程设计能力。

必须指出，工程教育培养的毕业生只是未来工程师的"毛坯"。优秀的工程师不是学校教育能培养出来的。成熟的工程师需要在大学培养的基础上，在实际工程实践的锻炼中成长起来。高等学校的人才培养只能是"有限目标"。

（二）人才培养标准

结合国家"卓越工程师教育培养计划"通用标准，参照国内外对

[①] 田逸：《试论高等工程教育的培养目标》，《华北水利水电学院学报（社科版）》2007年第1期。

工程师的基本要求和工程专业认证标准，制定学校标准。各专业根据学校标准和行业标准的要求制定专业培养标准，并将专业培养标准细化为知识能力大纲，通过重构课程体系将知识能力大纲落实到具体的课程和教学环节。学校要与企业一起研讨、制订专业培养方案，明确校内培养阶段、企业学习阶段的培养标准，并将培养标准细化为课程（或项目）知识、能力与素质要求，再落实到具体的课程和教学环节。

学校制定的本科工程型人才培养标准应努力靠近以下标准。

1. 有效表达与交流的能力。具有准确而优美的书面表达能力，清晰而有说服力的口头表达能力，以及理解其他工程师和公众的意见和态度的能力。

2. 批判性思维能力。能够清晰地认识和界定问题，分辨各方观点与利益关系；搜集相关资料，并分析不同资料之间的相互关系；围绕某一问题尽可能多地提出可行的解决方案；分析证据并运用推断、类比等推理方式考察各种方案，最后提出在各种约束条件下（标准、成本、时间、兼容性）的最佳方案。

3. 工程基础知识。熟练掌握以数学、相关科学学科与所在工程学科的综合为基础的工程原理，了解与所在专业领域相关的现有技术和新兴技术，了解所在专业领域的标准和规章制度。

4. 工程系统能力。整合有关技术学科知识，形成对更大范围内的经济、社会、政治和技术系统的了解，用系统的观点分析和解决工程实践问题。

5. 道德推理能力。能理解工程专业及其服务于社会、职业和环境的责任，致力于专业行为规范的应用；具备应对危机与突发事件的初步能力。

6. 团队合作能力。具有在跨学科项目中与他人合作的团队精神，并以全局眼光进行决策和统筹规划的能力。

7. 国际视野和跨文化沟通能力。培养学生对不同文化的理解能力和跨文化沟通能力，使学生具备全球经济一体化条件下的国际视野，能掌握一门外语并能进行专业交流。

8. 终身学习能力。具有不断进行技术革新的意识，培养在工程专业领域追求创新和创造的态度。

三 地方高校高等工程人才培养的基本模式

人才培养模式是在一定的教学思想和教育观念指导下，对人才培养目标、业务规格、培养过程、培养方式、培养条件和环境的系统整合，是制订人才培养方案的基本依据。人才培养模式是指在一定的现代教育理论、教育思想指导下，按照特定的培养目标和人才规格，以相对稳定的教学内容和课程体系、管理制度和评估方式，实施人才教育的过程的总和。它具体可以包括四层含义：培养目标和规格；为实现一定的培养目标和规格的整个教育过程；为实现这一过程的一整套管理和评估制度；与之相匹配的科学的教学方式、方法和手段。人才培养模式是保障教育教学质量的基础，决定了人才培养的方向、方法和培养途径。地方高校的高等工程教育必须建立一个符合时代要求、具有鲜明特色的人才培养模式。

（一）人才培养模式改革应解决的基本问题

清华大学教授袁德宁提出，人才培养模式改革要解决四个方面的问题：要提升人才的社会责任层次，注重决策和观念技能的培养；专业面向要扩大，要由原来的对口性转变为宽口径的专业教育；加强学生综合素质（思想、业务、文化、心理、身体素质）的培养；把单一的专业教学体系改变为兼备人文、经济、管理和环境等内容的综合教育体系。[①] 根据地方高等院校的实际，应把"产学结合"作为人才培养模

[①] 肖新华：《关于我国高等工程教育培养模式转变的思考》，《机械工业高教研究》2001年第2期。

式改革的切入点，引导课程设置、教学内容和教学方法改革。人才培养模式改革的重点是教学过程的实践性、开放性和职业性。强化实验、实训、实习三个关键环节。要重视学生校内学习与实际工作的一致性，探索课堂与实习地点的一体化；推广工学交替、任务驱动、项目导向、顶岗实习等有利于增强学生工程实践能力的教学模式；引导建立企业接收高等院校学生实习的制度，加强学生的生产实习和社会实践，高等工程专业要保证在校生至少有半年时间到企业进行工程实践。

（二）人才培养基本的实现途径：产学结合

高等工程教育人才培养模式应该具有多样性、多重性和多层次的特点。地方高等院校一般为教学型学校，根据人才培养目标，可以确定地方高校高等工程人才培养模式改革的基本思路：树立"面向工业界、面向世界、面向未来"的工程教育理念，以社会需求为导向，以培养优秀后备工程师为目标，以实际工程为背景，以强化工程应用能力为主线，以校企合作培养为途径，以回归工程实践为重点，着力构建有利于大学生成人、成才、成长的人才培养体系，提高学生的工程意识、工程素质和工程实践能力，积极探索培养"有创意、能创新、善创业"的未来优秀工程师的有效路径。

笔者认为，根据工程师培养的规律，高等工程教育人才培养基本的实现途径是"产学结合"——在纵向上的校企全程联合培养。产学合作教育是一种办学方式，强调创新人才培养模式，强调实践教学，强调对培养具有实践能力和创新精神的高素质应用型人才的实践环境的培育，强调与区域经济社会及产业的合作育人平台拓展与实际效果。产学合作的培养过程包括在校内学习和在企业学习两部分。产学合作利用学校、社会两种教育资源和教育环境，在大学四年期间交替安排学校理论课程学习和校外顶岗工作，使学生将理论与实践有机融为一体。

(三)"产学结合"模式的实现方式

"产学结合"模式培养高等工程人才的基本要求是：学生在校学习四年期间，应保证不少于一年的企业工作经历。在保证学生企业学习时间累计达到一年并实现培养目标的前提下，结合专业实际情况，可以选择下述运行模式之一。

1. 企业全程参与四年

企业从大一即为学生提供主要工程项目设计所需器件与材料，派遣专家定期来校或通过网络远程讲学和指导。学校为学生配备校内专业指导教师，参照企业管理模式进行管理，坚持早操、集中晚自习、演讲、讨论会以及文体活动等。根据学习进程的不同，将企业已开发项目分层次引入。比如，三个月或六个月完成一个子项目的设计，每半年一考评，促进学生良好学习、生活习惯和项目设计能力的形成。大四时，学生直接到企业参与其项目的开发或在校参与校企合作项目实训。

2. 企业集中参与一年

合作企业提前半年列出实习岗位计划，学校根据联合培养单位提出的岗位及技术需求，在学生完成校内学习的同时进行有针对性的培训，经学习和培训且校企联合考核合格的学生，进入企业实习岗位，完成企业阶段学习。

3. 企业累计参与一年

该模式将企业阶段学习分解为递进的两个部分，时间上可以"0.3 + 0.7"的方式构成一年企业阶段学习。其中第一部分"0.3"一般是在校内学习两年后学生进入企业学习一段时间（比如利用暑假），主要学习企业文化、工程环境、行业标准、工作规范、工艺流程，学生在此阶段结束后，选择由校企双方拟定的毕业设计题目，并根据题目有针对性地完成第三学年的校内专业学习；第二部分"0.7"是在完成校内三年学习后，根据毕业设计内容进入企业对应部门，全程参与实习并完成毕业设计。

四　人才培养方案的优化

制订符合企业需求的人才培养方案是确保人才培养质量的基础。

（一）优化人才培养方案的基本原则

1. 以社会需求为引领原则

高等工程教育要关注产业和技术发展情况，以国家和区域经济社会发展需求为根本出发点。在对人才市场进行深入调查研究的基础上，确立人才培养标准。按照培养优秀工程师的目标优化人才培养方案，合理确定人文社会学科、自然学科和工程技术学科等不同学科的比例，同时强调个人的可持续全面发展。它通过构建适宜的学科知识体系和专业培养体系予以实现。

2. 以专业认证为导向原则

以工程师资格认证为依据，建立本科创新工程人才培养体系。充分调动校内、企业界、工程界和国内外各种资源，充分利用校企合作、国际交流的平台，强化学生工程意识、工程素质、工程实践能力、工程设计能力、工程管理能力和创新能力的学习和锻炼，培养具有"卓越工程师"素质的专业人才。切实将总体培养要求细化落实到每门课程和课内外、校内外各个教学环节，实现知识、能力、素质等目标要素在各个培养环节中的有机融合，并根据课程目标、性质和内容设计最贴切的考核方式，通过统筹教学资源、整合师资队伍，保证课程教学目标的完成和人才培养总目标的最终实现。

3. 以突出特色为重点原则

在将培养标准与国际专业认证标准和国内专业规范接轨的同时，结合学校传统服务面向的发展需求，在专业方向、课程体系设置上突出专业特色。当前，高等工程教育办学模式趋同和特色不明显的问题突出。在这种情况下，高等学校应在对自身实力和优势进行评估的基础上，准确定位，围绕培养目标挖掘特色、设计特色、创造特色、巩固特色、提升特色，以发展特色为切入点，打造人才培养品牌。

4. 以项目参与为引导原则

改变按学科知识的系统性组织教学的传统方式，按照工程（产品）的全生命周期组织教学。精心设置工程实践项目，通过项目中的工程实践问题分析引导出相应的专业理论知识，通过对工程实践问题的解决完成专业理论知识的理解和应用，从而激发学生学习兴趣和引导学生能力培养。

5. 以科学评价为保障原则

制定能力导向的学生学业评价体系，将学校评价与社会评价相结合，教师评价与学生评价相结合，形成性评价与终结性评价相结合，注重学生领导能力、学习研究能力、主动实践能力、人际沟通能力、团队合作能力、获取信息能力和批判性思维能力的评价。通过建立科学的评价方法，有效激励教师教学和学生学习的积极性。

（二）优化人才培养方案的重点

要按照现代工程师的培养目标优化人才培养方案。根据"大工程"理念合理确定人文社会学科、自然学科和工程技术学科等不同学科课程的比例，压缩理论教学学时，强化实践教学环节。

1. 尽可能接近通用标准和行业标准

目前已经实施的"卓越工程师教育培养计划"中工程师的培养标准体系由通用标准、行业标准和学校标准构成。其中，通用标准是从宏观上对各行业工程人才提出的基本质量要求，行业标准是从中观上对行业内各专业领域的工程人才提出的要求，学校标准是在通用标准和行业标准的指导下建立的可落实、便于评估的具体标准。

2. 使行业和企业参与培养过程

高等工程人才的培养宜采取高等学校和企业联合培养的模式。学生在校学习期间要有一定的时间到企业学习，进入企业学习主要是工程实践和工程师非技术方面的职业训练。高校和企业联合培养人才机制的内涵是共同制定培养目标，共同建设课程体系和教学内容，共同实施培养过程，共同评价培养质量。本科及以上层次学生要有一年左右的时间在企业学习，学习企业的先进技术和先进企业文化，深入开展工程实践活动，参与企业技术创新和工程开发，培养学生的职业精神和职业道德。

3. 根据"大工程"理念改革教学内容

对现行教学内容进行全面认真的梳理、辨析、选择、更新和重组，压缩知识讲授时间，更新专业教学内容和训练方式，补充新技术、新工艺及企业需要的有关知识，增加人文、社会科学领域（如经济、法律、管理、沟通等方面）的知识，根据市场发展对未来人才的需求调整学科专业设置，课程的设置要体现宽口径、厚基础的通识教育，为学生打下坚实的公共知识基础和学科基础，提高本科教育质量与培养目标的符合程度。

以"培养现代化建设需要的、具有较强综合素质、实践能力和创新精神的高级专业人才及应用型人才"为方针，培养学科交叉、知识综合的复合型人才，更好地适应社会发展的需求。优化课程体系，改革单一的学科型课程模式，精选教学内容，突出实践特色，将最必要、最先进、最有效的课程内容提供给学生。积极运用现代教育技术、多媒体、教学课件、网络课程资料等先进手段，更多地关注对课程与学科专业的评价、教学质量和效果的评价、教学过程的监控，这些是构成、保障教学创新的基本环节。

4. 建立以提升工程能力为核心的培养体系

工程的特点在于应用和实践。以往高校学生在校内进行工程训练的时间一般只有4~8周，加上企业的实习条件欠缺，实习效果不佳。优化人才培养方案要特别强调工程设计和工程训练的作用,强化实践教学环节,包括CDIO(构思、设计、实施、操作)训练等。使学生在校学习期间尽早地、更多地接触工程实际问题,保证学生有足够的时间到企业去实习实训,建立起牢固的工程概念和工程意识。可采取灵活的方式,试行3+1(年)、7+1(学期)等模式,要求学生在企业完成生产实习和毕业设计,至少应安排半年的工程训练实践,突出培养学生的分析和综合能力、动手能力、合作精神、创新精神、自学能力等。

(三)以"大工程"理念为指导重组课程体系

要以"大工程观"为指导,整合、重组课程体系,本着注重基础、注重能力、注重个性的原则改革原有培养计划。密切结合现代工程技术发展和企业需要,以提高学生的创新能力、职业素养、工程实践能力和工程素质为目标设计课程体系。

第一,优化"三个比例"。一是优化必修课与选修课比例。当前必修课程所占的比例普遍较大,选修课普遍较少,一些学校的选修课有名无实,基本上全是必修课,这种现象应尽快改变。增加选修课时间,为学生课外自主学习和企业学习留出更多时间和空间。二是优化理论教学与实践教学的比例。当前普遍存在理论教学学时偏多问题,应适当压缩课堂讲授学时,增加实验、课程设计、实习实训等实践性教学的时间。三是优化校内学习与校外学习的比例。以往一些校外实习实训安排时间少,且常常走形式。必须尽快改变这种封闭教学的局面,创造条件让学生走出校门,到企业工程技术一线学习和实践。

第二,整合课程体系。为了解决跨专业遵循工程的集成与创新特征,大力推进教学方法的改革和创新,着力推动探究式学习、基于问题的学习、基于项目的学习、案例教学法等多种教学方式,培养学生的创新能力、工程实践能力和工程素质。要整合课程体系,在学科基础课程建设方面,强化数学、物理等知识在工程中的应用,同时应拓宽学生在组织管理和经济学等方面的知识。增设多学科交叉的综合性课程和跨学科课程,把人文科学、社会科学、自然科学、工程技术理论等有机结合起来。同时要特别强化面向工程实际构建课程体系，改革教学内容和编制课程标准。

第三，加强人文教育。人文素质教育能够为学生提供法律、文学、管理、艺术等人文社会科学知识。必须改变以往单一的专业理论教学体系，使学生建立多学科交叉的知识结构。当前，地方高校工科学生人文素质教育缺乏的情况普遍存在，使部分学生毕业后在工程技术一线不能发挥应有的作用。高等工程教育只有在人文教育的环境下才能有效地培养现代工程技术人才的组织管理能力、协调能力和语言文字表达能力等。在通识教育课程建设方面，要有针对性地加强职业道德、人文关怀和社会伦理责任的教育，加强对写作、表达与计算机应用等基本技能的训练，加强对团队合作精神和人际沟通交流能力的培养。

第四，强化工程训练。工程训练既有别于课堂教学，又不同于生产实习。工程训练是以真实的工厂生产过程为基础，通过"真刀真枪"来训练学生的工程能力的过程。从教学实验、课程设计、生产实习到毕业设计均应结合工程实际，突出实践特色。学生在校四年期间，应有不少于半年的时间在企业学习，学习企业的先进技术、先进管理和企业文化，深入开展工程实践活动，参与企业技术创新和工程开发，培养学生的职业精神和职业道德。要拟订企业培养方案，并与企业合作实施。与合作企业联合制订的企业培养方案应该突出工程性、实践性与可操作性，对学生在企业学习阶段的培养目标、培养标准、课程教学、实践环节、工程实践条件、师资配备等方面做出具体明确的规定。

第五，更新教学内容。课程设置要及时反映国内外环境的变化，将国内外科技发展所引起的新技术、新产品、新工艺的使用反映到人才培养过程中来，增加反映科技发展新成就的前沿理论知识，使学生及时了解学科发展的新成果和新动向，还要开设国际化、信息化课程，使未来的工程师不仅能掌握丰富的自然科学知识和过硬的工程实践能力，还要具备现代工程师所应有的创业开发能力、组织协调能力、经营管理能力和优秀的性格品质，适应参与国际竞争的需要。

五 教学内容和教学方法改革

要遵循工程的集成与创新特征，大力推进教学方法的改革和创新，着力推动探究式学习、基于问题的学习、基于项目的学习、案例教学法等多种教学方式，并实行多样化的、与培养目标相适应的学习效果评价方式，提高学生发现、分析和解决实际工程问题的能力，着力培养学生的创新能力、工程实践能力。

（一）多学科交叉学习

多学科知识的综合是现代工程发展进步的重要条件。跨学科学习旨在建立基础科学、数学和工程技术之间，不同工程领域之间，艺术、人文与社会科学和技术学科之间，以及商业、企业家和技术之间的联系。因此，应积极探索将课程以跨学科的方式进行设计和讲授。

（二）基于项目的开放式学习

培养方案通过工程项目与工程实践密切联系起来，在四年的课程体系中设计学生参与的项目，这些项目的规模、复杂性和现实性逐年增加。由学生团队确定和定义问题、评估机会，通过对背景因素的理解、资源的适当掌控并应用如团队合作、沟通交流和头脑风暴等技巧去解决问题。通过基于项目的开放式学习，培养学生的工程实践能力和分工协作精神，活化所学到的知识，把培养学生的创新精神、工程意识、动手能力、综合能力、合作精神落到实处。

（三）参与式学习

改变以教师课堂讲授为主、将教科书的内容全盘照搬的旧模式，通过加强启发式和参与式教学，突出学生的主体地位，给学生更多的时间自学，使之从被动学习向主动创造性学习转变，培养学生的自学能力和动手能力。学校为学生提供可以根据兴趣自行设计的学习方式，学生选择感兴趣的领域开展独立学习和工作。学生在理解有关领域的重要概念或探求有关问题的答案的过程中制订学习计划，互相交流，在调查过程中获得、运用、分析、综合或评估知识。

（四）研究式学习

学生可选择通过参与研究活动强化学习体验。鼓励学生在其本科生涯中及早介入科研，学生在大一的时候即可参与研究活动。学校提供教师指导下的本科生研究机会。学生可从研究活动中获取学分。以有利于学生的个性化学习为出发点，注重学习计划的柔性和学习时间的弹性，以灵活宽松的学习环境为学生营造适合个性发展的空间，鼓励学生在自主完成本科学业的过程中养成独立自主的个性品质，培养学生的分析能力、工作能力和创新能力。

六　地方高校的教学基本建设

高等工程教育实施人才培养模式改革必须有扎实的教学基本建设作保证。高等院校的教学建设内容比较多，但其中学科专业建设、课程建设、教学基地建设、师资队伍建设是最重要的四项教学基本建设，必须给予高度重视。

（一）学科与专业建设

本科教育是以学科分类为基础的，并以学科分类为原则进行专业建设布局。高等工程专业的设置，强调要有成熟的学科和比较完整的理论体系作为支撑。学科专业建设要根据本校目标定位和社会需求导向，突出重点，积极发展适应需要的学科专业，不断优化学科专业结构。

但要注意，学科建设不等于专业建设，不能用学科建设代替专业建设。对于学生而言他们面对的主要是专业，专业建设的水平直接影响其教育质量，因此，新建院校更应关注专业建设。一般来讲，新建本科院校的专业建设可以分为四种方式：市场需求大、专业力量强的专业要重点建设，形成学校特色和品牌专业；市场需求大、专业力量弱的专业要大力扶持，使之满足社会需要；市场需求小、专业力量强的专业可维持，并调整专业方向，以适应市场的变化；市场需求小、专业力量弱的专业要坚决放弃。通过这样的改革和调整，形成主动适应社会发展需要的专业设置和调整机制。

（二）课程与教材建设

课程建设与改革是提高教学质量的核心，也是教学改革的重点和难点。培养目标的实现和教学质量的提升最终要落实在每一门课程上。学校应在课程建设方面加大投入，按照工程师后备人才的培养目标和培养标准实现矩阵，以强化工程实践能力、工程设计能力与工程创新能力为核心，重构课程体系，将工程实践引入课堂教学，充分发挥课堂教学在人才培养中的主渠道作用。不断更新课程内容，结合国内外科学技术的变化，增加反映科技新成果的前沿理论知识和科学发展的新成果，淘汰陈旧过时的理论知识，使学生及时了解学科发展的新动向和新观点。还要开设国际化、信息化课程，使学生通晓国际知识以及当今世界的新变化。

地方高等院校要积极与行业企业合作开发课程，根据技术领域和职业岗位（群）的任职要求，参照相关的职业资格标准，改革课程体系和教学内容。建立突出职业能力培养的课程标准，规范课程教学的基本要求，提高课程教学质量。与此同时，加强教材建设，与行业企业共同开发紧密结合生产实际的实训教材，并确保优质教材进课堂。重视优质教学资源和网络信息资源的利用，把现代信息技术作为提高教学质量的重要手段，不断推进教学资源的共建共享，提高优质教学资源的使用效率，扩大受益面。

特别应该强调的是，课程建设绝不仅仅是课堂上的理论教学，还应包括实践教学课程。而后者正是目前课程建设的薄弱环节，应该在规划、投入、质量监控等方面给予更多的重视。在课程建设中应该充分学习和借鉴国家近几年评选出的精品课程的建设经验，通过制定课程建设规划，明确课程建设的总体目标，重视基础课程、专业主干课程和系列课程建设，重视教学内容和教学方法、教学手段的改革，大力开展研究型学习，实现课程体系和结构的整体优化。要通过课程建设带动教材建设、实验室建设，促进教育思想观念的转变。许多学校通过开展教学评估，建立起了对每门课程的教学质量进行认证的制度，这对于从整体上提高课程建设水平很有好处。

（三）实践教学基地建设

基地建设对于提高学生实践能力和动手能力的培养十分重要，而在这方面，往往是地方新建本科院校的薄弱环节。因此，加强实训、实习基地建设是改善办学条件、提高工程教育质量的重点。

1. 建好一批校外工程训练基地

要按照教育规律和市场规则，本着建设主体多元化的原则，多渠道、多形式筹措资金，在企业建设工程实践教育中心，要通过厂校合作，不断改善实训、实习基地条件。企业要有专门机构协调管理学生在企业学习期间的各项工作。企业要根据培养方案落实学生在企业学习期间的教学安排，提供实习实训场所与设备，配备专业技术人员担任指导教师，尽可能安排学生实际动手操作。地方高校要结合企业需求，积极为学生提供参与重大科技与工程创新的机会与平台。

2. 建好校内实习实训基地

学校依托现有的教学资源和教学条件，合理设置和布局实验室，突出实验室共享平台建设，充分发挥省部级重点实验室、工程研究中心和实验教学示范中心以及其他各级各类实验室和基地的工程训练作用，建立以学科群为基础的跨学院跨专业的实验教学中心；改革实验课程体系，构建由基础实验、专业实验、综合实验和创新实验组成的实验教学体系。积极开展与企业合作建立实验室的探索，推进校内生产性实训基地建设的校企组合新模式，由学校提供场地和管理，企业提供设备、技术和师资支持，以企业为主组织实训。要充分利用现代信息技术，开发虚拟工厂、虚拟车间、虚拟工艺、虚拟实验，形成一批教育改革力度大、装备水平高、优质资源共享的高水平高等职业教育校内生产性实训基地。

3. 加强实践教学基地管理

在校内教学基地建设与管理中，要特别防止实践教学资源分散配置、分散管理、个别人占用、低水平重复建设的现象，注意集中力量建设好公共实践教学基地，提高投资效益和设备使用率。完善校院两级实验室管理体制，健全规章制度，规范实验教学管理，扩大实验室开放程度。有条件的学校应该扩大实验室的开放力度，使多数学生一入学就能在导师的指导下参与科研训练。创造条件将学校的各类科研教学资源向工科学生开放，包括科研平台（国家级和省部级重点实验室、工程研究中心等）、课程平台、实验（实践）平台、学术交流平台等。

（四）师资队伍建设

培养造就具有创新精神、适应企业发展需要的优秀工程师，建设高水平的师资队伍是关键。针对目前工程教育中教师队伍缺乏工程实践训练能力不足问题，应以学科建设为切入点，着力打造"双师型"的教师队伍和高水平的教学科研团队，建立校内专职教师与企业兼职教师相结合的高水平工程教育团队。一是直接从企业聘请兼职教师。学校直接从企业聘请部分工程科技或管理专家作为本计划的兼职教师，也可考虑聘请企业已退休的高层次工程科技和管理人员，提高教师中具备在企业工作的工程经历的教师比例。二是从企业引进高层次工程技术人员到学校任教。学校面向社会、企业和行业聘请高水平或具有丰富实践经验的专家和工程师，参加本科学生的专业课程教学，指导学生企业实习、工程训练、毕业设计等。三是制定专业教师、实验人员的实践学习、进修规划，选派缺少工程实践经历的教师到企业挂职锻炼或开展合作研究。学校为企业提供员工培训，同时，学校也选拔部分青年教师利用假期到企业进行工程能力的培训。学校设立专项经费，有计划地选送青年教师到企业工程岗位工作一段时间，积累工程实践经验；还可以通过挂职锻炼、合作培养的方式，有计划地选送优秀青年教师到企业、大型设计院所去定期培养。四是严格考核教师上岗资格。工程类专业教师教学上岗前应至少经过一年岗前锻炼和半年的工厂、企业或大型工地的工程实践，岗前培训考核通过后方能担任专业课的主讲教师。

（五）加强工程教育研究，积极探索工程教育教学改革

学校坚持以教学研究推动工程教育教学改革、以工程教育教学改革促进工程教育教学实践的教学改革思路，制定专门的规章制度，落实专项经费资助，加大教学改革成果的奖励力度，明确教学改革成果在教师职称评聘等方面的分值比重，围绕工程教育人才培养模式、校企合作培养机制、师资队伍、课程体系、教学内容和教学方法、教学质量监控体系开展重点研究。

第九章

地方高校高等工程教育质量保障体系的设计

地方高校高等工程教育质量保障体系建设是一个系统工程。课题组在全面考察高等工程教育质量保障活动的各个要素及其相互关系的基础上，以开放性思维，试图构建起主体多元、系统高效的高等工程教育质量保障体系。本章在介绍设计思路的基础上，构建了质量保障体系的相关模型和运行机制，并提出政策建议。

一 地方高校高等工程教育质量保障体系的设计思路

（一）以适应性质量观为引领建设质量保障体系

适应性的质量观起源于工商管理中的质量理念，是指产品满足用户需要的程度。适应性的高等教育质量观是指高等教育所提供的教育满足受教育者个人，以及满足国家、地方和用人单位需要的程度，即高等教育是否"适销对路"。只要是适应地方经济社会需要的人才，就是高质量的人才。地方高校高等工程教育培养的是适应生产、建设、管理等工程一线需要的应用性高等工程人才。因此,对社会需求、市场(主要是区域性市场)需求、用人单位需求、第一线岗位需求、学生需求的适应能力,是衡量高等工程教育质量的主要标志。只有树立适应性的质量观,才能更好地从现实和未来的市场需求出发进行专业和课程设置,不断深化教学改革,满足市场和学生的需要,提高教育教学质量。

(二) 以发挥地域优势为特色完善质量保障体系

特色是高等院校办学水平的重要标志,也是学校生存和发展的基石。区域性是地方高等学校的显著特点之一,高等工程教育的功能主要通过对地方经济发展提供人力资源和技术支持来体现。由于不同的区域之间经济社会发展水平不同,不同的地区有不同的产业基础,企业的分布也有一定的地域性,因此,工程教育专业设置应根据地方的发展需要,即使是相同的专业,其人才培养方案的设计与实践教学环节的安排也会有所区别。只有这样,高等工程教育才能树立特色化的办学目标,才能与区域社会经济的发展紧密相连,才能使培养的人才真正做到适用对路,才能真正提高教学质量。

(三) 以创新体制机制为重点完善质量保障体系

必须改变以往教学质量保障体系的建设仅在校内封闭运行的现状。大量国内外实践证明,高等工程教育质量保障必须实现内部保障与外部保障的结合,既强调学校内部管理和评价,又重视行业协会、政府、社会组织和外部社会力量的有机结合。鼓励社会组织参与监督和评估教育质量,一方面有利于使工程教育满足多方面需求,另一方面形成一种全社会关注教育质量的氛围。根据工程教育的特点,构建一个多元参与的开放性的质量保障体系,健全校内与校外相结合的教学质量监控、评价运行机制;推进校企共建教学质量标准体系、评价标准体系、保障体系;建立学校、企业、行业协会、社会中介评估机构共同参与的教学质量保障机制，全面提高教学质量保障水平。实现教学质量监控、评价与保障体系建设的开放化、标准化和系统化。

（四）以多样性为特点构建质量保障体系

由于不同层次和类型的高等学校在培养目标、任务、规格等方面存在差别，其质量标准自然就不尽相同。在横向上，研究型、教学型、应用型大学的教育质量标准自然不一样，研究型大学重研究，教学型大学重教学，应用型大学重应用，其质量标准的重心显然都偏在各自的特色方面；在纵向上，博士生、硕士生、本科生、专科生各自所掌握知识的广度与深度不一样，其质量标准的差异性显然更大。即使同一类型的大学，因其学科专业的差异，以及其学历层次上的差异，也会有不同的质量标准，即使同一学历层次的学生，无论是博士生、硕士生、本科生或是专科生，同样会因学校的类型不同而使其质量标准的重心不一样，还会因其学科、专业的差异影响其质量标准。建构多样性、差异性质量标准的高等教育质量保障体系是适应高等教育多样性、差异性的必然要求，而如何制定多样性、差异性的质量标准需要依靠高等学校不同学科的学者与评估主体共同去实现。

二 高等工程教育质量"四维七元保障模型"的构建

我们认为，地方高校高等工程教育质量保障体系应以高等学校为基础，以企业和行业组织为骨干，以政府作用的发挥为主导，形成一个"高校自我保证、行业和企业积极参与、政府宏观管理、社会多元监督"的质量保障组织体系。在此，笔者设计了"四维七元保障模型"。

在我国高等工程教育质量保障体系中，保障的主体应该是四个维度的有机结合，这就是学校维度、产业维度、政府维度、社会维度。这四个维度是彼此相关又相对独立的主体。换言之，这是四方共同的责任。

其中，学校是质量保障的主体，处于核心保障层，必须充分发挥高等学校在人才培养质量保障体系建设中的基础和核心作用，在高校建立起科学化和常态化的内部质量保障和监控体系；企业是质量保障的关键，处于协作保障层，高等工程人才的培养离不开企业的配合与参与，培养质量是否合格需要接受企业的检验；行业协会是质量保障的桥梁，处于关联保障层，鉴于工程人才的培养具有较强的技术性、行业性，必须有行业组织的支持；政府居于领导地位，起着主导作用，必须充分发挥政府在保障人才培养质量工作中的主导作用；社会维度是指独立的中介评估机构，起着质量监控作用。前三个维度都由两个层次组成。学校维度由校级层次和院（系）组成，产业维度由行业协会和企业组成，政府维度由中央政府和地方政府组成。以上几个方面形成国家、区域和高等学校有机结合的全方位、立体化评估监控网络。要大力推进学校主体、政府主导、行业指导、企业参与的办学机制建设。

（一）核心层保障主体：高等学校

地方高校作为教育质量保障体系的主体，要树立正确的质量保障理念，使质量文化思想成为学校生存和发展的中心价值思想，建立完善的校、院、系三级教学质量评估体系，切实做好学校自身的质量保障工作，实施对人才培养的全过程管理。教学质量保障与监控体系由教学质量决策系统、教学资源保障系统、教学过程管理系统和教学质量监控系统四个子系统组成。它是一个逐层向下监控、逐层向上负责的"责权合一"的质量管理系统。

1. 教育教学质量决策系统

教育教学质量决策系统是由学校教学质量责任人——院长和分管教学的副院长负责的一个教学质量保障系统。它通过院教学工作委员会等组织，根据学校的发展规划和社会需求明确学校定位、办学思路和人才培养总目标；开展教学决策活动，负责对教学工作进行宏观指导与管理；审定各教学环节的质量标准，制定教学管理文件，组织协调各系

(部)、职能部门按照学校的发展定位、办学理念和人才培养目标,制定教学改革与发展规划。

2. 教育教学资源保障系统

教育教学资源保障系统又分为3个子系统:师资队伍建设子系统、教学经费管理子系统和教学设施建设子系统。

(1) 师资队伍建设子系统。师资队伍建设的目标是建设一支高水平工程教育师资队伍。其基本内容包括:师资队伍数量的增加、结构的改善和素质的提高;建立教师工作的考核和激励机制并组织实施;建立专职教师与兼职教师相结合的高水平教师队伍(专职教师为有工程背景和科研能力强的优秀教师;兼职教师实施聘任制,面向社会、业界聘请具有丰富理论及实际经验的高级技术人员在学校兼职授课等方法);建立一支理论和工程实际相结合,掌握工程科学知识和教育理论方法的"双师型"教师队伍;提升专职教师工程能力素养,强化工程经历。

(2) 教学经费管理子系统。教学经费管理的基本内容是为确保学院的教学质量持续稳步提高,教学经费达到规定要求并合理使用。教学经费管理的总体要求是教学经费的投入符合教育行政管理部门的指标要求,并做到逐年增加。

(3) 教学设施建设子系统。教学设施建设的总体要求是确保教学设施的硬件和软件能满足教学的需要并正常运转。教学设施建设子系统所包含的基本内容包括:教室、实验室、图书馆、语音室、体育设施、校园网等设施及后勤保障设施。第一,加强实验室与实训基地建设。改善实验实训条件,建设一批工程训练中心综合平台和大学生科技创新创业实践基地综合平台,以不断改善校内工程化实验、实训条件。加强基地建设,形成一定数量的、相对稳定的校内外实习基地。第二,不断完善科研条件。鼓励学生到国家和省部级重点实验室、工程研究中心和专业实验室进行各种科学研究,参加科技计划、工程实践和各类竞赛训练,为培养学生实践动手和创新能力奠定良好的基础,为其个性化成长创造条件。第三,教材选用与建设。做好适用教材的编写和推荐使用工作。优先选用符合卓越专业教学大纲或规范的优秀教材,鼓励教师和企业专家共同根据"卓越计划"培养目标编著出版具有卓越专业特色的专业理论课程和实践课程教材,并将行业企业最新科技成果和技术及时编入教学内容之中。第四,充实图书资料和网络资源。学校目前馆藏图书资料和网络资源,可作为卓越班学生自主学习和实践环节的补充材料。同时,卓越班学生在校图书馆借书按教师待遇对待。学校也将进一步丰富专业图书资料和网络资源。

3. 教学过程管理系统

教学过程管理系统又分为六个子系统:专业建设与管理子系统、课程建设与管理子系统、教学改革与研究管理子系统、课堂教学与管理子系统、实践教学与管理子系统、学风建设与管理子系统。

(1)专业建设与管理子系统。专业建设的基本内容包括:专业建设规划;各专业的定位,人才培养目标、人才培养方案及其对应的课程和实践教学体系,实验室和实训基地,师资队伍,专业特色,教学改革等。专业建设的总体要求是:专业设置符合社会需要,专业数量与学校规模相适应;各专业定位和人才培养目标符合学院人才培养的总体目标;课程设置和实践教学体系满足人才培养目标;专业有特色。

(2)课程建设与管理子系统。课程建设的基本内容包括课程建设总体规划及各门课程的基本建设。课程建设的总体要求是:建立完善的课程准入及退出机制;构建规范、完整、高质量、能满足学校各专业人才培养目标需要的课程体系;各专业设置的必修课程都通过论证、验收。

(3)教学改革与研究管理子系统。教学改革与研究的总体目标是以教学研究推动工程教育教学改革,取得一些针对性强、目的明确、指导意义重大且具有可操作性的工程教育教学改革成果,并加以推广与应用。围绕工程教育人才培养模式、校企合作培养机制、师资队伍、课程体系、教学内容和教学方法、教学质量监控体系开展重点研究,着力推动基于问题的学习、基于项目的学习、基于案例的学习等多种研究性学习方法，将工程实践引入课堂教学。教学改革与研究的基本内容包括：①根据国家和本地区高等工程教育研究的热点问题，组织申报国家级和省级教学改革与研究项目，并对获得的项目和教学成果进行奖励，对获得但未按规定完成的项目进行监督和惩处；②根据学校建设与发展需要和教学工作中存在的具体问题，确定教学改革与研究的选题并组织实施，对获得的成果协助在校内进行推广。

（4）课堂教学与管理子系统。课堂教学管理的基本内容包括：教学计划的执行和教学任务的落实；教学进度的安排；课堂教学秩序的维护；对课堂教学各个环节的质量标准的执行情况进行监控。课堂教学管理的总体目标是教学计划执行良好，教学秩序稳定，各环节质量标准齐全且执行良好。课堂教学的基本内容：备课、课堂讲授、辅导答疑、作业批改、考核等教学过程的各个环节的组织和实施。课堂教学的总体目标是教师在教学过程的各个环节中工作规范、认真、高效，并能做到教书育人。

（5）实践教学与管理子系统。实践教学包括实验课程、课程内实验、课程设计、实习实训、社会实践、毕业设计（论文）等。实践教学管理的基本内容包括：实践教学计划的执行和教学任务的落实；实践教学秩序维护及过程管理；对实践教学环节的质量标准执行情况进行监控。

（6）学风建设与管理子系统。学风建设的基本内容包括：思想建设、组织建设、制度建设、环境建设。学风建设的总体要求是：把学风建设与德育工作结合起来，让学生自觉遵守校纪校规；使学生变被动学习为主动学习，确立学生在教学中的主体地位；为学生创造陶冶情操、增长才干的良好氛围；重视考风建设，制止考试作弊等错误行为，纠正不良风气；进一步建设优良学风集体，建设优良校园文化氛围。

4. 教学质量监控系统

建立校、院、系（教研室）三级教学质量保证监控系统。通过制定系列规章制度，激励和约束院系和广大教师开展教学工作，负责组织学校教学工作委员会委员、校教学督导组、同行专家、教学管理人员以及学校聘请的其他教学管理专家，对教学工作各个环节进行质量巡查，开展学院、系（部）级教学工作状态监控，实施质量评估和教学信息反馈工作。教学质量监控系统又分为教学质量实施、教学质量信息收集和教学质量信息发布、反馈3个子系统。

（1）教学质量实施子系统。该系统是系（部）主任负责的教学质量实施系统，负责落实系（部）级教学工作的中心地位、课程教师梯队建设、审定课程主讲教师资格；推进教学内容与课程系统改革；做好专业、课程、教材、现代化教学手段建设；强化实践教学以及青年教师培养等工作；配合学院完成对各教学环节教学工作的状态监控和质量评估。

（2）教学质量信息收集子系统。该系统是以教务处为主的教学质量信息收集系统，包括教学质量意见箱、教师评学、学生评教、听课、各类教学评估和检查、学生信息员信息、毕业就业信息等。通过各种方式，广泛收集各级各类人员和学生对教师课堂教学效果的评价意见；对教风学风建设、教学改革的有关建议；对实践教学环节，尤其是对毕业论文（毕业设计）的意见和建议等。统计、分析、汇总、处理各类意见和建议，为学院的教学质量论证决策系统提供决策依据。

（3）教学质量信息发布、反馈子系统。该系统由教务处负责发布教学状态及质量测评结果。对于通过教学检查、质量抽查、企业实习及其他渠道获取的教学信息，要通过文件、报告、简报或校内媒体等方式及时发布给有关教学单位和职能部门，必要时通过教学工作委员会召开教学信息反馈会，将存在的问题及时反馈给有关系（部）、职能部门、教师和学生班级，督促有关人员解决。

（二）协作层保障主体：企业

企业是工程人才需求者。校企合作是保障高等工程教育质量的关键。应充分发挥企业在人才培养过程中的作用，使企业参与对师资队伍、实习实训条件、课程体系等方面的建设和过程监控、反馈与评价，做到校企共建教学质量标准体系、校企共建教学质量评价标准体系、校企共建教学质量保障体系。

1. 企业参与建设教学质量标准

企业应参与制定符合专业人才培养目标的专业教学质量标准体系，对专业的产学结合人才培养模式构建、课程体系开发、教学条件保障、专业设置与调整等进行系统化规划设计，制定专业的人才培养标准、课程标准、教学标准。企业要建立学生在企业学习期间的培养目标、培养标准和相应的培养体系，强化专业人才培养质量标准制定的过程控制，确保专业教学培养目标与用人单位对专业人才需求目标的一致性。

2. 企业参与高等工程人才的培养过程

企业与学校共同协商制订人才培养方案，推荐具有工程实践经验的具有高级技术职称人员担任兼职教师；创造条件在企业建立工程实践教育中心，工程实践教育中心应由企业主要管理人员负责。协助完成培养任务，为学生工程实践和毕业设计（论文）提供必要的实践、工作条件和经费；企业应根据培养方案，落实学生在企业学习期间的各项教学安排，提供实训、实习的场所与设备，安排学生实际动手操作。在条件允许的情况下，接收学生参与企业技术创新和工程开发。企业要与高校共同安排好学生在企业学习期间的生活，提供充分的安全保护与劳动保护设备，并对学生进行专门的安全、保密、知识产权保护等方面的教育。

3. 企业参与建设教学质量评估体系

企业在参与的过程中，要引入行业、企业标准，通过制定教学各环节的质量评价标准、质量保障实施办法与反馈办法等制度，使教学质量形成过程评价与结果评价相结合，单项评价与综合性评价相结合，学校评价与企业评价相结合。规范和创新生产实训、产学研结合、校企合作、顶岗实习等实践环节的质量监控，构建符合产学研结合人才培养模式的、具有专业特色的教学质量评价标准体系。

4. 企业参与建设教学质量保障工作

为了促进学校和企业的有机结合，需要建立一个管理机构，实现学校与企业的沟通与协商、交流与配合。可依托行业、企业设立专业建设指导委员会，对生产过程、教学组织、成绩评定、产品销售等进行共同管理，探索校企共管运行机制。建立校企共管制度、岗位互聘制度、人才培养方案和课程体系共建制度、适应产学结合的教学管理制度、校企共同评价教学质量制度、兼职教师聘用管理制度、学生顶岗实习管理制度、人才培养状态数据平台监控与反馈管理制度，建立和完善专、兼职教师教学规范要求，建立和完善生产实习、毕业实习、毕业设计质量评价标准等教学管理、监控与评价制度。校企共同构建人才培养质量制度保障体系。

（三）关联层保障主体：行业组织

工程专业具有较强的技术性和行业性，行业组织的参与是保证高等工程人才的培养质量的重要条件。这里的行业组织一般指行业协会。

所谓行业协会是同一行业内的企业法人和自然人自愿参加的非营利性社团法人，其职能表现在四个方面。一是组织职能。行业协会在对同行业的组织与管理方面具有独到作用。它依据共同制定的章程体现其组织职能，维护企业共同的权益，规范市场行为，调配市场资源。二是协调职能。行业协会作为行业整体的代表，能利用自己的整体实力处理和协调各类关系，减少单个企业的运作成本，提高运行效率。三是服务职能。行业协会主要是为会员单位提供各类专业服务，维护成员企业利益，实现公正公平的自律性机构。行业协会为会员单位、政府等机构提供各种市场信息，提供法律方面的咨询与服务，协调与仲裁贸易纠纷，举办产品信息发布和展销，进行业务培训等。四是监管职能。行业协会在本行业中具有一定的权威，一般都能够参与制定本行业政策、法规，具有一定的法规制定与管理权限，而行业协会制定的行业政策往往也会形成国家制定相关政策的依据。① 行业协会在高等工程教育质量保障中可以发挥下列作用。

1. 参与制定工程专业的人才培养标准

行业协会配合教育部开展高校分类研究，研制适应社会需求、符合大众化教育的特点、满足不同学校定位的高校分类体系，制定人才培养质量标准。同时，在国家规定的教育质量标准基础上，针对不同层次、不同类型高校的特点以及社会对其培养对象的需求，制定多样化、可比较的质量标准和评价指标，形成科学的、行业公认的教育质量评价体系。

2. 推动产教融合，为校企合作牵线搭桥

行业协会利用与企业紧密联系优势，推动高等院校与企业间的深度合作，推动专业与产业、企业、岗位对接。行业协会通过整合资源，推动学校与企业共建工程实践中心、研发中心和工艺技术服务平台；推动高等院校教师到企业实践，企业工程技术人员到学校教学，促进高等院校与企业合作共赢；推动本行业企业积极接受职业学校学生顶岗实习，探索产学结合、校企合作、顶岗实习的有效途径。

3. 建设产学研合作的交流平台

行业协会通过召开年会、行业性的学术活动，设立行业研究课题等方式，为高等院校和广大教师提供交流的平台。行业协会可以建立信息通报机制，开发网络资源平台，为企业和学校搭建交流沟通的渠道和桥梁，促进资源共享、信息互通。

4. 通过完善工作指导体系发挥作用

行业协会根据工作需要还可设立相关专业教学指导委员会。行业教学指导委员会是在行业协会领导下开展高等学校工程专业教学研究、咨询、指导、评估、服务等工作的学术性专家组织。教学指导委员会可以

---

① 《广州日报》2004年9月14日。

发挥行业在人才需求预测、职业资格制定、专业设置、课程与教材开发、校企合作、教学改革、教育质量评价等方面的重要作用，完成教育部委托的相关工作，如专业评估工作、本科专业设置评审等。

（四）主导层保障主体：政府

在今后相当长时间内，我国仍然是以政府办学为主体，因此，要坚持政府在高等教育质量保障中的主导作用。中央政府在教育教学质量保障中的作用主要是加强宏观调控和管理、对高等教育的财政资助、健全法律法规、对高等学校的分类与制定国家质量标准、建立质量评估监测机制等。在一些发达国家，政府在高等教育的大众化过程中通过运用评价手段进行宏观管理，政府对评价机构的组成及其评价活动的实施加以规定、监控和调节，以保证评价机构的权威性和公正性。

本项目着重研究地方政府在教育教学质量保障体系中的作用。地方政府是当地经济社会建设和发展的领导者，也是高等教育发展、改革和质量保障系统建设的主导者。地方高等工程教育的发展方向、战略规划、资源保障、组织实施等，都属于地方政府的职责范畴。地方政府应引导本省不同类型与层次的高校按照各自的定位发展，使其能够办出自己的特色，使学校培养的毕业生能够适应本地区经济建设的需要，能够适应产业结构调整的需要。地方政府对高等工程教育教学资源进行合理配置，在办学经费投入上应发挥主渠道作用，同时地方政府应有效地整合、配置相关资源（实训基地、实习基地）。在高等工程教育质量保障体系中，地方政府可以从以下几个方面发挥作用。

1. 制定地方高校教学质量评估细则与标准

依据教育部对本科教学质量评估的总体要求，结合本省实际情况，制定本省高等院校教学评估规划，制定评估的项目和具体标准；领导、组建相关的中介机构，协调中介机构和高校之间的关系；负责省属高校的审核评估工作，指导和督促省属高校的自评工作、专业认证与评估工作；监督中介机构的评估；监督高校内部的自我评估质量。建立以高等院校自评为基础,以专业认证及评估、教学基本状态数据常态监控为主要内容,地方政府、学校、社会中介机构相结合的教学评估体系。在对高等工程教育的评估标准中,重点评估学校与企业是否共建了实习实训基地,是否共同开发了独立的实践教学课程,是否开发了职业岗位能力体系标准和考核标准以及学生的工程实践能力等,改变传统的评估标准和方法。

2. 统筹搭建校企合作平台

地方政府应结合区域经济发展和产业结构调整,统筹区域内相关企业和高等院校,建立校企合作平台。由省政府牵头,组织省级国有资产监管委员会、发改委、教育行政部门参加,成立校企合作工作协调机构,建立校企合作的对话工作平台,形成统筹校企资源、服务区域经济的校企合作长效机制。

3. 建设地方高校高等学校人才培养工作基本状态数据库

以教育部发布的全国本科高校教学基本状态数据库和高等院校人才培养工作状态数据采集平台为基础,结合本省高等教育实际情况和人才培养质量保障体系建设需要,建设全省高校人才培养工作基本状态数据库,做好数据库配套的网络平台建设,为行政决策、学术研究、信息发布及高等学校的内涵建设提供翔实可靠的数据,推动学校落实评估整改工作。

4. 建立地方高校高等教育人才培养质量年度报告制度

在开展高等学校人才培养工作基本状态数据库建设的基础上,组织专家总结分析高等教育基本状况和人才培养质量情况,研究确定高等教育人才培养质量评价指标体系和统计分析要点,从而建立高等教育人才培养质量年度报告制度,为教育行政部门决策提供参考,为高等学校人才培养工作提供依据和指南。

5. 实行普通高校本科教育教学质量督导制

省级政府成立普通高校教育教学质量督导委员会(以下简称督导

委员会），开展普通高等教育本科教学工作和教学质量的研究、评估、检查、监督与指导等工作。督导委员会专家定期对全省各普通高等院校的教学工作进行调查研究，及时提供咨询意见和建议，为普通高等院校的教学质量建设和教学改革做好指导服务工作。定期督导检查省内普通高等院校的教育教学管理、学科专业建设、课程建设、课堂教学、实践（实验）教学、毕业设计（论文）等教学过程中各主要环节，跟踪检查"质量工程"有关项目共建共享情况及示范作用发挥情况，指导学校建立健全教学督导机制和教学质量监控体系。

6. 结合地方实际推进高等工程教育评估

地方政府结合当地实际，建立对地方高校的评估制度，对于保障高等工程教育质量具有重要的意义。我国高等教育评估工作开展以来，"以评促改、以评促建、评建结合、重在建设"的16字评估方针对提高教育教学质量起到了重要的导向作用。要有计划地开展由省教育厅统一组织的院系、专业、课程、师资队伍等专项评估活动。组织专家认真研究制定评估指标体系，确定科学的评估实施方案和操作规程。评估的核心应从强调教学条件和教学过程转向对人才培养质量的评估，注重对学生进行工程实践能力的评估。

7. 试行毕业设计（论文）抽检制度

毕业设计（论文）的完成质量是评价高等工程人才培养质量的一个重要环节，是检验人才培养质量的重要成果。要组织专家、高校共同研究确定毕业设计（论文）评价指标体系、实施方案和保障机制等相关工作环节，建立科学合理的抽检制度。对毕业设计（论文）抽检的先期试点工作可采取省教育厅统一组织抽检与部分高校互助合作抽检相结合的办法开展，试点院校范围由省教育厅根据实际情况确定。

8. 构建毕业生质量跟踪反馈系统

对毕业生的质量跟踪与分析是高等学校全面准确地了解毕业生质

量，收集用人单位和毕业生自身反馈信息的一种重要手段。它可以及时反馈高等学校人才培养工作中存在的问题，以及社会对人才素质和能力的基本要求，从而为高等院校在人才培养方面的改革创新提供较为详实而完善的参考意见。地方教育行政主管部门要完善高校与用人单位及毕业生之间的信息沟通反馈机制，建立毕业生质量跟踪网络平台，由用人单位对毕业生从道德品质、工作态度、知识技能、创新能力、发展潜力等方面进行全面评价，定期发布毕业生培养质量反馈分析报告，指导高校改进人才培养工作。

省级教育行政部门应重视发挥督导服务的作用，采用制定指导性质量标准和有关政策法规、组织评估检查、财政拨款资助、教育信息服务等非行政指令性的途径和方法达到保障教育质量的目的。

（五）监督层保障主体：社会中介组织

要积极培育评估认证专业机构行业协会，并积极发挥其在外部质量保障中的作用。即要加强第三方服务，重视专业评估机构的建设，从而形成政府、高校、社会齐抓共管的质量保障组织体系。

我国现行的高等教育评估工作主要由政府控制，对学校的评估具有行政干预的意味。建议借鉴发达国家的经验，建立独立或半独立的高等教育评估中介机构。社会中介组织是指处于学校与政府或企业之间、起桥梁作用的社会组织或机构。教育中介组织可以是事业单位，也可以是社会团体或者行业、企业单位，但不是国家行政机构的组成部分，它们是独立于学校与政府之外的专职机构。中介组织的这种独立性、中介性、中间性特点，使得它们在参与教育质量保障体系构建中具有特殊意义。

1. 建立社会中介组织的意义

首先，中介组织的参与可以改变长期以来形成的评估方案的制订者、实施者、评价者"三位一体"的现状。社会中介组织具有独立性或非政府性特点，其参与有助于构建一个更加公正的质量评价体系，使政府从"裁判员"和"运动员"的双重身份中超脱出来。社会中介组织既不依附于学校，也不是政府的附属，在制定质量评估标准时更容易做到价值中立，有利于做到客观、公正、公平地评价，也使学校能更加客观、全面地发现自己的问题。其次，社会中介组织的参与有助于构建一个更加完善的质量保障体系。以往的教育质量保障体系有政府的保障和高等院校自身的保障。社会中介组织的"中介性"特点意味着它不作为当事人而直接参与高等教育的办学与管理，只是作为中间人，对高等教育进行间接质量管理，作为外部质量保障体系的主体，参与质量保障体系构建。社会中介组织的参与，可以使政府和学校的监控行为也受到监控，监控机制就更加健全。最后，社会中介组织的参与有助于构建一个更畅通、更有效的信息传递与反馈系统。从一些市场经济发达的国家的经验来看，社会中介机构的参与能及时将社会对人才培养的要求、毕业生的就业状况及其他有关信息直接反馈给学校，使学校及时了解社会经济部门和社会发展对工程人才培养提出的要求，保障高等工程教育质量符合社会需要，从而在学校与政府之间搭起一座沟通的桥梁，形成一个畅通、有效的信息传递和反馈系统。

2. 社会中介组织发挥作用的方式

社会中介组织不同于一般的社会组织，它的最大特点是中介性。社会中介组织可以通过以下几种方式参与质量保障体系的构建。

（1）学术研究。像高校一样，社会中介组织也有自己专门的研究机构，它既有对政府部门发展高等工程教育的宏观政策的理论分析与实践研究，又有关于社会、企业对高等工程人才需求的调研和人才需求预测研究，还有对高等院校内部的教育教学管理改革研究等。中介组织通过学术研究形成的学术成果既可为政府部门制定发展政策提供决策参考，又可为高等院校的教学改革提供理论依据，对于保障高等工程教育质量起到推动作用。

（2）质量评估。质量评估是质量保障体系的重要组成部分，也是社会中介组织参与高等教育质量保障最主要的一种途径。中介组织借助其专业化的方式，坚持价值中立的原则，系统采集质量评估信息，研究并制定客观、公正、合理的质量评估指标体系，然后根据自己制定的评估指标对高等工程教育进行质量评估，并向社会公布评估结果，从而实现对高等院校教育质量的跟踪监控。

（3）咨询服务。社会中介组织作为一种独立性组织，通过与社会建立广泛联系，搭建公共数据、信息化平台，获取市场、政府对高等教育人才培养及对高等教育满意度的有关信息。这些市场化信息数据资源成为中介组织能够提供咨询服务的前提与基础，使它既可为政府制定人才规划和教育发展战略提供咨询信息，又可为高等院校进行学科和专业建设、为学生选择专业与就业提供服务指导，从而疏通政府、市场、学校与学生甚至家长之间的信息沟通渠道。

必须指出，高等教育质量保障体系中的社会中介组织的培育需要有一个过程。由于社会组织先天的不足，我国不具备西方政府和市场都相当发达和成熟的条件；因此如果后天再约束不全，失灵现象必然会更加严重。应该建立健全相关的法律法规，规范社会中介组织的培育、成立和中介组织的活动，以提高管理的公正、客观与科学。社会中介机构在开始时可隶属于省教育行政部门，接受省教育行政部门的指导和监督，人员由社会各界代表、高校教师及专家组成。随着评估制度的不断完善，逐步向独立机构过渡。

应创造条件开展社会机构参与教育教学评估试点工作。积极推进社会组织、用人单位等社会机构参与教育教学评估工作，并将其作为社会参与高等学校质量监控体系建设的重要试验田。要采取有效措施，支持试点院校建立由社会用人单位等多方参与的人才培养质量评价制度，其建设成果面向全省高校进行推广；在开展高等院校人才培养工作评估时，注重对来自行业企业专家的选拔和使用；在由省教育厅组织的专项评估中，尝试采取由省高等教育教学评估中心和第三方社会机构合作的评估方式。经政府认证的社会中介组织一旦能够积极接受政府或高校委托的专业性认证和评估，就能够协调政府和大学的关系。

三 地方高校高等工程教育质量保障系统的运行机制

高等工程教育质量保障体系的创新，很大程度上取决于管理运行机制的突破。这是因为地方高等院校高等工程教育质量的保障涉及高等院校、企业、行业组织、政府等许多方面，所以必须多方共同参与，互相合作，形成有效的运行机制，才能使质量保障系统有效运行。应借鉴国外的成功经验，将高等工程教育质量保障体系的运行机制从校内扩展到校外，构建开放的质量保障运行体系。

（一）高校和企业联合培养机制

高等工程人才培养应该成为高等学校和企业共同的任务。高等工程人才的培养应该形成高校与企业联合培养的机制，企业由单纯的用人单位变成联合培养单位，共同实施质量保障。高校和企业联合培养就要求学校和企业共同制订人才培养标准和培养方案，共同推动课程和教材建设，共同打造专兼职结合的高素质教学团队，共同建设实习实训基地，共同实施过程管理。

1. 学校和企业共同制定人才培养标准和培养方案

人才培养标准和培养方案是保证人才培养质量的前提，应该由校企双方共同研究制定。由实务部门提出对人才知识结构、专业技能及实践能力的需求和建议，多次研讨，反复论证，共同制定人才的培养规格和标准，设计突出实践应用特色的人才培养方案。围绕产业发展和人才培养的实际需求，学校和企业共同开发职业岗位能力体系标准和考核标准。

2. 学校和企业共同推动课程和教材建设

设有由行业、企业、金融专家和专业骨干教师组成的专业课程组，与企业共同开发以"实务、案例、问题、流程"为主的专业课程,共同规范课程教学的基本要求;与行业企业专家共同编写实验实训教材及实习实训指导计划;形成学校教师讲理论、企业专家带实务的理论与行业实践相结合的教学模式,增强学生的实践动手能力。

3. 学校和企业共同打造专兼结合的高素质师资队伍

依托企业,设立校中厂和企业研发基地;学校聘请企业的技术与骨干担任兼职教师,讲授实务课程和指导学生实习实训;派出教师到政府、企业挂职锻炼,鼓励教师获得执业资格,提高学校教师的"双师"素质,使专业教学更加贴近工程实践。建设一支"校企互通、优势互补、专兼结合"的高素质教学团队。

4. 学校和企业共同建设实习实训基地

在校内,学校提供场地并负责管理,企业提供设备和技术支持,形成"校中厂",为学生营造先进的实习实训环境;在企业,建立企业的生产加工与专业教学有机结合的工程实践中心,形成集生产运营、学生项目实训、教师下企业锻炼、学生实习实训等功能于一体的"厂中校",构建"做中学、学中做"的工程实践模式。学校聘任企业的专业技术人员担任兼职教师,企业聘任学校的专业教师担任技术顾问,双方既可以通过"双导师制"共同指导学生实习实训、毕业设计和课题研究,联合培养企业所需要的高级工程应用型人才,还可以开展项目合作与技术交流。

5. 学校和企业共同实施过程管理

学校和企业共同建立专业指导委员会(由生产、建设、管理、服务一线的专家和骨干教师组成),指导学校及时调整专业方向、优化课程设置和教学内容,推进专业教学标准建设,强化实践教学,传递行业最新动态和信息,实现学校与企业要求的无缝对接。学校和企业通过签订协议明确学校、企业双方的职责与权力,企业教师的激励政策,学生安全保障,学生生活的后勤保障及生活补贴,企业技术的保密要求等。

（二）产教融合发展机制

实施产教融合发展有两层含义。一方面，建立行业组织和高等学校之间的制度化联系，使行业组织发挥对高等工程教育的指导作用。行业提出对人才的需求，高等院校根据行业的需求，调整人才培养目标、结构、层次、类型等，培养适应行业需求的高等工程人才。另一方面，要使高等教育成为促进行业发展的加速器。高等学校瞄准行业面临的前瞻性、战略性关键技术问题，通过加大投入、整合队伍等形式建立面向行业未来发展的学科平台，占领学科发展的最前沿，主动承担行业共性关键技术的研发任务，建立面向支持行业技术创新的科研实体，研究解决企业生产过程中的技术难题并实现成果的就地转化，成为行业科技进步的技术支撑单位。

1. 学校为行业发展多作贡献

实施产教融合，要求学校应面向行业设置应用型学科专业。学校应坚持以服务赢得支持、以贡献获得发展，在主动服务行业、贡献地方经济发展的过程中，形成新的特色优势和发展优势。学校应注重在充分发挥学校特色和优势的基础上，开展行业发展关键性科研问题的研究、推广与应用，主动帮助解决行业发展的关键性技术难题，积极参与行业科学技术的培训与普及，不断提高学校优势学科专业的竞争力和科技创新能力，加快行业科技成果产业化步伐，促进学校的发展与产业的发展相结合。在拓展新兴学科专业的同时，加强行业发展重要支撑学科专业的建设，根据行业需要全面进行学科专业结构的调整，促进学科交叉、融合，增添行业的鲜活特色，主动为行业主管部门领导科学决策当好参谋助手。

2. 行业为高校搭建平台

实施产教融合发展，要求创新行业组织与高校之间的产教对话机制。2010年以来，在教育部指导下，有关行业主管部门、行业协会以

"合作、对接、共赢"为主线，举办产教对话活动，促进生产经营、人才培养、产业发展的有效衔接，推动形成了政府搭台、产教对话、校企合作的良好局面。同时，教育部已经会同供销总社、中国有色金属工业协会、中国物流与采购联合会等部门，联合召开了行业职业教育工作会议，出台或将要出台一系列相关政策文件，行业指导体现出制度化、规范化、科学化的发展趋势。产教融合发展成为许多行业主管部门、地方政府和高等学校的共识。很多地方政府把高等教育与产业发展同步规划、融合发展，取得了显著成效。产业界也普遍认识到加强产教融合、校企合作的重要性和必要性，把加强与教育界的合作作为提高劳动者素质、推动产业优化升级、提升企业核心竞争力的有效手段，主动与高等院校开展合作。广大高等院校更是深刻认识到推进校企合作是提高办学质量和效益的必由之路，与企业广泛开展了更加深入的实质性合作。

3. 推动学校发展对接行业

实施产教融合发展，必须努力推动学校发展对接行业发展。在我国，行业部门对本行业技术前沿最熟悉，对行业发展趋势最了解，对行业用人需求最了解。为了完成培养高素质行业后备工程师的任务，必须以充实的行业资源为后盾。这就要求学校与行业主管部门及行业协会建立密切的联系，努力营造办学主体多元化的氛围，建立包括政府有关部门特别是由企业专家技术人员组成的专业建设指导委员会，邀请行业协会专家、委员和企业有关人员参与学校的专业建设、人才培养方案的制订，到学校兼课或做讲座。通过互动，广泛听取产业界、学术界、经济界专家学者对专业设置、培养目标、教学内容等方面的意见，制订符合地方经济和行业企业需要的人才培养方案。专业建设指导委员会可以把产业的新信息、新工艺和新流程等技术带到学校，使学校掌握企业需求的最新信息，使企业的新思想、新技术、新工艺、新方法及时进入课堂，促进教学内容的更新，保证学生在校期间所获知识能学以致用。

（三）高校自我约束与政府宏观管理的契合机制

政府、高校都是高等教育质量保障的重要力量，但是，不同的角色有不同的职责，所采取的质量保障方式和手段也有差异。有中国特色的高等教育质量保障制度的建设，需要分工协作，构建一个高校自主管理与政府宏观监控有机结合的机制。一方面，教育部和省级教育行政部门要根据"分级管理"的原则，调整对高等教育的职权划分，分工负责把好高等院校的"入门关"，地方高校的教育教学质量主要应由地方政府来把关。另一方面，政府要切实转变职能，运用立法、拨款、评估等手段进行宏观管理，创造条件逐步发挥社会中介组织在质量保障体系中的作用。

必须正确定位政府在高等教育管理中的角色。长期以来，在高等教育的质量保障体系中，政府发挥着主要作用，高等院校听命于政府的指挥，自我约束和自主管理不够。政府的管理应体现在通过制定政策和标准规范学校的办学行为。要改革地方政府对高等教育管理的内容、手段和方式，实现四个转变：一是变直接行政管理为间接的宏观调控，政府要保证高等教育发展必需的基本条件和资源，从地方经济社会发展战略的角度，采取倾斜政策，保证地方高等工程教育核心竞争力的形成；二是变对学校直接的微观管理为间接的宏观监控，政府通过制定质量保障方针政策，加强对地方高校教育教学质量的监控和评价，从以往对高等教育的直接管理转变为主要运用评估进行宏观监控，不直接管理学校内部的运行；三是变对高校的刚性管理为弹性管理，切实落实《高等教育法》所规定的学校的办学自主权；四是变对学校的行政管理为优质的服务，地方政府应强化对学校的服务职能，运用经济的、法律的和必要的行政手段，在教育体制改革、教育结构优化、师资培训、教材建设、对外交流、学科建设等方面，为学校提供条件和优质服务，使学校真正成为具有独立的民事权利和民事行为能力的法人实体。

提高教育质量的根本在于高校内部要建立起自我质量保障机制。要强化高校在质量保障体系中的主体地位。高校要在扩大办学自主权的同时，强化质量保障的主体意识。随着高等教育管理体制改革的不断深入，高校办学自主权逐步扩大，同时对质量保障的责任也增大了。高校应进一步提高自我约束意识和自我约束能力，形成自主发展、自我约束机制。要通过建立内部质量保障体系和评价机制，根据社会需要和本校实际合理的定位和科学规划，及时调整学科专业布局，优化人才培养结构，提高办学整体水平和教育质量。

（四）政府部门与行业组织的有机结合机制

行业协会在沟通政府与企业关系上起到承上启下的桥梁和纽带作用，处于中介地位。以日本为例，在该国的经济管理体制中，注重充分发挥各种专业协会在行业管理中的作用，通过由政府—行业协会—企业有机结合的管理体系，贯彻政府的意图，维护行业公平竞争环境和企业的合法权益。行业协会可以承担许多社会必须承担但又难以由政府和企业直接承担的义务，成为政府宏观经济管理的参谋助手，成为国家管理体制中不可分割和极其重要的组成部分。

在高等教育质量保障体系中，必须处理好行业协会与政府的关系。广泛存在于政府与市场之间的行业协会对政府正常行使其职权具有十分重要的作用。这种作用表现在：其一，收集、整合信息，为政府决策提供实施依据。行业协会以其分布广泛、运作灵活的特点，可以避免政府亲自收集信息带来的不便和滞后性，通过提供准确的信息，从而确保决策的正确性。其二，参与政府决策。在有些情况下，政府吸收行业协会参与决策，可以充分发挥其经验优势和信息优势，保障政府决策最大限度地适应行业发展的需要。其三，协助政府管理公共事务。行业协会在积极参与政府管理社会公共事务的过程中起到极大的辅助作用，并且通过对政府的教育行政立法提出异议、参加政府决策的听证、对政府行为提起行政复议或行政诉讼等方式从反面制约、促进政府管理公共事务。地方政府应站在地方经济社会发展的高度，规划高等院校的学科和专业发展，统筹校企合作，建立起以政府为主导、以高等院校和企业为主体、行业协会为中介的校企合作发展新机制。

1. 成立由行业专家参加的高校人才培养质量保障专家委员会

成立由高等学校校长、行业企业专家及教育专家组成的全省高校人才培养质量保障专家委员会，制定章程，明确职责，充分发挥其在高等学校人才培养质量保障体系建设中的指导作用，引领和带动全省高校增强质量意识，深化教学改革，加强教学建设，不断提高人才培养质量。

2. 吸收行业专家参加专业评估

加强教育评估专家队伍建设。评估专家是教育教学评估工作的具体实施者，是决定评估工作能否顺利开展的关键因素。要加强评估专家库建设，强化评估专家资格审核环节，健全评估专家信息档案；要优化评估专家队伍结构，积极引入行业专家充实评估专家队伍；要健全评估专家工作制度；要做好评估专家培训工作。

四 政策建议

为了保障高等工程教育质量，必须加强有关的政策和制度建设，建立和完善相关法规和制度，明确各参与主体在高等工程教育的地位、义务和相互之间的关系，为高等工程教育的发展营造良好的政策环境。

（一）应出台行业参与工程教育的政策

高等工程人才的培养涉及多个部门、多个行业，需要调动各方面的积极性，需要完成制定培养标准、设立工程实践教育中心、协调国家政策支持、高校全方位改革人才培养模式等艰巨任务，每一项任务都需要采取若干有力措施来推进工作。只有通过多项任务、大量措施，形成综合改革的合力，才能完成既定目标。当前行业参与工程教育的核心问题是，国家法规层面上对行业和企业在高等教育中的职责不明和机制的缺失，影响到行业和企业对工程教育的参与。推进校企合作是高等工程教育发展的重点和难点。当前，政府出面统筹协调校企合作、联合办学的作用缺位，没有出台校企合作、产学研结合、学生顶岗实习的政策法规，致使未能建立起校企合作的运行机制。

为促进行业指导和企业参与制度化，2011年教育部印发了《教育部关于充分发挥行业指导作用推进职业教育改革发展的意见》。文件强调了职业教育行业指导的重要性，提出了行业指导工作的重点，明确了下一步工作的目标和任务，强调要完善机制，探索和构建职业教育行业指导工作体系，充分发挥行业企业的作用，促进行业、企业参与到学校教育教学的各个环节，使之在专业设置、课程教材建设和教学实习中发挥更大作用。鉴于目前工程教育的现状，建议这方面的工作进程应进一步加快。

(二) 出台有关产学研结合的政策

建议国家通过立法的形式，出台有关高校产学研合作的政策，明确产学研合作的指导思想、原则和保障措施等。相关部门也应制定相应的配套措施。出台的政策要明确企业与高校在合作中各自的权利、义务与责任，调动企业参与的积极性。在法律上明确规定用人单位应承担的责任与义务。企业有义务为高校学生提供实习实训基地，有义务为学生提供实践的机会。对企业给予财政专项补贴和税收减免政策，调动企业参与产学研合作的积极性。

借鉴发达国家的做法，政府设立专门的产学研合作基金，提高各方面参与的积极性。产学研合作基金重点用于技术引进、合作攻关、成果转化以及产品的前期开发等。可在有关法律法规中明确企业和除教育部门之外的事业单位承担资助高等工程教育发展的责任和义务。对企业而言，可以按企业的级别、收益或产值来确定合理的经费资助比例。可行的办法是在《企业法》中规定企业应交纳单独的教育附加税，国家税收中应单列教育附加税项目。因为作为人才的使用者应该分摊教育成本，这就是"谁投资谁受益、谁受益谁投资"的道理。

建立返税制度，调动企业积极性。在企业建立实习实训基地，推进产学研的深度合作，一直是一个难题。校企合作教育与传统的教育模式不同，需要从体制、机制和政策设计方面进行创新。为了解决学校与企业的合作在实际操作过程中对责、权、利没有明确规定，双方无法建立长期稳定的合作关系，企业积极性不高等问题，建议国家在法律层面，对校企双方在校企合作中的责、权、利进行明确规定，使企业参与人才培养成为一种责任，从而对企业产生约束力和驱动力。可借鉴德国校企合作返税方式（由政府公共财政予以"实报实销"的做法），建立校企合作的返税制度，使企业有积极性、有能力参与校企合作。建议制定并出台《校企合作教育法》，明确和规范政府、学校、企业在校企合作中的责任和义务，指导学校与企业的合作，使企业乐于接收学生实习，并且使学生可以在企业学到真正的实践知识。

（三）出台支持发展独立或专业化评估机构的政策

要使社会中介组织真正健康、良性地发展起来，在参与高等教育质量管理中发挥应有的作用，最根本的问题是要对中介组织的性质、职能和权力予以明确定位，这是完善社会中介组织的前提性条件。结合我国的实际情况，目前应建立健全"民办官助"型的教育中介机构。首先，政府要为社会中介组织的建立提供法律保障，通过法律、法规、制度明确社会中介组织的职能及其与政府之间的关系。要以立法的形式确定评估中介机构的法律地位，保证其评估的权威性和独立性。通过建立公正、公开的评估机制和监督机制，对社会中介组织进行资格认证，确定其是否具备法人责任能力，是否具备参与高职教育质量保障的能力。第二，政府要避免过分干预。政府的作用是引导和规范社会中介组织的发展，培育与健全中介市场，建立平等竞争机制，提高中介机构的市场化运作能力，让中介组织在市场的平等竞争中优胜劣汰，从而推动市场发育和中介机构的发展,也以此推动中介机构服务质量的提高。第三,政府为中介组织营造更适宜的社会政策支撑环境,保证社会中介组织成为独立的专门化机构。中介组织必须独立于行政组织系统之外,成为一种真正独立的自主经营、自担风险、自我约束、自我发展的社会化服务组织。

(四) 出台工程型教师的专业技术职务评聘的政策

逐步建立完善与"高水平工程教育师资队伍"相符合的教师评聘与考核等师资政策。对参加工程型教师系列专业技术职务晋升与考核的教师,在注重基础条件的同时,应着重考核教师的工程项目设计、专利、产学研合作、技术服务和工程研发等方面的能力与实绩。同时,将工程教育改革研究成果作为工程型教师系列专业技术职务晋升与考核的重要内容。

(五) 建立适合国情的高等工程教育专业认证制度

建议由教育界专家和行业专家共同研究制定专业认证标准,提供工程教育本科层次的基本质量要求。对照认证标准,学校可以看到自身的特色和优势,还可以看到问题与不足,有针对性地开展专业建设。高等工程教育专业认证程序和标准要与国际接轨。不仅要在专业认证的组织和程序上遵循国际惯例,还应研究当前国际工程教育专业认证标准的变化和发展趋势,动态修订和完善认证标准,使我国的专业认证标准与国际先进水平接轨,为工程教育走向世界创造条件。为了保证专业认证的权威性,当前还是由政府组织有关部门组建比较合适。先吸收社会各界的参与,逐步向非官方组织过渡,最终成为一个半官方的机构,接受教育部的领导和社会的监督,在法定职权范围内开展工作。

附件 1

地方本科院校高等工程教育质量调查问卷

（学生卷）

同学：你好！

　　为了了解地方高校高等工程教育的现状，总结成绩，找出差距和不足，给学校和教育行政部门提出相应的对策和建议，以推进教育教学质量的提高，我们设计了《地方本科院校高等工程教育质量调查问卷（学生卷）》。请你按照设计的题目，实事求是的予以填写。感谢你的支持，让我们携起手来，为不断提高教育教学质量而努力！

　　感谢你对我们工作的支持！

　　此致

敬礼

《地方本科院校高等工程教育抽样评估
与质量保障系统研究》课题组
2011. 9. 10

1. 你的专业是_____。
2. 你的年级是_____。

3. 你对你所在学校和专业教育教学质量的评价是：（ ）

   A. 很好   B. 较好   C. 一般   D. 差   E. 很差

4. 你认为你所在的专业培养目标与社会经济发展的需求、人才培养质量的需求和学校类型：（ ）

   A. 符合   B. 比较符合   C. 基本符合   D. 不太符合

5. 你对专业人才培养方案、开设的课程、安排的实验实习：（ ）

   A. 很满意   B. 比较满意   C. 基本满意   D. 不太满意

6. 你所在专业的专业基础课和专业课的实验教学条件：（ ）

   A. 能很好地满足教学要求   B. 能较好地满足教学要求
   C. 基本上能满足教学要求   D. 不能满足教学要求

7. 你所在的专业的实验课：（ ）

   A. 开设了较多的综合性、设计性实验
   B. 开设了少量的综合性、设计性实验
   C. 没有开设综合性、设计性实验

8. 在校期间你们实习的主要场所是（可选多项）：（   ）

   A. 校办工厂   B. 企业生产一线   C. 企业工程训练中心
   D. 科研院所   E. 其他   F 没有参加过实习

9. 学生生产实习和专业实习的主要方式（可选多项）：（   ）

   A. 教师带队   B. 学生个人联系
   C. 家长或朋友帮忙联系   D. 其他

10. 你认为学校的教学质量保障体系：（ ）

    A. 健全   B. 比较健全
    C. 不够完善   D. 差距较大

11. 你所在专业的图书资料：（ ）

    A. 能很好地满足教学要求   B. 能较好地满足教学要求
    C. 基本可满足教学要求   D. 不能满足教学要求

12. 你对任课教师最不满意的现象是（可选多项）：（   ）

    A. 讲课照本宣科   B. 缺乏实践经验

C. 不认真备课   D. 对学生要求太严格

E. 对学生要求过宽

13. 给你讲授专业课的教师：（ ）

    A. 多数教师在生产或工程一线工作过

    B. 少数教师在生产或工程一线工作过

    C. 没有教师在生产或工程一线工作过

14. 在校期间，你去企业学习的时间是：（ ）

    A. 寒暑假去过企业   B. 认识实习在企业

    C. 生产实习在企业   D. 毕业实习在企业

    E. 没有去过企业

15. 你所在学校和专业的选修课程：（ ）

    A. 能充分满足学生选课需要   B. 基本能满足学生选课需要

    C. 不能满足学生选课需要   D. 学校未开选修课

16. 在你看来，工程师应具备的现代工程意识包括（可选多项）：（ ）

    A. 质量意识   B. 环境意识

    C. 安全意识   D. 服务意识

    E. 开发意识

17. 在你看来，工程师的职业道德包括（可选多项）：（ ）

    A. 遵纪守法   B. 诚实守信

    C. 爱岗敬业   D. 追求卓越

    E. 尽职尽责   F. 廉洁自律

18. 在校期间，你是否有下面的经历（可选多项）：（ ）

    A. 参与了教师的科研项目

    B. 参加了企业的工程方案的设计和开发

    C. 学校导师和企业导师共同指导实习或论文

    D. 参加了企业现场实践

    E. 参加了基于项目的"做中学"

附件 2

地方本科院校高等工程教育质量调查问卷

(教师卷)

老师：您好！

　　为了了解地方高等院校高等工程教育的现状，总结成绩，找出差距和不足，给学校和教育行政部门提出相关的政策和建议，以推进教育教学质量的提高，我们设计了《地方本科院校高等工程教育质量调查问卷（教师卷）》，麻烦您在百忙之中根据自己的了解，按照设计的题目予以填写。感谢您对我们工作的大力支持。让我们携起手来，为进一步提高高等工程教育质量而努力！

　　此致

敬礼！

《地方本科院校高等工程教育抽样评估
与质量保障系统研究》课题组
2011.9.10

　　您所在的专业是：_____
1. 您对当前地方高校高等工程教育质量的评价是：（　）

A. 很好　　　B. 较好　　　C. 一般　　　D. 差　　　E. 很差

2. 您所在专业的人才培养方案是否符合社会经济发展对人才的需求：（　　）

   A. 完全符合　　　B. 比较符合　　　C. 基本符合　　　D. 不太符合

3. 根据您的了解，用人单位对人才培养质量的反应：（　　）

   A. 很好　　　B. 较好　　　C. 一般　　　D. 较差

4. 近年来有哪些人员听过您的授课（可选多项）：（　　）

   A. 校领导　　　B. 院（系）领导　　　C. 教学督导组

   D. 专业教师　　　E. 部门负责人　　　F. 没有任何人听课

5. 您授课的班的学生人数最多为：（　　）

   A. 30～70人　　　B. 71～120人　　　C. 121～150人

   D. 151～200人　　　E. 201～250人　　　F. 250人以上

6. 您在教学过程中与学生沟通是通过：（　　）

   A. 课堂和课间　　　B. 课后答疑　　　C. 课外辅导

   D. 网络联系　　　E. 其他方式

7. 您授课所采用的教材为：（　　）

   A. 近三年出版的教材　　　B. 近五年出版的教材

   C. 近十年出版的教材　　　D. 学校自编的教材

   E. 英文原版教材　　　F. 其他

8. 您认为近年来学生毕业设计（论文）的总体质量：（　　）

   A. 好　　　B. 较好　　　C. 一般　　　D. 较差

9. 您认为影响毕业设计（论文）质量的主要因素是（可选多项）：（　　）

   A. 实践教学条件不能满足需要

   B. 学生人数多，教师指导顾不过来

   C. 学生忙于找工作不安心

   D. 学生主动性不够

10. 您认为学校的教学质量保障体系：（　　）

A. 健全　　B. 比较完善　　C. 不够完善　　D. 差距较大

11. 您认为学校教学管理规章制度的执行：（　）

    A. 严格　　B. 较严格　　C. 一般　　　D. 不严格

    E. 不能满足教学要求

12. 开展产学研合作的主要障碍要素是（可选多项）：（　）

    A. 企业没有积极性　　　　　B. 经费投入不足

    C. 学校方面重视不够　　　　D. 缺乏支持政策

    E. 教师怕麻烦　　　　　　　F. 企业难以容纳过多学生

13. 您所在的专业图书资料：（　）

    A. 能很好地满足教学要求　　B. 能较好地满足教学要求

    C. 基本满足教学要求　　　　D. 不能满足教学要求

14. 您认为近年来学校招生的生源质量：（　）

    A. 高　　　B. 较高　　C. 一般　　　D. 较差

15. 您对所在学校的学风：（　）

    A. 很满意　　B. 满意　　C. 基本满意　　D. 不太满意

16. 您对学生最不满意的现象是（可选多项）：（　）

    A. 旷课或迟到　　　　　　　B. 不认真听讲

    C. 作业不认真　　　　　　　D. 不重视实验实习

    E. 很少提出疑问

17. 您认为影响学风的主要因素是（可选多项）：（　）

    A. 学生自身问题　　　　　　B. 就业难

    C. 社会风气　　　　　　　　D. 学校管理不到位

    E. 所学知识用处不大　　　　F. 教学管理不严格

    G. 其他

18. 您认为在学校内部的教学质量监控中的主要负责者是（可选多项）：（　）

    A. 学校领导　　　　　　　　B. 教务处

    C. 院（系）　　　　　　　　D. 教师

E. 教学督导委员会

19. 作为专业课教师,您到企业或生产一线挂职锻炼或工作的时间:(   )

    A. 每年都在企业工作15天以上

    B. 近三年在企业工作约有一个月

    C. 近三年在企业工作约有一周

    D. 学校工作繁忙,没有时间到企业

20. 在专业课教学中,您主要采取以下教学方式(可选多项):(   )

    A. 课堂讲授　　　　B. 项目教学　　　　C. 课堂研讨

    D. 学生自主学习　　E. 其他

21. 您认为,高等工程教育应培养:(   )

    A. 技能型人才　　　B. 技术型人才　　　C. 现场工程师

    D. 高素质复合型人才　E. 研究发展型人才　F. 其他

22. 在您指导的毕业设计(论文)中,结合实际的科研、生产进行的毕业设计:(   )

    A. 占50%以上　　　B. 占30%~50%

    C. 占10%~30%　　　D. 不足10%

    E. 没有

附件 3

地方本科院校高等工程
教育质量调查问卷

（管理人员卷）

老师：您好！

  为了了解地方高等院校高等工程教育的现状，总结成绩，找出差距和不足，给学校和教育行政部门提出相关的政策和建议，以推进教育教学质量的提高，我们设计了《地方本科院校高等工程教育质量调查问卷（管理人员卷）》，麻烦您在百忙之中根据您的了解，按照设计的题目予以填写。感谢您对我们工作的大力支持。让我们携起手来，为进一步提高高等工程教育质量而努力！

  此致
敬礼！

《地方本科院校高等工程教育抽样评估
与质量保障系统研究》课题组
2011.9.10

  您所在的专业是：＿＿＿＿＿＿

1. 在您看来，学校指导高等工程教育的指导思想是：（　　）

  A. 注重教育观念更新，定位准确，思路清楚

B. 比较明确，但特色不显著

C. 指导思想不够明确，缺乏特色

D. 工程教育的指导思想不明确

2. 您认为您所在的专业的定位与社会经济发展的需求、人才培养质量的需求和学校类型：（　　）

  A. 完全符合　　B. 比较符合　　C. 基本符合　　D. 不太符合

3. 您所在专业的实验课：（　　）

  A. 开设了较多的综合性、设计性实验，实验效果好

  B. 实验效果较好

  C. 实验效果一般

  D. 实验效果较差

4. 学生实习的主要场所是（可选多项）：（　　）

  A. 校办工厂　　　　　　　　B. 企业生产一线

  C. 企业工程训练中心　　　　D. 科研院所

  E. 其他

5. 学生生产实习和专业实习的主要方式（可选多项）：（　　）

  A. 教师带队　　　　　　　　B. 学生个人联系

  C. 家长或朋友联系　　　　　D. 其他

6. 您认为目前影响提高工程教育质量的主要因素是（可选多项）：（　　）

  A. 教育思想观念　　　　　　B. 办学定位与工作思路

  C. 学校办学条件　　　　　　D. 师资队伍建设

  E. 管理水平　　　　　　　　F. 企业参与

  G. 经费投入　　　　　　　　H. 教师的投入程度

  I. 校领导重视程度　　　　　J. 上级政策

  K. 学风　　　　　　　　　　L. 招生规模

  M. 其他

7. 您所在专业的专业基础课和专业课实验教学条件：（　　）

  A. 能很好地满足教学要求

B. 能较好地满足教学要求

C. 基本能满足教学要求

8. 您认为影响教师工程应用能力提高的主要因素是（可选多项）：（   ）

    A. 教师课时过多，没有时间到企业锻炼提高

    B. 教师科研任务重

    C. 职称评定、评奖优先，津贴分配等政策导向

    D. 教师忙于第二职业

    E. 其他

9. 您认为教育行政部门对高校的教学质量监控应该是：（   ）

    A. 全面的监控

    B. 重点环节的监控

    C. 全面监控与重点环节监控相结合

10. 您认为目前影响高等工程教育质量的主要障碍是（可选多项）：（   ）

    A. 缺乏全国统一的专业培养标准

    B. 必要的工程训练条件得不到保证

    C. 缺少产业界（企业）的参与和介入

    D. 缺少统一的工程专业评估（认证）制度

11. 您认为学校的教学质量保障体系：（   ）

    A. 健全   B. 比较完善   C. 不够完善   D. 差距较大

12. 您认为学校教学管理规章制度的执行：（   ）

    A. 严格   B. 较严格   C. 一般   D. 不严格

13. 开展产学研合作的主要障碍要素是（可选多项）：（   ）

    A. 企业没有积极性   B. 经费投入不足

    C. 学校方面重视不够   D. 缺乏支持政策

    E. 教师怕麻烦   F. 企业难以容纳过多学生

14. 您所在专业的人才培养方案的制订（可选多项）：（   ）

    A. 本校在调研的基础上形成

B. 吸收了兄弟院校同行专家意见

C. 吸收了企业、行业专家的意见

D. 吸收了学生的意见和建议

E. 专业负责人制定

15. 您认为影响毕业设计（论文）质量的主要因素是（可选多项）：（   ）

    A. 实践教学条件不能满足需要

    B. 学生人数多，教师指导顾不过来

    C. 学生忙于找工作不安心

    D. 学生主动性不够

附件4

毕业生质量企业调查表

_____领导：您好！

为了及时了解和掌握我校毕业生适应实际工作岗位的情况，以便我们改进教学工作，提高教育质量，更好地培养适应社会需要的高素质的专门人才。望您在百忙之中抽空填写此表，提出宝贵意见。我们对您的支持深表感谢！

一、毕业生基本情况					
毕业生姓名		性别	男（　）	女（　）	
毕业专业		从事工作岗位			
二、就业企业调查部分（A－很满意；B－满意；C－基本满意；D－不满意；E－很不满意）					
对毕业生称职状况的评价	1. 专业知识运用	A（　）	B（　）	C（　）	D（　）	E（　）
^	2. 计算机知识运用	A（　）	B（　）	C（　）	D（　）	E（　）
^	3. 外语水平	A（　）	B（　）	C（　）	D（　）	E（　）
^	4. 协调能力	A（　）	B（　）	C（　）	D（　）	E（　）
^	5. 综合素质	A（　）	B（　）	C（　）	D（　）	E（　）
^	6. 知识结构	A（　）	B（　）	C（　）	D（　）	E（　）
^	7. 职业道德	A（　）	B（　）	C（　）	D（　）	E（　）
^	8. 创新意识	A（　）	B（　）	C（　）	D（　）	E（　）
^	9. 心理素质	A（　）	B（　）	C（　）	D（　）	E（　）
^	10. 适岗能力	A（　）	B（　）	C（　）	D（　）	E（　）
^	11. 应变能力	A（　）	B（　）	C（　）	D（　）	E（　）
^	12. 业务能力	A（　）	B（　）	C（　）	D（　）	E（　）
^	13. 吃苦敬业精神	A（　）	B（　）	C（　）	D（　）	E（　）
^	14. 团结协作精神	A（　）	B（　）	C（　）	D（　）	E（　）
^	15. 语言表达能力	A（　）	B（　）	C（　）	D（　）	E（　）
^	16. 组织管理能力	A（　）	B（　）	C（　）	D（　）	E（　）
^	17. 实践动手能力	A（　）	B（　）	C（　）	D（　）	E（　）
^	18. 独立处理问题能力	A（　）	B（　）	C（　）	D（　）	E（　）
^	称职状况的综合评价	A（　）	B（　）	C（　）	D（　）	E（　）
对学校人才培养和教学管理等方面的建议和意见（可附本表后面）					
填表人签名：			单位签章：	年　月　日	

参考文献

顾秉林：《工程教育中亟待解决的三个问题》，《中国高等教育》2002年第22期。

朱高峰：《创新与工程教育——初议建立创新型国家对高等工程教育的要求》，《高等工程教育研究》2007年1期。

Michael Agnes, *Webster's New World Dictionary*. Wiley Publishing, Inc., 2002.

王连成：《工程系统论》，北京：中国宇航出版社，2002。

涂善东：《"全面工程教育"引论》，《高等工程教育研究》2007年第2期。

潘懋元：《高等教育学》，北京：人民教育出版社，1984。

郑启明、薛天祥：《高等教育学》，上海：华东师范大学出版社，1985。

中央教育行政学院：《高等教育原理》，北京：北京师范大学出版社，1987。

林建：《"卓越工程师教育培养计划"通用标准研制》，《高等工程教育研究》2010年第4期。

解晓东：《试论我国高等教育大众化的质量观、质量标准与质量保证》，《高等农业教育》2003年第6期。

余小波：《高等教育质量概念：内涵与外延》，《高教发展与评估》

2005 年第 6 期。

顾佩华、沈民奋、李升平、庄哲民、陆小华、熊光晶：《从 CDIO 到 EIP-CDIO——汕头大学工程教育与人才培养模式探索》，《高等工程教育研究》2008 年第 1 期。

张奇、唐奇良：《高等工程教育 CIO-CDIO 培养模式研究》，《教育与职业》2009 年第 3 期。

刘春：《构建 A-H-CDIO 人才培养新模式》，《南京工程学院学报（社会科学版）》2010 年第 1 期。

谢笑珍：《"大工程观"的涵义、本质特征探析》，《高等工程教育研究》2009 年第 3 期。

周长春、李北群：《教育质量管理体系导论》，南京：江苏人民出版社，2008。

翁史烈：《工程教育中的产学研合作》，《高等工程教育研究》2007 年第 5 期。

李曼丽：《改革开放三十年来工程教育比较研究回顾与思考》，《清华大学教育研究》2008 年第 3 期。

林艺真：《CDIO 高等工程教育模式探析》，《哈尔滨学院学报》2008 年第 4 期。

王杰、朱红春、郑海霞：《我国高等工程教育的起源和转型》，《西南交通大学学报（社会科学版）》2009 年第 1 期。

陈玉祥：《从标准的内涵看我国本科教学质量标准的建立》，《中国高教研究》2007 年第 7 期。

毕家驹：《中国工程专业认证进入稳步发展阶段》，《高教发展与评估》2009 年第 1 期。

田恩舜：《高等教育质量保证模式论略》，《大学（研究与评价）》2007 年第 4 期。

顾永安：《试论应用型本科院校教学质量标准制订的依据与要求》，《中国大学教学》2010 年第 6 期。

孙顺霖、刘长耿：《三十五年来河南高等教育回顾》，《许昌师专学报（社会科学版）》1985年第1期。

戴国明：《我省高等教育的历史与现状》，《河南大学学报（哲学社会科学版）》1985年第3期。

马霆、薛瑞丰：《河南省高等工程教育面临的形势和思考》，《教学研究》2000年第4期。

赵劲秋等：《加强科研管理搞好重点学科建设》，《中华医学科研管理杂志》1999年第1期。

李振吉：《关于重点学科建设的若干问题》，《中医教育》2001年第5期。

韩映雄：《高等教育质量精细分析》，华东师范大学博士学位论文，2003。

肖化移：《高等职业教育质量标准研究》，华东师范大学博士学位论文，2004。

张文雪、王孙禺、李蔚：《高等工程教育专业认证标准的研究与建议》，《高等工程教育研究》2006年第5期。

王娜：《中国大陆高等工程教育专业认证的发展历程与展望》，《高等理科教育》2011年第1期。

王贵成、蔡锦超、夏玉颜：《我国高等工程教育的现状、问题及对策研究——基于国际高等工程教育认证的视角》，《内蒙古师范大学学报（教育科学版）》2010年第3期。

张新科：《德国高等工程教育的发展轨迹和模式特征》，《继续教育》2006年第7期。

张华：《法国高等工程教育的现状分析》，《中国教师》2007年第S2期。

李国强、江彤、熊海贝：《法国高等教育与法国高等工程教育概况》，《高等建筑教育》2013年第2期。

李兴业：《法国高等工程教育培养模式及其启示》，《高等教育研究》1998年第2期。

韩琳:《俄罗斯高等工程教育历史变革研究》,重庆大学硕士学位论文,2007。

田逸:《美国大学生工程实践能力培养及其对我国的启示》,湖南师范大学硕士学位论文,2007。

罗尧:《关于美国高等工程教育专业认证制度的分析与思考》,《中国建设教育》2006年第Z4期。

汪辉:《美欧日高等工程教育质量评估机制的比较》,《高等工程教育研究》2006年第2期。

李茂国:《中国工程教育全球战略研究》,《高等工程教育研究》2008年第6期。

张文雪、刘俊霞、彭晶:《工程教育专业认证制度的构建及其对高等工程教育的潜在影响》,《清华大学教育研究》2007年第6期。

黄亚妮:《德国高等工程教育模式改革的特点及其启示》,《教育与经济》2006年第2期。

赵文华:《论作为一种专业组织的高等教育系统》,《高等教育研究》2000年第3期。

侯玉桃:《我国高等教育质量保障体系现状研究》,《文教资料》2011年第32期。

刘永斌:《大众化背景下的高等教育质量保障体系研究》,西安电子科技大学硕士学位论文,2009。

《教育部关于实施卓越工程师教育培养计划的若干意见》(教高[2011]1号)。

张大良:《形成高校和行业企业联合培养人才的新机制》,《中国教育报》2011年3月5日。

王贵成等:《论"卓越工程师培养计划"对学生的要求》,《中国电力教育》2011年第32期。

罗云、袁鑫涛:《论我国高等工程教育人才培养模式的改革》,《南京理工大学学报（社会科学版）》2006年第3期。

田逸：《试论高等工程教育的培养目标》，《华北水利水电学院学报（社科版）》2007年第1期。

李永生：《我国高等工程教育创新研究》，大连理工大学硕士学位论文，2006。

张雪、李玮、李慧：《我国高等工程教育人才培养》，《河北联合大学学报（社会科学版）》2013年第1期。

张志强：《破解校企合作瓶颈，突破口在那里》，《中国教育报》2011年10月13日。

胡小平、胡爱武：《高等工程教育质量的问题和对策研究》，《杭州电子科技大学学报（社会科学版）》2006年第2期。

朱健、罗建文：《论高等学校教育质量内部保障体系的构建》，《教学研究》2008年第2期。

中华人民共和国教育部：《高等学校教学管理要点》（教高司〔1998〕33号），1998。

郭平、田联进：《我国高等教育质量保障体系现状与对策建议》，《中国高教研究》2011年第12期。

黑龙江省教育厅：《关于进一步加强高等学校人才培养质量保障体系建设的意见》（黑教高函〔2011〕210号），2011。

天津市教育委员会：《构建教学质量保障长效机制，促进天津高等教育质量不断提高》，http：//www.hie.edu.cn/old/zhuanti（xin）/zhuanti2012518/doc/tj/1.doc，2012。

吴启迪：《积极发挥社会组织作用，共同推进质量保障与评估制度建设》，《中国高等教育》2011年第2期。

裴长安：《浅谈国外高等教育质量保障模式对我国高等教育的启示》，《世界教育信息》2010年11期。

胡小桃、佘利忠：《试析社会中介组织参与高职教育质量保障体系构建：意义、路径与问题》，《职教论坛》2010年第4期。

李海宗：《高等职业教育产出质量保障机制研究》，《职业技术教育》2006年第10期。

韩奇生：《高等职业教育质量保障体系建设述评》，《高教探索》2012年4期。

李志宏：《新建本科院校的发展与质量保障》，http：//pgb. huse. cn/readnews. asp？id = 404&classid = 8，2011.3.31。

陈卫元、许晓宁：《高职工学结合人才培养模式下教学质量监控评价与保障体系建设思考》，《中国科技教育（理论版）》2011年第8期。

李文兵：《高等教育质量外部评价的目的与功能评析》，《高校教育管理》2008年第3期。

付嫦娥：《我国高等工程教育存在的主要问题及对策》，《当代教育论坛（上半月刊）》2009年第3期。

南京工业大学：《南京工业大学关于教育部"卓越工程师教育培养计划"的实施意见》（南工校教〔2012〕19号），2012。

后 记

本书是2010年全国教育科学规划课题"地方本科院校高等工程教育抽样评估与质量保障系统研究"（项目编号：DFA100275）的最终研究成果。课题主持人：赵予新，参与课题研究的主要成员有：张体祥、卢娜、祝玉华、徐丽萍、尹新明、颜敏、吴国华、李惠杰、张世海、刘莉莉、李彩霞、张红运、罗煜、宋晓丹、邵赛娜。九所高校参与了本项目的调研和论证工作，课题组成员都是具有丰富的高等学校教学管理经验的管理人员和教师。河南工业大学教务处长祝玉华，河南农业大学原教务处长尹新明，河南工程学院原教务处长徐丽萍，郑州航空管理学院教务处长颜敏，中原工学院教务处长李惠杰，新乡学院教务处长刘莉莉，南阳理工学院教务处长张世海，黄淮学院原教务处长张红运，黄河科技学院教务处长罗煜等，为课题的前期调研和组织实施做了大量卓有成效的工作。

本书是在课题组完成专题调查研究和研究报告的基础上，由赵予新草拟写作大纲，课题组成员分工执笔，再由赵予新统稿修改完成。各部分执笔的分工如下。第一章：卢娜、赵予新；第二章：李彩霞、卢娜、罗煜；第三章：徐丽萍、宋晓丹、卢娜；第四章：邵赛娜；第五章：吴国华、赵予新；第六章：赵予新、宋晓丹；第七章：张体祥、赵予新；第八章：赵予新、张体祥、宋晓丹；第九章：赵予新、张体祥。张体祥负责对各校调查数据的统计汇总工作，王群芳、孙丹、罗丽丽、沈巧星

后 记

等研究生做了许多细致的数据整理工作。卢娜负责本书出版的业务联系工作。

本书是河南省多所高校密切合作的成果。在研究过程中，笔者参阅了大量公开发表的著作和学术论文的观点，有些地方还直接引用了学者们的研究成果，在书中都尽可能详细地注明。由于笔者认识水平的局限，加之参与研究的人员众多，难免存在不足之处，期待着高校管理者和学术界的关注和批评。值书稿付梓之际，谨向为本课题的研究和本书的编写做出贡献的各高校的领导、管理人员和教师表示衷心的感谢！并向为本书出版付出心血的出版社编辑表示敬意！

赵予新

2013 年 10 月于河南郑州

图书在版编目(CIP)数据

高等工程教育质量保障研究：以河南省为例/赵予新等著.
—北京：社会科学文献出版社，2014.8
ISBN 978-7-5097-5607-2

Ⅰ.①高… Ⅱ.①赵… Ⅲ.①高等教育－工科（教育）－教育质量－研究－河南省 Ⅳ.①G649.286.1

中国版本图书馆 CIP 数据核字（2014）第 012421 号

高等工程教育质量保障研究
——以河南省为例

著　者 / 赵予新 等

出 版 人 / 谢寿光
出 版 者 / 社会科学文献出版社
地　　址 / 北京市西城区北三环中路甲29号院3号楼华龙大厦
邮政编码 / 100029

责任部门 / 皮书出版分社　(010) 59367127　　责任编辑 / 安　蕾　秦泽民
电子信箱 / pishubu@ssap.cn　　　　　　　　责任校对 / 孙　彪
项目统筹 / 梁艳玲　　　　　　　　　　　　　责任印制 / 岳　阳
经　　销 / 社会科学文献出版社市场营销中心　(010) 59367081　59367089
读者服务 / 读者服务中心 (010) 59367028

印　　装 / 三河市东方印刷有限公司
开　　本 / 787mm×1092mm　1/16　　印　张 / 19.25
版　　次 / 2014年8月第1版　　　　　　字　数 / 275千字
印　　次 / 2014年8月第1次印刷
书　　号 / ISBN 978-7-5097-5607-2
定　　价 / 69.00元

本书如有破损、缺页、装订错误，请与本社读者服务中心联系更换
▲ 版权所有　翻印必究